TAFELFREUDENS

APFELKABINETT

KULINARISCHE GARTENGESCHICHTEN
ZWISCHEN
STADT LAND FLUSS

ISBN-Nr. 3-9806896-0-3
1. Auflage 1999, (5000 Ex.)

Produktion & Illustration: Reinhard Zado, Niederhofen

TAFELFREUDENS
APFELKABINETT

KULINARISCHE GARTENGESCHICHTEN
ZWISCHEN
STADT LAND FLUSS

gesammelt und verfaßt
von
Jörg Hohenadl

1999

Herausgeber:

TAFELFREUDEN RHEIN-WESTERWALD e.V

1999

Vom Schlaraffenland

Kommt, wir wollen uns begeben
jetzo ins Schlaraffenland.
Seht, da ist ein lustig Leben
und das Trauern unbekannt!
Seht, da läßt sich billig leben
und umsonst recht lustig sein.
Milch und Honig fließt in Bächen,
aus den Felsen quillt der Wein.

Und von Kuchen, Butterwecken
sind die Zweige voll und schwer.
Feigen wachsen in den Hecken,
Ananas im Busch umher.
Keiner darf sich mühn und bücken,
alles stellt von selbst sich ein.
Oh, wie ist es zum Entzücken!
Ei, wer möchte dort nicht sein.

Und die Straßen allerorten,
jeder Steg und jede Bahn,
sind gebaut aus Zuckertorten
und Bonbons und Marzipan,
und von Brezeln sind die Brücken,
aufgeführt gar hübsch und fein.
Oh, wie ist es zum Entzücken!
Ei, wer möchte dort nicht sein.

Ja, das mag ein schönes Leben
und ein herrlich Ländchen sein.
Mancher hat sich hinbegeben,
aber keiner kam hinein.
Ja, und habt ihr keine Flügel,
nie gelangt ihr bis ans Tor,
denn es liegt ein breiter Hügel,
ganz von Pflaumenmus davor.

Hoffmann von Fallersleben

Hereinspaziert

Der Apfel fällt nicht weit vom Stamm - für uns als Gastronomen und Winzer der Kooperation TAFELFREUDEN RHEIN-WESTERWALD bedeutet das alte Sprichwort, daß uns der fruchtig-frische Obstvertreter besonders am Herzen und damit nah an Küche und Keller liegt.

Der Rhein-Westerwald ist nicht nur unsere kulinarische Heimat. Hier zwischen Westerwald, Wied und Rhein erstrecken sich zum einen lichte Waldtäler, Flußauen und Ährenfelder, die in der Ferne Himmel und Erde zusammennähen, zum anderen haben sich an den Hängen und im Bannkreis der Dörfer und Ortschaften alte Obstkulturlandschaften erhalten. Bunte Streuobstwiesen, die sich zum Teil wie ein rotbackiger Gürtel um die Gemeindegrenzen ziehen. Die Region zwischen Oberhonnefeld und Melsbach, Kurtscheid und Thalhausen mit dem Ferienkurort Rengsdorf im Mittelpunkt, bildet dabei sicherlich das Zentrum. Aber auch in den weiteren grünen Ecken des Rhein-Westerwaldes leben der große Rheinische Bohnapfel, die Rheinische Schafsnase oder die kleine Renette fort.

Der Apfel ist also landschaftsprägender Bestandteil und gleichzeitig universeller Begleiter durch die Jahreszeiten. Im Frühling schwappen weiße und rosige Blütenträume über die saftiggrünen Wiesen. Eine Komposition in den schönsten Pastelltönen, farblich aufgemischt mit dem Gelb der Butterblumen und dem Blau des klaren Frühlingshimmels. Die zahlreichen Apfelbäume sind der Inbegriff für Fruchtbarkeit, die sich über den Sommer weiter ausbilden wird. Feldlerche und Zaunkönig können davon ein Lied singen. Während die Reben am Rhein an Mostgewicht zulegen, wachsen die Äpfel der Sonne entgegen und bereiten sich auf den Herbst vor, der hier an Rhein und Westerwald seine Flaschen und Körbe besonders üppig füllt. Birnen, Zwetschgen und Äpfel kullern herunter, während Walnüsse und Holunderbeeren auf die Erde niederprasseln. Ein Goldregen aus reifen Früchten, der sich in einem herbstlichen Farbenrausch über Stadt, Land und Fluss legt.

Die glorreichen Tage welken auch an Rhein und Westerwald dahin, doch zeigt der Winter zumeist sein weiches Gesicht zuerst. Nebelschleier und leichte Nachtfröste verabschieden den Spätherbst und auf der Schwelle tritt der Winter in die Landschaft. Roten Apfel, Nuß und Mandelkern streut er auf die Stufen und in die Stiefel, hinterläßt plötzlich weiße Fußstapfen. Während die Erde schläft, ist der Winter die Zeit des Apfels.

Knusprig-duftig und goldbraun glänzend erscheint er, aus dem Ofen kommend, auf schneeweißem Porzellan. Für den Apfel ist immer Saison!

Der besonderen Beziehung des Apfels als traditionsreiches Kulturgut zu unserer Region wollen die TAFELFREUDEN RHEIN-WESTERWALD auf ihre ganz persönliche Weise Rechnung tragen. Unser Baumschnitt ergibt Apfelschnitze, wir düngen nicht, sondern würzen und ernten nicht vom Zweig, sondern aus dem Backofen.

Grund genug, um auf unseren ersten kulinarischen Geschichtenband das Buch STADT-LAND-FLUSS, ein weiteres Kabinettstück folgen zu lassen.

Für uns ist der große Apfelbaum der Mittelpunkt im Küchengarten. Er wächst und trägt reiche Früchte. Seine Blätter sind Buchseiten und wenn der leichte Wind durch die Äste fährt, erzählt er Geschichten über Küche und Keller, Land und Leute, Garten und Genuß.

Wie unsere besonders guten Weine, bringen wir den Apfel in unser literarisches Kabinett, den kleinen aber feinen Raum für kulinarische und künstlerische Kunststücke. Dort lagern neben lukullischen Rezeptschaften und fantasievollen Bilderwelten rankende Gartenerinnerungen und persönliche TAFELFREUDEN-Portraits. In unserem Kabinett befindet sich aber auch eine gut verkorkte Portion an Zeit. Von der sollte jeder zuerst einmal kosten, bevor er die kostbaren Kabinettstücke für sich entdeckt. Sicherlich haben Sie noch den Schlüssel griffbereit, der Ihnen schon in STADT-LAND-FLUSS den Weg zum Geschmack öffnete. Er paßt auch auf das Schloß von unserem APFELKABINETT. Betreten sie den kulinarischen Boden. Er führt sie in sanften Schritten auf die darin wartenden Apfelwiesen im Gartenreich der TAFELFREUDEN RHEIN-WESTERWALD.

TAFEL FREUDEN
RHEIN-WESTERWALD

Eine Kooperation aus derzeit 18 Gastronomen und Weingütern der Region mit dem Anspruch, kreative Küche und exzellente Mittelrheinweine mit Musik und Theater zu würzen. Ganz zum Wohle des interessierten und aufgeschlossenen Feinschmeckers.

Apfelouvertüre

Es ist einer jener Glücksmomente, der einem die Sinne betäuben möchte, doch genau entgegengesetzt verhält sich dazu der Geist. Er schärft die Sehkraft der Augen, so daß sie den Weg durch das hohe Gras finden. Lautlos weich ist der Blick über die grünen Teppiche aus blauer Glockenblume und weißer Schafgarbe.

Unser Gleichgewicht scheinen wir im Wogen der vollreifen Ährenfelder zu verlieren. Hilfesuchend wollen die Hände sich an einer hölzernen Reeling festhalten, doch stattdessen greifen sie nach der runden Baumfrucht, die ein Zweig ihnen zur Rettung entgegenstreckt.

Der Duft des Apfels spielt mit unserer Nase. Erst kitzelt er sie neckend, doch dann offenbart er seine ganze erntereiche Fülle, die wie ein fruchtiges Parfum in seidenweichen Schleiern die Nasenflügel streichelt. So tief der Atem die verblassende Zügellosigkeit des Sommers in sich aufsaugen will, so stark berauscht der gärende Herbst das Gemüt. Über den wässrigblauen Himmel ziehen die watteweißen Wolken. Träge und groß wie vollbeladene Erntewagen, deren runde Früchte wie weiße Scherenschnitte die Konturen nachziehen.

Dann und wann fliegen Rauchschwalben über unsere Köpfe hinweg, doch für den sommerlichen Taumel bleibt jetzt keine Zeit mehr. So reich der Herbst geladen hat, kann er doch nicht darüber hinwegtäuschen, daß die unbeschwerten Tage gezählt sind. Vielleicht liegt darin das Geheimnis seiner Ausstrahlung, daß er ein letztes Mal alle Farbeimer ausschüttet, alle Gärten, Felder und Weinberge plündert und daraus ein Festgelage zaubert, das nur der Frühling durch seine Blütengirlanden zu übertreffen vermag. Jetzt regiert aber der beladene Rebstock und die bunten Blätter zieren das Haupt des Herbstes. Kastanien und Waldpilze schmücken sein Kleid aus silbernen Sonnenfäden und glitzernden Tautropfen. Auf leichten Nebelschleiern bettet er sich und darauf empfängt er auch die Geschenke der Natur. In den Händen aber hält er als Zeichen der Macht den rotschimmernden Apfel.

Der Duft entläßt uns aus seiner Umarmung und stattdessen füllt sich der Mund mit säuerlich-süßem Schaum. Eben noch haben die Lippen die glatte Haut des Apfels geküßt, da zerplatzen die Träume unter dem nachfolgenden Biß und sie zerfließen wie ein fruchtiges Aquarell auf der Zunge und dem Gaumen. Erfrischend wie ein heftiger Sommerregen nach einem heißen Tag, gießt sich der Saft die Kehle hinunter und so wie die Erde schnell wieder trocknet, verschwindet auch der Sieg über den Durst. Zurück bleibt aber das unbeschreibliche Aroma nach unverfälschter Natur und sonnengereiften Verlockungen.

Während das Ohr jedes saftige Knacken des brechenden Fruchtkörpers erhört, nimmt es auch den Rausch des dunklen Laubes wahr, unter dem sich

Körper und Geist ins weiche Gräserbett fallen lassen. Schwerelos treiben die Gedanken auf dem Meer aus Halmen und Herbstzeitlosen. Über uns ziehen die weißen Erntewagen weiter, doch der Blick bleibt in der Krone haften. Dort wo sich rote Apfellaternen hinter undurchdringlichem Blattwerk verbergen. Wenn die tieferstehende Sonne all´ ihre verbleibende Kraft zusammennimmt und sich den Weg durch das grüne Flechtwerk bahnt, scheinen die Äpfel von innen heraus zu glühen. Wie rote Käferpunkte auf dem dunklen Rükken des Apfelglücks.

Zu Füßen des Stammes ruht der Kopf auf den verschränkten Armen und mit einem Grashalm im Mundwinkel versucht die Zeit, die Sonnenuhr anzuhalten. Doch der Zeiger der Jahresringe tickt unaufhörlich weiter. Im mächtigen Stamm sind alle Geschichten niedergeschrieben: Die großen Erzählungen vom Anfang der Welt, als der Apfel zum ersten Mal Schicksal spielen muß und die kleinen märchenhaften Darbietungen, die sieben noch kleinere Zwerge um ein schönes Schneewittchen veranstalten. Ihr ist der Apfel nicht gut bekommen. Doch kann in diesem Falle nur böse Zauberei im Spiel gewesen sein. Nie würde ein Apfel einer Person etwas zu Leide tun.

Nicht so der Mensch. Er fällt und sägt und hat so den Apfel auf wilder Streuobstwiese schon viel zu oft zu Boden gebracht. Gewalt hat man ihm angetan, statt seinem sanften Wesen zu folgen. Es gibt eben immer Apfelgeschichten, die einmal gut und einmal böse enden können und immer ist der kleine Kerl unbeabsichtigter Spielball im großen Gefüge. Die heilvollen Erzählungen mit dem guten Ende überwiegen zum Glück: Der Pfeil landet im Apfel und nicht im Knaben, Goldmarie siegt über die faule Pechmarie, Herakles triumphiert über die goldenen Äpfel der Hesperiden und wäre nicht der Apfel des Paris gewesen, so hätte es wohl nie einen Zankapfel gegeben. Kriege wurden durch ihn und um ihn gefochten.

Wäh-rend Troja im Osten versinkt, geraten Zeitenwenden später Herrscher an die Macht, die den goldenen Apfel als kaiserliches Krönungssymbol in den juwelenbesetzten Händen halten. Auch darüber weiß der knorrige Stamm zu berichten. Sonne, Wind und Regen haben ihm die vielen Geschichten zugetragen und seine alte brüchige Haut ist schon fast grün von vergilbten Gedanken.

Wenn die Blätter hoch oben in der Krone rauschen, ist es, als rede er zu sich selbst. Oder hält der Baum gerade Zwiesprache mit dem Wind, der ihm von weit her die unterschiedlichsten Geschichten überbringt? Wer seine eigene Uhr für einen Moment vergißt und dafür seine Sinne schärft, wird die Stimme wohl hören und ein tiefes Glücksgefühl in Herz und Bauch sein Eigen nennen.

Wirtshäuser

Tafelfreuden Winzer zwischen Leutesdorf (L) *und Hammerstein* (H)

Weinprobe

Tafelfreudenwinzer am Mittelrhein

Weingut Gotthard Emmerich

LEUTESDORF

Etwas versteckt liegt das Weingut von Rita und Gotthard Emmerich, doch das gelbe Schild an der Hauptstraße leitet den Weinfreund auf direktem Wege zum Genuß.

Während draußen auf sonnengeheizten Bruchsteinmauern die blühenden Rosenstöcke den Eingang in die rankenden Weinbergsreben schmücken, treffen wir uns in der Weinprobierstube, wo uns ein ganzer Präsentkorb voller kreativer und vinologischer Geschenkideen empfängt. Schon früh hat das junge Winzerpaar die Zeichen der Zeit erkannt und festgestellt, daß ein gutes Produkt auch nach einer attraktiven Ausstattung verlangt. So präsentieren sich die Weinerzeugnisse in dekorativen Flaschenformen, gehen ein Rendezvous mit Keramikkrügen und Weingläsern ein und stellen ein stattliches Angebot von Trester über Weinhefe, Weinbergspfirsichlikör und Weinaperitif dar.

Zentraler Mittelpunkt bleiben natürlich die Weinerzeugnisse des Hauses Emmerich. Während wir uns über den Rotweinanbau unterhalten, zieht der junge Winzer den Korken aus der Weißweinflasche.

„Normalerweise würde ich jetzt einen Rotwein aus eigener Herstellung einschenken, aber die sonnigen Außentemperaturen verlangen wohl nach einer kühleren Erfrischung“, gibt Gotthard Emmerich uns zu verstehen und mit seiner sympathischen Art gießt er nun den Traubenträger ins Glas.

Nomen est omen, denn der Traubenträger ist als Weinbezeichnung zwar eine echte Emmerich-Innovation, sein Ursprung reicht aber weit in Leutesdorfer Winzergeschichte zurück. Aus steilen Weinbergslagen wurden auf nicht minder abschüssigen Pfaden die zentnerschweren Traubenlasten zu Tal befördert.

Auf den Schultern traten die gelesenen Beeren ihren Weg in die Presse an.

Der Berg bleibt steil, aber die Arbeitsbedingungen haben sich schon gegenüber der Vorzeit verbessert. So erinnert nur noch die Bronzestatue im Ortskern und natürlich der Traubenträgerwein an die schwere Arbeit starker Männer.

Mit 26 g Restzucker liegt der Traubenträger, ein reiner Rieslingvertreter, über der Bezeichnung halbtrocken. Seine äußerst fruchtige Note besticht in der Verkostung, und wer könnte Gotthard Emmerich widersprechen, wenn er seinen Favoriten als „Wein für alle Fälle" bezeichnet. „Das erste Glas getrunken und man möchte nicht mehr aufhören" - so steht es werbewirksam auf der Weinliste.

Neben dem Weißweinanbau, zu dem auch Kerner und Rivaner gehören, liegt das Augenmerk der Familie auf dem Rotweinanbau. Keine Innovation sondern Tradition im Hause Emmerich. Mit über 40 Jahren Rotweinanbau liegt in dem Weingut die älteste Tradition im Ort. Blauer Portugieser und Dornfelder wachsen einträchtig nebeneinander und scheinen sich schon seit langer Zeit in den Leutesdorfer Weinbergen wohlzufühlen.

Wer sich selbst einmal von den roten wie weißen Weinprodukten des jungen Winzerpaares überzeugen möchte, ist herzlich eingeladen. Auch hier genügt eine kurzfristige telefonische Anmeldung.

Vielleicht bleibt ja sogar die Zeit, sich den Film über das Werden des Weins anzuschauen. Mit einem Mehr an Wissen und einem Mehr an Geschmack wird der Besucher das Weingut verlassen. Verlassen Sie sich darauf!

Weingut
Gotthard Emmerich
-Emmerichs Haus der Weinpräsente-
Hauptstraße 80 c
56599 Leutesdorf
Tel.: 02631-72922
Fax: 02631-75483
e-mail: weingut-emmerich@leutesdorf-rhein.de
Internet: www.leutesdorf-rhein.de

Apfel–Sultaninen Torte

Zutaten:

250 g Mehl, 100 g Butter, 100 g Zucker, 1 Ei, 1 TL Backpulver, 500 ml Emmerich's Riesling halbtrocken, 500 ml Apfelsaft, 200 g Zucker, 1 P. Vanillezucker, 2 P. Vanillepudding, 200 g Sultaninen, 1 kg säuerliche Äpfel.

Zubereitung:

Aus Mehl, Butter, Zucker und Backpulver einen Mürbeteig zubereiten. Den Teig ausrollen und eine gefettete Springform damit auslegen, den Rand hochziehen.

Äpfel schälen, vierteln, entkernen und feinhobeln. Mit den Sultaninen mischen und auf dem Mürbeteig verteilen. Aus Wein, Apfelsaft, Zucker, Vanillezucker und Vanillepudding einen Pudding kochen. Diesen lauwarm über die Äpfel geben und die Torte im vorgeheizten Backofen ca. 1 Std. bei 180°C backen. Die Torte bis zum nächsten Tag in der Form auskühlen lassen.

Riesling–Apfelklöße

Zutaten:

10 mittelgroße Äpfel (ca. 2 kg), 100 g Butter, 125 g Zucker, 1 P. Vanillezucker, 4 Eier (getrennt), 100 g Semmelbrösel, 50 g geriebene Mandeln, 1 l Emmerich's Riesling halbtrocken oder lieblich, 1 Zimtstange, 2 Nelken, 1 Vanillestange oder Glühweingewürz, Zimt oder Puderzucker zum Bestreuen.

Zubereitung:

Äpfel im Backofen braten und anschließend durch ein Sieb passieren. Butter, Zucker, Vanillezucker und Eigelb schaumig rühren. Semmelbrösel und Mandeln unterrühren und die passierten Äpfel dazugeben. Eiweiß steifschlagen und unter den Teig ziehen. Wein mit den Gewürzen in einen Topf geben und zum Kochen bringen. Aus der Teigmasse kleine Klößchen formen, in den kochenden Wein legen und ca. 10 Min. sieden lassen.

Weingut Peter Hohn

LEUTESDORF

Funkelnd blitzt der Riesling im Glas. Es ist Mitte Juni und das Weingut von Peter Hohn liegt im warmen Sonnenschein an den Ausläufern der Leutesdorfer Weinberge. Für den Besuch hat er die Arbeit im Weinberg unterbrochen, holt eine gekühlte Flasche aus der Weinprobierstube und wir setzen uns in den angenehmen Schatten, der die Gartenbank und uns vor der mittäglichen Hitze schützt.

Der 98er Riesling Hochgewächs halbtrocken ist ihm besonders gut gelungen. So jung wie er noch auf der Flasche sitzt, so viel Aromen hat er schon entwickelt. Er hat ein kräftiges Potential, das sich in den kommenden Jahren noch steigern wird. Frisch und mit leichter Kohlensäure liegt er im Glas, erinnert in seinen Aromen an reife Früchte wie Apfel und Pfirsich. Die den Riesling oft charakterisierende Säure ist im 98er Jahrgang gut eingebunden und zeigt sich harmonisch. Rund und ausgewogen kommt er daher und dafür ist auch die Restsüße verantwortlich, die ihm seinen fruchtigen Anstrich verleiht.

Peter Hohn ist mit seinem Meisterstück sehr zufrieden und sein Blick geht hinauf in die Weinberge und den Himmel. Die gleichbleibende Wärme der letzten Tage wirkt sich positiv auf die Reben aus, die gerade in voller Blüte stehen. „Wenn es so bleibt, können wir zufrieden sein; dann gibt es eine gute und gleichmäßige Befruchtung“, meint Peter Hohn. Und er muß es ja wissen. In der 12. Generation steht der 33jährige Jungwinzer im Wingert. Gegenüber den sanften Lagen von Rheinhessen und der Pfalz hat er ein schwierigeres Los gezogen. Seine Reben wachsen wie die seiner Winzerkollegen zu 80% im Steilhang. „Das geht unweigerlich auf die Knochen“, weiß er ein Lied davon zu singen. Aber letztendlich entscheidet man sich doch für die anstrengende Arbeit im steilen Weinberg. Fast vergessen scheint die harte Arbeit, wenn der Wein ins Glas fließt.

Im Angebot hat Peter Hohn natürlich den Riesling aber auch Kerner, Rivaner, Dornfelder und Portugieser nehmen 20% der Rebfläche ein.

Riesling Sekte, Brände und Liköre runden das Sortiment ab.
Für einen Besuch im Weingut ist Peter Hohn somit gut gerüstet. Ein kurzer Anruf vorher ist aber ratsam, denn gleich nach unserem Besuch geht es für Peter Hohn wieder in die Reben.

Weingut Peter Hohn
In der Gartenley 50
56599 Leutesdorf
Tel: 02631-71817
Fax: 02631-72209
e-mail: weingut.peter.hohn@t-online.de
internet: www.leutesdorf-rhein.de

Apfelauflauf mit Wein

Zutaten:

1 l Milch, 125 g Grieß, 1 Prise Salz, 50 g Butter, 4 EL Zucker, 1 P. Vanillezucker, 1 kg Äpfel, 250 ml Weißwein, Saft einer Zitrone, 50 g Sultaninen, 4 EL Zucker, 4 EL Sahne, 4 Eier (getrennt).

Zubereitung:

Milch mit Salz, Butter, Vanillezucker und Zucker zum Kochen bringen, Grieß unter Rühren mit dem Schneebesen einstreuen. Unter ständigem Rühren ca. 5-10 Min. köcheln lassen. Anschließend abkühlen lassen.

Sultaninen in wenig Wasser geben und quellen lassen. Die Äpfel schälen, vierteln, Kerngehäuse entfernen und in feine Scheiben schneiden. Weißwein und Zitronensaft über die Apfelscheiben gießen und Sultaninen und Zucker darüberstreuen.

Den abgekühlten Grießbrei mit Sahne, Eigelb, steifem Eischnee und den Apfelspalten vermischen. Die Masse in eine gebutterte feuerfeste Auflaufform füllen und im vorgeheizten Backofen bei 180°C etwa 40-50 Min. backen.

Dazu eine Vanillesauce servieren und einen Leutesdorfer Riesling halbtrocken reichen.

Schmorapfel mit Zimt-Zabaione

Zutaten:

2 große mürbe Äpfel, 30 g gehackte Pecan-Nüsse, 50 g Preiselbeermarmelade, 30 g Rosinen, 125 ml halbtrockenen Weißwein, 4 Eigelb, 100 g Tannenhonig, 1 TL Zimt, Bratschlauch.

Zubereitung:

Die Äpfel waschen, abtrocknen und quer halbieren. Kerngehäuse entfernen und Fruchtfleisch etwas aushöhlen. Rosinen in Rum einlegen, anschließend mit der Preiselbeermarmelade und den Nüssen vermischen und in die Apfelhälften füllen.

Die Hälften in den vorbereiteten Bratschlauch setzen und den Wein dazugießen. Den Bratschlauch verschließen und 2-3mal mit einer dünnen Nadel einstechen. Die Äpfel im vorgeheizten Backofen bei 180°C ca. 25 Min. braten. Anschließend die Äpfel herausnehmen und warmstellen.

Eigelb mit dem Honig im Wasserbad schaumig schlagen, bis die Masse dicklich wird, dann den Zimt unterschlagen. Den heißen Weißwein aus dem Bratschlauch unter Rühren nach und nach dazugeben.

Die Zabaione heiß zu den Äpfeln servieren.

Weingut Mohr & Söhne

LEUTESDORF

Ein Besuch in der Krautsgasse 16 in Leutesdorf ist wie ein Ausflug auf eine Insel der Weinseligkeit. Schon draußen vor dem Eingangstor zum Innenhof wuchern wilde Weinreben und der Oleander verbreitet eine fast mediterrane Atmosphäre. Solche Motive kennt man aus der südlichen Pfalz, aber auch hier am Mittelrhein zeigt die Natur, wie gut sie es mit ihren Bewohnern meint.

Während sich das breite Holztor für ein Refugium aus schattigen Lauben und sonnendurchflutetem Patio öffnet, schlummern unten tief im alten Faßkeller aus dem 17. Jahrhundert die edlen Rebensäfte. Eng sind die Stiegen hinunter ins Reich, wo die Kerzen die Sonnenstrahlen ersetzen. Natürlich hat auch im Weingut Mohr & Söhne die moderne Kellertechnik Einzug gehalten, aber ein Fläschchen Romantik spielt immer noch mit, wenn der Besucher in die alten Weinkeller geführt wird.
Die Helligkeit blendet uns fast, als wir wieder aus der Tiefe an das Licht der Welt gelangen. Bunte Geranien und natürlich die für ein Weingut obligatorischen Weinreben empfangen uns. In der Mitte des Hofes laden uns Tisch und Stühle zum Verweilen ein und was kann es Schöneres geben, als ein kühles Glas Wein im Schatten eines altehrwürdigen Weinguts zu verkosten. Schließlich betreibt die Familie durch die Winzer Klaus, Friedel und Georg Mohr die Weinbereitung schon seit 1640 in Leutesdorf.

Sortentypisch und schonend gereifte Weine und Sekte sind hier Tradition, Riesling der unangefochtene Star im Weinberg, der sich jedoch auch gut mit seinen weiteren Rebenkollegen wie Grauer Burgunder, Gewürztraminer, Kerner und Spätburgunder versteht.

Während wir noch den Duft des alten Faßkellers in Gedanken und Nase haben, reicht uns Georg Mohr schon ein Glas mit weißgoldenem Inhalt. Es ist ein 1998er Leutesdorfer Gartenlay Riesling Spätlese halbtrocken. „Das ist m e i n Wein!“, versichert er uns und mit einem Lächeln auf den

Lippen geht die Nase ans Glas. Die lange Gärzeit hat sich ausgezahlt und eine große Fülle von Aromen ergreift unser Riechorgan. Das Bukett erinnert an Weichfrüchte und Melonen. Während die Nase gerne noch länger an der Oberfläche verweilen möchte, spürt nun unser Gaumen die harmonische Verbindung zwischen Fruchtzucker und Säure. Zurück bleibt eine kräftige, leicht mineralische Note und eine Finesse, für deren Ursprung das Weingut Mohr & Söhne bekannt ist.

Eine Weinprobe, eine Gutsbesichtigung oder vielleicht auch eine kulinarisch-vinologische Begegnung gefällig? Familie Mohr empfängt gerne Gäste und arrangiert für Weinfreunde stimmungsvolle Momente.

Weingut Mohr & Söhne
Krautsgasse 16
56599 Leutesdorf
Tel: 02631-71529 oder 72111
Fax: 02631-75731
e-mail: weingut-mohr-soehne@leutesdorf-rhein.de

Eva's Apfel

Eva's Apfel ist eine süße Versuchung der besonderen Art von zarten Äpfeln unter einer lockeren Biskuithaube.

Zutaten:

120 g Butter, 120 g feinen Zucker, 2 Eier, geriebene Schale einer Zitrone, 100 g Mehl, 1/2 TL Backpulver, 40 g gemahlene Mandeln, 25 g gehobelte Mandeln, 110 g Farinzucker, 3 Kochäpfel (ca. 700 g).

Zubereitung:

Butter und Zucker zu einer leichten, schaumigen Masse schlagen. Nacheinander die Eier in die Buttermischung geben und sorgfältig unterschlagen. Zitronenschale, Mehl, Backpulver und gemahlene Mandeln unterziehen. Äpfel waschen, Kerngehäuse ausstechen und in dünne Scheiben schneiden. Farinzucker, Äpfel und Zitronensaft mischen, in eine feuerfeste Form geben und glattstreichen. Biskuitteig darübergießen und mit den gehobelten Mandeln bestreuen. Im vorgeheizten Backofen bei 170°C etwa 40-45 Min. goldbraun backen.

Weingut Roos/Söhne

LEUTESDORF

Die alten Bruchsteinmauern des Winzerhauses bilden die Leiter für den wilden Wein, der sich Sprosse für Sprosse und Stein für Stein an der Außenwand entlangzieht. Auf dem Boden blankgearbeitete Pflastersteine und im Hintergrund der Eingang ins Weinparadies. Im Weingut Rudolf Roos/Söhne ist das einerseits einladende Kulisse, andererseits aber Hinweis auf gewachsene Winzertradition. Wer also auf dem Weg durch Leutesdorf ist, sollte das Fahrtempo drosseln. Nicht nur wegen des historischen Winzerortes, sondern auch, um die Einfahrt in das Weingut nicht zu verpassen. Schnell ist man an der ansprechenden Bruchsteinfassade vorbei und es wäre schade, die schönen Weine und Sekte der beiden Winzerbrüder nicht gekostet zu haben.

Für Walter Roos sowie Paul Roos und seine Frau Heddy ist der Chardonnay die Spezialität des Hauses. Aus der Tradition heraus ist dieser Weinzögling nicht mit dem Mittelrhein verhaftet. Neuerungen ist man aber im Weingut Roos aufgeschlossen, und wenn sich mit der getroffenen Wahl auch noch ein qualitativer Volltreffer landen läßt, ist die Entscheidung mehr als richtig gewesen. Das jedenfalls kündet die Nachfrage nach der mit dem weißen Burgunder verwandten Weißweinrebe.

Vor 7 Jahren bepflanzte man eine veraltete Rieslinganlage mit neuen Chardonnayreben. In 1999 wurde die Fläche nochmals erweitert und damit ist sicherlich nicht das letzte Wort über die Intensivierung dieser Rebsorte gesprochen.

Im Charakter hat er säurebetonte Ähnlichkeit mit dem Riesling. Sein Bukett ist reich und der Extraktstoffgehalt hoch. Trocken kommt er im Ausbau daher, doch schmeckt man noch eine leichte Restsüße, die den Wein angenehm abrundet.

Als Ergänzungssorte läuft der Chardonnay wie auch Kerner, Rivaner, Portugieser und Dornfelder, denn der Riesling bleibt am Mittelrhein die Nummer eins. Im Verkauf allerdings holt der Franzose beständig auf und hat im Weingut Roos neben dem Riesling einen festen Platz.

Ein Trendwein? Auch, aber nicht nur. Als Grundwein für Champagner und den edlen Chablis hat er sicherlich ein Maß an Vorschußlorbeeren, was seinen Imagegehalt anbetrifft. Im Weingut Roos/Söhne ist er aber kein Modewein, sondern ernstzunehmender Rieslingpartner und ein geschmacklicher Zugewinn auf der Weinkarte des Mittelrheins.

Das Weingut ist sieben Tage die Woche für Weinkauf und Degustation geöffnet. Auch hier sollte allerdings eine kurze Mitteilung vorauseilen.

Weingut Roos/Söhne
Hauptstraße 22
56599 Leutesdorf
Tel: 02631-72551 u. 75551
Fax: 02631-72192

Apfelfleisch

Zutaten:

1 kg Schweineschulter ohne Knochen, etwas Salz, schwarzer Pfeffer aus der Mühle, Edelsüßpaprikapulver, 4 Äpfel, 2 Zwiebeln, 3 EL Öl, 320 ml Weißwein, 3 EL Rosinen, 1 Gläschen Trester, 100 ml Sahne.

Zubereitung:

Das Fleisch mit den Gewürzen einreiben. 2 Äpfel schälen, entkernen und in Würfel schneiden. Zwiebeln schälen und würfeln. Öl in einem Bräter erhitzen und das Fleisch rundherum gut anbraten. Zwiebeln und Äpfel kurz mitbraten. Den Wein angießen, die Rosinen dazugeben und das Fleisch im geschlossenen Topf etwa 90 Min. bei geringer Hitze schmoren. Dabei zerfallen die Apfelstückchen und machen die Sauce sämig.

Das Fleisch herausnehmen und zugedeckt warmstellen. Die Sauce mit dem Trester und der Sahne verfeinern. Die restlichen Äpfel schälen und in mundgerechte Stücke schneiden. In der Sauce kurz schmoren, bis die Stücke weich, aber noch nicht zerfallen sind.
Das Fleisch in Scheiben schneiden und auf einer vorgewärmten Platte anrichten. Die Sauce getrennt reichen.

Durch die Äpfel und Rosinen entsteht eine süße Geschmackausprägung, daher empfiehlt es sich, dazu einen reifen halbtrockenen Riesling zu servieren.

Äpfel-Linsen-Pfanne

Zutaten:

175 g Linsen, 2 EL gekörnte Brühe, 2 EL getrocknetes Suppengrün, 1 Bund Frühlingszwiebeln, 200 g Cabanossi oder Knoblauchwurst, 2 kleine rotschalige Äpfel, 2-3 EL Zitronensaft, 2 EL Öl, 125 ml Apfelwein, Salz, schwarzer Pfeffer aus der Mühle.

Zubereitung:

Die Linsen in kaltem Wasser aufsetzen, die gekörnte Brühe und das Suppengrün dazugeben. Kochen lassen, bis die Linsen weich sind.

Inzwischen die Frühlingszwiebeln putzen, die weißen Teile feinhacken und das Grün in feine, schräge Ringe schneiden. Die Cabanossi pellen und in 1 cm große Würfel schneiden. Äpfel vierteln, entkernen und längs in Spalten schneiden. Mit dem Zitronensaft beträufeln.

Das Frühlinszwiebelgrün in den letzten 5 Min. zusammen mit den Linsen garen. Alles durch ein Sieb gießen und gut abtropfen lassen. Öl in einer großen Pfanne erhitzen, die Zwiebel- und Cabanossiwürfel hineingeben und unter Rühren bei mittlerer Hitze leicht anbraten. Die Apfelspalten kurz mitbraten, Linsen dazugeben und mit Apfelwein ablöschen.

Weingut Scheidgen

HAMMERSTEIN

Ob die alte Apfelsorte Minister von Hammerstein etwa mit dem kleinen Rheinort gleichen Namens in Verbindung steht, bleibt uns das Sortenbuch schuldig. Neben diesem ausgezeichneten Tafel- und Wirtschaftsapfel dürfte es aber der Wein sein, der heute durch das Weingut Friedrich Scheidgen untrennbar mit Hammerstein verflochten ist. Und zwar in genauso ausgezeichnetem Maße wie der apfelfruchtige Weinrebennachbar.

Georg Scheidgen ist der junge Winzermeister, der sein Handwerk versteht und aus den Lagen um Hammerstein das Beste herausholt, was die Natur schon mit Weitsicht und Bedacht angelegt hat.

So wie der Wein, ist auch der Betrieb von Georg Scheidgen. Sauber, ansprechend und einladend sind die Wirtschaftsgebäude und die Probierstube selbst könnte die vielen verschiedenen Weine, Sekt, Likör- und Brandspezialitäten nicht besser in Szene setzen. Die Palette des Angebots ist wahrlich breit gefächert. In schlanken schwarzen Kegelflaschen liebäugeln Auslesen auf den Korkenzieher, während die handbeschriftete Magnumflasche noch auf die rechte Weinrunde wartet.

Auch Georg Scheidgen hat es verstanden, den Geschmack des Kunden aufzugreifen und so findet jeder Gaumen das Richtige im Probierglas. Uns schenkt er einen für mittelrheinische Verhältnisse wahren Exoten aus. Der Weiße Burgunder ist bei unseren französischen Nachbarn der Pinot Blanc, eine alte traditionelle Weinsorte. Hier im Weingut Scheidgen trifft er auf Neuland, doch die Hammersteiner Lagen scheinen ihm so gut zu gefallen, daß der 98er für Georg Scheidgen zum Favoriten avanciert ist. Trotz des wenigen Ertrags hat er sich für die Rebsorte entschieden und sie dankt es ihm mit einer hohen Dichte geschmacklicher Extraktstoffe, besitzt daraufhin viel Körper und wenig Säure. Eigenschaften, die so mancher Weintrinker besonders schätzt. Im Glas erscheint der weiße Burgunder leicht spritzig und seine dezente Frucht mischt sich mit der Frische, die ihn zum besonders passenden Begleiter für Fisch- und Spargelgerichte werden läßt.

Georg Scheidgen hat sich seinem französischen Weinbergsbewohner mit besonders viel Liebe angenommen und bereitet außer einem außergewöhnlichen Weißwein auch einen sortenreinen Winzersekt aus den Pinot Blanc-Trauben zu. Für den wahren Fan des Weißen Burgunder hält er sogar eine kleine Menge an 98er Eiswein vor. Ist das nicht ein berauschender Abschluß einer wunderbaren Weinprobe?...

Die Probierflaschen öffnet Georg Scheidgen gerne dem Besucher. Ein kurzer Telefonanruf genügt.

Weingut Scheidgen
Hauptstraße 10
56589 Hammerstein
Tel: 02635-2329 · Fax: 02635-6082

Öffnungszeiten: Montag bis Samstag von 8.00 Uhr bis 19.00 Uhr. An Sonn- und Feiertagen ist von 9.30 Uhr bis 18.00 Uhr geöffnet. Neujahr, Ostern und Weihnachten geschlossen.

Hähnchenbrustfilet auf Salat

Zutaten:

100 g Cashewkerne, 4 Hähnchenbrustfilets (á 150 g), 3 EL Sojaöl, Salz, je 1 Kopf Freséesalat und Lollo Rosso, 1 Zwiebel, 1 Apfel, 4 EL Apfelsaft, 4 EL Hammersteiner Riesling, Weinessig, Pfeffer aus der Mühle, 4 EL kaltgepreßtes Öl (z.B. Walnußöl).

Zubereitung:

Cashewkerne in einer trockenen Pfanne goldgelb rösten, herausnehmen. Geflügelfleisch waschen und mit Küchenpapier trockentupfen. Öl in einer Pfanne erhitzen und die Filets darin von jeder Seite bei mittlerer Hitze anbraten. Leicht salzen und ca. 10 Min. unter Wenden bei schwacher Hitze weiterbraten. Filets herausnehmen.

Salat putzen, waschen und kleinzupfen. Gut abtropfen lassen. Zwiebel schälen und feinwürfeln. Apfel waschen, vierteln und entkernen. Erst in Spalten, dann in kleine Stücke schneiden.
Apfelsaft, Weinessig, Salz und Pfeffer verrühren. Öl nach und nach unterrühren. Salatblätter, Zwiebel und Apfel mischen, Salatmarinade darübergießen und untermischen.

Hähnchenbrustfilets der Länge nach in Scheiben schneiden. Den Salat auf Teller verteilen und die Filetscheiben darauf anrichten. Cashewkerne darüberstreuen.

Dazu einen Hammersteiner Weißer Burgunder -trocken- servieren.

Hähnchenspieß mit Folienkartoffeln

Zutaten:

4 große Kartoffeln, Alufolie, Butter.
600 g Hähnchenbrustfilet, Salz, weißer Pfeffer, Paprika edelsüß, 250 g Salatgurke, 2 mittelgroße Zwiebeln, 250 g mittelgroße Champignons, Saft einer halben Zitrone, 2 säuerliche Äpfel, 2 EL Öl, Grillspieße.

Zubereitung:

Kartoffeln gründlich waschen und in ein jeweils entsprechend großes Stück Alufolie wickeln. Im vorgeheizten Backofen bei 225°C ca. 45 Min. backen.

Hähnchenbrustfilet waschen, trocken tupfen und in mundgerechte Stücke schneiden. Mit Salz, Pfeffer und Paprika würzen. Gurke waschen und in Scheiben schneiden. Champignons putzen, waschen und je nach Größe evtl. einmal durchschneiden. Äpfel waschen, vierteln, entkernen und in Spalten schneiden. Mit Zitronensaft beträufeln.

Die vorbereiteten Zutaten abwechselnd auf leicht geölte Grillspieße stecken und unter dem vorgeheizten Grill von allen Seiten in 20 Min. grillen. Dabei ab und zu mit dem Öl bepinseln.

Alufolie der Kartoffeln öffnen und die Kartoffeln auseinanderbrechen. Zusammen mit den Spießen servieren. Dazu Butter und eine Grillsauce reichen.

Hasensalat

Morgens in den Garten trat
Liese, klein und niedlich,
Saß ein Häslein im Salat,
Schmaust und tat sich gütlich.

Liese sprach: Du armes Tier,
Wart einmal, indes ich
Lauf ins Haus und hole dir
Zum Salat den Essig.

Kommt zurück schon mit dem Krug,
Niemals lief sie schneller -
Essig gießt sie jetzt genug
Auf den Hasenteller.

Lieselchen, ich danke dir,
Sprach der kleine Fresser.
Eigentlich doch schmeckt es mir,
Ohne Essig besser.

Johannes Trojan

Tischlein deck dich

Tafelfreuden Wirte von Rhein und Westerwald

Restaurant Landhaus Arienheller

RHEINBROHL

Leider hat sich der Traum der Gastronomen im Tal von Arienheller noch nicht erfüllt, ein attraktives Hinweisschild oder einen geschmückten Leiterwagen als Wegmarke in der Nähe der Bundesstraße plazieren zu dürfen. Schade, denn so entgeht manchem Gast das reizvolle grüne Tal mit seinen idyllischen Wandermöglichkeiten und den mindestens genauso attraktiven Gastronomieangeboten. Für jeden Geschmack ist wohl etwas dabei. Wer das Landhaus Arienheller von Brigitte und Raimund Ermtraud besucht, hat zweifelsohne einen sehr guten Griff getan. Beide sind Gastronomen mit Leib und Seele. Bei ihnen spürt man, daß der Gast in den gemütlichen Restauranträumen willkommen ist, sich gut aufgehoben fühlen darf und wunderbar schmackhafte Gerichte serviert bekommt.

Für das Landhaus Arienheller hat sich die Nähe zum römischen Grenzwall des Limes als kreative Ideenschmiede erwiesen. Zu einer winterlichen Wanderung auf den Spuren der Römer wurde bereits im zweiten Jahr in Folge geladen. Schließlich verläuft der Weg der ehemaligen Befestigungsanlage von Rheinbrohl kommend an Arienheller vorbei. Für Familie Ermtraud willkommener Anlaß, der informationsreich geführten Wanderstrecke im Anschluß ein herzhaftes Abendessen in wohligwarmer Gaststube folgen zu lassen. Die Gäste danken es durch die vermehrte Nachfrage. Statt Brot und Spiele erwartet sie Vinum und opulente Vesper. Die noch junge Weiterführung der Wegstrecke der Deutschen Limesstraße unterstreicht in dieser Hinsicht die ehemals römische Präsenz am Rhein.

Den Römern haben wir somit auch so manche Frucht zu verdanken, die bis heute auch die Küche von Raimund Ermtraud bereichert. Die Reben, ebenfalls Souvenir aus der italienischen Heimat, finden sich in zeitgemäßer Weinzubereitung auf der Getränkekarte des Hauses wieder. Hier dürfen natürlich auch die Weine der Tafelfreuden-Winzer nicht fehlen.

Ob die Gänse auch schon die Gaumen der Römer am Rhein gestreichelt haben, behalten die Fluten des Rheinstromes für sich. Im Landhaus Arienheller sind sie jedenfalls der Hochgenuß der Novemberküche. Weit über die Grenzen bekannt, hat sich das weiße Federvieh und natürlich das gastfreundliche Haus einen Namen gemacht.

Restaurant
Landhaus Arienheller
Arienheller 9
56598 Rheinbrohl,
Telefon: 02635-5923

Öffnungszeiten: Täglich außer Donnerstag.
Die Küche bietet Speisen von 11.30 Uhr bis 14.00 Uhr und von 18.00 Uhr bis 21.30 Uhr

Schweinelendchen auf Apfelspalten in Calvadosrahmsauce

Zutaten:

1 kg Schweinelende, 2 Äpfel, etwas Zitronensaft, 60 g Zucker, 100 ml Apfelsaft, 20 g Butter, 100 g festgeschlagene Sahne, 2 cl Calvados, 1 TL dunklen Mondamin-Saucenbinder, Pfeffer, Salz, Öl zum Braten.

Zubereitung:

Äpfel schälen, achteln, entkernen und in feine Scheiben schneiden. Mit Zitronensaft beträufeln und zur Seite stellen.

Butter in einer Stielkasserolle zerlaufen lassen, den Zucker schnell einrühren und unter ständigem Umrühren leicht bräunen. Den Topf von der Kochstelle nehmen und den Apfelsaft langsam einrühren (Vorsichtig, es kann spritzen!). Unter ständigem Rühren bis zur Hälfte einkochen lassen. Anschließend zur Seite stellen.

Die Schweinelende von Fett und Haut befreien und in 8 oder 12 gleichmäßige Medaillons schneiden. Von beiden Seiten mit Pfeffer und Salz würzen. Öl in einer Pfanne erhitzen, die Medaillons rosa braten und warmstellen.

Jetzt den eingekochten Apfelsaft wieder zum Kochen bringen, die geschlagene Sahne unterziehen und den Calvados hinzugeben. Je nach gewünschter Dicke etwas angerührten Saucenbinder einrühren und nochmals aufkochen lassen. Zum Schluß die Apfelstücke zugeben, kurz umrühren und auf 4 vorgewärmte Teller verteilen. Die Medaillons auf dem Saucenspiegel verteilen und sofort servieren.

Dazu schmeckt hervorragend ein Kartoffel-Broccoligratin.

Gefüllte Matjesröllchen auf Apfelscheiben

Zutaten:

4 mittlere Matjesfilets ohne Haut, 1-2 süßsaure Äpfel (Elstar, Delicius o.ä.), 1 EL feingewürfelte Essiggurken, 1 EL feingewürfelte Zwiebel, 1 EL feingewürfelte Äpfel, 1 EL feingeschnittenen Schnittlauch, 100 ml Sahne, 100 g Crème Fraîche, Pfeffer, Salz, Zitronensaft, 3 Blatt Gelatine, Dill.

Zubereitung:

Äpfel schälen und das Kerngehäuse ausstechen. Aus der Apfelmitte 4 gleichmäßige ca. 1,5 cm dicke Scheiben schneiden, mit etwas Zitronensaft einreiben und kaltstellen. Aus den restlichen Apfelstücken 1 EL in feine Würfel schneiden.

Gelatine für ca. 5 Min. in kaltem Wasser einweichen. Sahne mit Pfeffer und Salz würzen und erhitzen (nicht kochen!). Die eingeweichte Gelatine zugeben und unter gelegentlichem Rühren im kalten Wasserbad auskühlen. Kurz vor Erstarren die Apfelscheiben eintauchen und auf einem Küchengitter abtropfen lassen.

Die gewürfelten Äpfel, Gurken, Zwiebeln und etwas Schnittlauch locker untereinander rühren. Apfelscheiben auf vier Teller verteilen.

Die Matjesfilets zu Röllchen formen (in der Mitte eine ca. 2 cm große Öffnung für die Füllung lassen) und mit der Öffnung nach oben auf die Apfelscheiben setzen. Die Füllung gleichmäßig in die Filets verteilen.

Crème Fraîche mit Pfeffer, Salz und Zitronensaft abschmecken und die Matjesfilets damit überziehen. Mit frischen Dillsträußchen und Schnittlauch garnieren.

Landhotel Fernblick
HÜMMERICH

„...Über deine Wiesen pfeift der Wind so kalt...“ - diese Textstrophe in dem allbekannten Westerwaldlied kann nur an einem kalten Wintertag auf freier Hochfläche erfunden worden sein, denn die Landschaft zeigt sich alles andere als abweisend, ist im Gegenteil grün und klar, lieblich in den Tälern und Sonnenwiesen auf den Höhen. Erfrischend und belebend, wenn auf den Großstädten im Sommer die Dunstglocke lastet.

Auf der Sonnenseite des Westerwaldes, genauer in dem kleinen aber feinen Luftkurort Hümmerich, wartet das familiär geführte Landhotel Fernblick auf den erholungssuchenden Gast. Küche und Unterkunft qualifizieren sich nicht, wie so oft schon erlebt, in der Qualität ab, sondern verbinden sich hier vielmehr zu einem perfekten Doppel.

Familie Müller steht schon seit über 40 Jahren im Dienst des Kunden und mit den beiden Söhnen Marc und Dirk Müller steht bereits die nächste Generation an Küchenherd und Zapfhahn.

Das Kochen ist des Müllers Lust und das merkt der Besucher, wenn er die Speisekarte studiert. Marc Müller ist der Herr über Stieltopf und Pfanne, hat sein Handwerk von der Pique auf erlernt und zeigt nun im elterlichen Hause den Gästen die internationale wie auch regionale Küchenwelt.

Kochen und gut schlafen ist den Müllers aber nicht genug. Gästeservice wird groß geschrieben. Das fängt bei einem Transportservice für Hotel- und Tafelfreuden-Menüabendgäste an und hört mit zünftigen Grill- und Hüttenabenden im Wald auf. Der Gast hat also die Auswahl zwischen Ruhe und Erlebnis, kann sich für einen Rheinausflug oder eine Westerwaldwanderung entscheiden. Sonntags ist das Landhotel ein besonders beliebtes Ziel für einen kulinarischen Ausflug, der am Mittagstisch des Hauses beginnt oder zur Stärkung unterbrochen wird. Eine vorherige Reservierung erspart dann einen enttäuschten Magen, sollte kein Platz mehr vorhanden sein.

Die kalten Winde des Westerwaldes gehören längst den Sagenwelten an, die es natürlich auch hier zwischen dunklen Tannen und Burgruinen gibt. Seit geraumer Zeit heizen eine Reihe guter Gastronomen der Region zum Wohle des Gastes mit Geschmack und Gaumenkitzel ein. Das Landhotel Fernblick reiht sich darin nahtlos ein.

Landhotel Fernblick
53547 Hümmerich/Westerwald
Telefon: 02687-2291
Telefax: 02687-1658
internet: www.fernblick.de

Öffnungszeiten: Das Restaurant hat mittwochs geschlossen.

Scheiterhaufen

Zutaten:

500 g säuerliche Äpfel, je 30 g geriebene Mandeln und Haselnüsse, 30 g Rosinen, 2 EL Zucker, geriebene Zitronenschale, etwas Zimt, 150 g Hefezopf (möglichst 2 Tage alt), etwas Butter zum Ausfetten der Form.
Für den Guß: 3 Eier, 250 ml Milch, 125 ml Schlagsahne, 2 EL Zucker.

Zubereitung:

Äpfel schälen, das Kerngehäuse herausschneiden und die Äpfel feinblättrig schneiden. Einige mit Zitronensaft beträufelte Apfelscheiben zur Seite legen, um damit den Scheiterhaufen zu garnieren. Übrige Apfelscheiben mit Nüssen, Rosinen, Zucker und Zitronenschale vermengen. Mit wenig Zimt abschmecken. Den Hefezopf in dünne Scheiben schneiden. Eine runde feuerfeste Form ausbuttern und mit einer Schicht Hefezopf belegen. Darauf eine Schicht Apfelmasse auftragen und die wiederum mit Zopfscheiben belegen. So weiterfahren bis alles aufgebraucht ist.
Die Zutaten für den Guß verrühren und gleichmäßig über den Scheiterhaufen gießen. Die beiseite gelegten Apfelscheiben auf dem Scheiterhaufen garnieren und diesen mit Staubzucker bestreuen. Im vorgeheizten Backofen bei 180°C etwa 45 Min. backen. Den Scheiterhaufen auf einer Vanillesauce anrichten.

Äpfelsuppe

Zutaten:

300 g Äpfel (Elstar), 100 g ausgestochene Apfelkugeln in etwas Läuterzucker, Zitronensaft und Calvados mariniert, 50 g Zucker, 1/2 ausgekratzte Vanilleschote, 5 Gewürznelken, 1 Zimtstange, Saft einer Zitrone, 125 ml Weißwein, 125 ml Sekt, 2 cl Calvados.

Zubereitung:

Die Äpfel schälen, vierteln und vom Kerngehäuse befreien. In kleine Stücke schneiden und mit Zitronensaft beträufeln. In einem Topf den Zucker leicht karamelisieren, Äpfel und Gewürze dazugeben. Mit Weißwein aufgießen, leicht köcheln lassen bis die Äpfel weich sind. Die Gewürze (Vanille, Nelken, Zimtstange) entfernen und die Äpfel mit einem Pürierstab fein mixen. Die Apfelperlen in die warme Suppe geben und mit Sekt und Calvados verlängern.

Hotel Lück's Landhaus

RENGSDORF

Das Hotel Lück´s Landhaus gehört zu den bekannt guten Gastronomien in Rengsdorf, zählt in der Kooperation der Tafelfreuden Rhein-Westerwald zu den willkommenen Neueinsteigern. Und das mit einer gehörigen Portion an Engagement. Gleich die erste Teilnahme an der kulinarischen Veranstaltungsreihe des Kulinarischen Winters Rhein-Westerwald bescherte mit dem russischen Abend um den Komponisten Tschaikowski ein volles Haus, viele zufriedene Gäste und ein wunderbares Menü, das stilvoll von den Servicemitarbeitern in schwarz-roter Kosakenuniform kredenzt wurde.

Kreativität gehört aber nicht nur an den besonderen Menüabenden zum Pflichtprogramm von Sabine und Helmut Lück. Die Kür in Küche und Service meistern sie tagtäglich außer dienstags. Der Tag gehört dem jungen Gastronomenehepaar und da tanken beide Kraft für die kommenden Gäste. Leicht geht ihnen die freundliche Bewirtung von der Hand, obgleich es immer eines aufmerksamen Auges, eines guten Gaumens und kräftiger Arme und Beine bedarf. Küchenarbeit ist schließlich kein leichtes Geschäft, will man seinen gesetzten hohen Ansprüchen auch gerecht werden. Da ist Sabine Lück zu bewundern, die zwischen heißer Herdplatte und kaltem Kühlhaus erfolgreich den Kochlöffel schwingt. Ihr Mann kümmert sich hingegen um die Zufriedenheit der Gäste.

Helmut Lück hat das gewisse Gespür, den richtigen Zeitpunkt zu erkennen, wann Beratung am Tisch gefordert ist. Nie erscheint der Service im Hotel Lück´s Landhaus aufdringlich. Der Gast kann sich entspannt zurücklehnen und sich auf die Speisen und Getränke freuen, die auf ihn warten.
Qualitätsküche mit möglichst regionalen Produkten liegt in der Philosophie der beiden. Der Wein kommt vorrangig aus deutschen Landen frisch auf den Tisch. Da kann es schon einmal passieren, daß der Abend lang und der Weg nach Hause weit wird. Kein Problem im Hause Lück, denn 6 Doppelzimmer warten darauf, den müden Gast in komfortabler Weise in den Schlaf zu geleiten.

Dann ist man auch wieder fit für einen oder mehrere Tage im landschaftlich reizvollen Rengsdorf und den Nachbargemeinden. Mit dem Apfel ist diese Region besonders gesegnet und die Streuobstwiesengürtel machen einen naturnahen Spaziergang zu einem teppichgrünen Erlebnis. Aktiv läßt sich hier die grüne Lunge erleben. Und falls es bei aller aktiven Freizeitgestaltung zu einem Hungergefühl kommen sollte, stehen Sabine und Helmut Lück in ihrem Restaurant mit Küchen- und Kellerspezialitäten gerne bereit.

Hotel
Lück´s Landhaus
Buchenweg 18
56579 Rengsdorf
Telefon: 02634-1422
Telefax: 02634-8822
e-mail: Luecks-Landhaus@t-online.de

Öffnungszeiten: Dienstag Ruhetag. Das Restaurant ist mittags von 11.00 Uhr bis 14.00 Uhr und abends von 18.00 Uhr bis 24.00 Uhr geöffnet. Die Küche schließt um 22.00 Uhr.

Poulardenbrüstchen in Apfel-Calvadossauce

Zutaten:

4 Poulardenbrüstchen, 3 Schalotten, 1 säuerlicher Apfel, 4 cl Calvados, 300 ml Geflügelfond, 200 ml Sahne, Salz, Pfeffer aus der Mühle, Butterschmalz, etwas Butter, etwas Zucker, 1 TL Zitronensaft.

Zubereitung:

Die Poulardenbrüstchen mit Salz und Pfeffer würzen und von beiden Seiten im heißen Butterschmalz anbraten. Anschließend warmstellen.

Schalotten schälen, Apfel schälen und entkernen und beides in Scheiben schneiden. Butter erhitzen, die Schalotten glasig dünsten und die Apfelscheiben dazugeben und kurz mitdünsten. Mit Calvados ablöschen, flambieren und mit Geflügelfond und Sahne auffüllen. Die Poulardenbrüstchen in die Sauce geben und garziehen lassen.

Die Brüstchen herausnehmen und warmstellen. Die Sauce im Mixer pürieren und durch ein feines Sieb streichen. Mit Salz, Zucker und etwas Zitronensaft abschmecken.

Vor dem Servieren die Brüstchen mit der Sauce überziehen. Dazu Reis oder Bandnudeln reichen.

Apfelschaumcreme „Normande"

Zutaten:

4 Eigelb, 2 Volleier, 150 g Zucker, 4 cl Strohrum, 350 g Apfelmus, 350 ml Sahne, 4 Blatt Gelatine, Preiselbeeren und Sahne zum Garnieren.

Zubereitung:

Eigelb, Volleier, Zucker und Strohrum im Wasserbad schaumig schlagen. Ständig weiterrühren. Sobald die Masse eine dickere Konsistenz zeigt, vom Herd nehmen. Die Masse darf nicht kochen, da sonst das Eigelb gerinnt.

Apfelmus und die aufgelöste Gelatine unterrühren und erkalten lassen. In der Zwischenzeit die Sahne schlagen und kurz vor dem Stocken der Creme unterheben und sofort in Portionsschalen umfüllen.

Die Creme vor dem Servieren mit geschlagener Sahne und Preiselbeeren garnieren.

Karotten-Apfelcremesuppe mit Zimtcroutons

Zutaten:

250 g Karotten, 150 g säuerliche Äpfel, 1 kleine Zwiebel, 100 ml Apfelwein, 600 ml Geflügelfond, 200 ml Sahne, 120 g Butter, 2 Scheiben entrindetes Weißbrot oder Toast, Zimt, Salz, Pfeffer, etwas Zucker und etwas Zitronensaft.

Zubereitung:

Zwiebel, Karotten und Äpfel schälen, halbieren und in Scheiben schneiden.

80 g Butter in einem Topf erhitzen und die Zwiebelscheiben darin glasig dünsten. Apfel- und Karottenscheiben dazugeben, kurz mitdünsten und mit dem Apfelwein ablöschen. Das Ganze reduzieren lassen, mit dem Geflügelfond auffüllen und ca. 20 Min. köcheln lassen.

Anschließend die Suppe im Mixer pürieren, mit der Sahne verfeinern und mit Salz, Pfeffer, Zucker und Zitronensaft abschmecken. Nochmals kurz aufkochen lassen.

Für die Croutons Weißbrot in 1 cm große Würfel schneiden. 40 g Butter in der Pfanne erhitzen, die Brotwürfel darin goldbraun rösten und mit Zimt bestäuben.

In Teller füllen und mit den Croutons garnieren.

Restaurant Nattermann's Bauernschänke

VETTELSCHOß-KALENBORN

Wer rastet, der rostet und aus diesem Grunde haben sich Joachim und Sabine Nattermann auch für eine bauliche Politur der besonderen Art in ihren gastlichen Räumen entschieden. Die Zeiten, wo leises Hämmern und Bohren behutsam, aber bestimmt von Aus- und Umbau kündeten, sind seit kurzer Zeit vorbei und das Ergebnis kann sich wahrhaftig sehen lassen. Innen wie außen erstrahlt das Anwesen in neu geschaffenem Wohlfühlambiente.

Schon das Foyer besticht durch die ausgesuchte Auswahl der Materialien, nimmt Dekore des Jugendstil auf und führt sowohl den Gast in den schon vorhandenen Restaurantbereich, wie auch in den neu erschaffenen Anbau.

Ein wenig erinnert die Wandgestaltung an den Wohngeschmack schwedischer Herrenhäuser. Zarte helle Farben in Gelb, Creme und Weiß herrschen vor, während auch hier wiederum leichte Jugendstildekore dem Raum ein wohnlich-behagliches Gesicht verleihen.

Hier trifft Kunst im Bau auf Kunstfertigkeiten der Küche. Während Sabine Nattermann die Gasträume zu ihrem Reich zählt, bedeutet für Joachim Nattermann der heiße Herd die Küchenwelt. So kommen ausgesuchte Gerichte und Weine auf den Tisch, die mit den vielen Künstlergrafiken und Radierungen an den Wänden einen echten Sinnengenuß versprechen.

Der Sommer wird im Gartenrestaurant zelebriert. Unter einem großen Kastanienbaum schmecken Grillgerichte, frische saisonale Salate und auch ein zischend gezapftes Bier nochmal so gut.

In Nattermann´s Bauernschänke weiß man eben um die Gunst des Gastes und für Sabine wie Joachim ist das Wohlbefinden der Besucher im Hause jeden Tag erneut eine willkommene Herausforderung. „Wer rastet, der rostet". Hier im Restaurant Nattermann´s Bauernschänke gelebte gästefreundliche Philosophie, immer im Bemühen, dem Gast ein zufriedenes Lächeln auf die Lippen zu zaubern. Eine Rast in diesem Tafelfreuden Haus gehört sicher zum Pflichtprogramm im Rhein-Westerwald!

Restaurant
Nattermann´s Bauernschänke
Bahnhofstraße 12
53560 Vettelschoß - Kalenborn
Telefon: 02645-8161
Telefax: 02645-970244
internet: www.nattermanns.de
e-mail:
JoNattermannsBauernschaenke@t-online.de

Öffnungszeiten: Täglich außer Dienstag.
An Wochentagen ist von 11.00 Uhr bis 14.00 Uhr und von 16.30 Uhr bis 24.00 Uhr geöffnet. An Wochenenden durchgehend von 10.00 Uhr bis 24.00 Uhr. Die Küche bietet Speisen von 12.00 Uhr bis 14.00 Uhr und von 18.00 Uhr bis 22.00 Uhr.

Gratinierter Äpfel mit seinem Sorbet

Zutaten für das Sorbet:

500 g saure Äpfel, 125 ml Weißwein, 125 ml Cidré, Saft einer Zitrone, 120 g Zucker, 1 Msp. Zimt.

Zubereitung:

Äpfel schälen, entkernen und mit Zucker, Cidré, Weißwein, Zitrone und Zimt ca. 4 Min. kochen lassen. Anschließend pürieren und kaltstellen. Die abgekühlte Masse in einer Eismaschine gefrieren lassen. Falls keine Eismaschine vorhanden ist, die Masse in eine Form geben. In den Gefrierschrank stellen und öfters mit einer Gabel umrühren, damit sich keine Eiskristalle bilden.

Zutaten für das Gratin:

6 Äpfel, 6 Eigelb, 100 g Zucker, 500 ml Milch, 1/2 Vanillestange, Calvados, geschlagene Sahne.

Zubereitung:

Eigelb und Zucker im Wasserbad aufschlagen. Milch und Vanillestange aufkochen, vom Herd nehmen und anschließend unter die Eigelbmasse rühren und kaltstellen.

Äpfel schälen, entkernen und in feine Spalten schneiden. Suppenteller damit auslegen. Unter die Gratinmasse etwas Calvados und geschlagene Sahne heben. Die Apfelspalten damit bedecken und bei starker Oberhitze im Backofen überbacken.

Mit etwas Puderzucker bestreuen und mit einer Kugel Apfelsorbet servieren.

Kartoffel-Apfelsülze

Zutaten:

400 g festkochende Kartoffeln, 4 säuerliche Äpfel, 1 Bund Schnittlauch, 3 Schalotten, 30 g feine Karottenwürfel, 500 ml Kalbsfond, 10 Blatt Gelatine, Salz, Pfeffer, Apfelessig.

Zubereitung:

Kartoffeln schälen und in 0,5 cm große Stücke schneiden. In Salzwasser garkochen und abgießen. Äpfel schälen, ebenfalls in 0,5 cm große Stücke schneiden und kurz in kochendem Zitronenwasser blanchieren.

Die Schalotten feinwürfeln, den Schnittlauch in feine Ringe schneiden und mit den Kartoffeln, Äpfeln und Karotten mischen. Gelatine in kaltem Wasser einweichen, Kalbsfond erhitzen und die Gelatine darin auflösen. Mit Salz, Pfeffer und Apfelessig abschmecken. Die Kartoffelmischung in eine Terrinenform füllen und mit dem Kalbsfond bedecken. Mindestens 4 Std. kaltstellen.

Parkrestaurant Nodhausen

NEUWIED

Ein wenig Ehrfurcht verbreitet das imposante Anwesen schon, worin sich das Parkrestaurant Nodhausen befindet. Schließlich ist die verspielte Villa die einstige fürstlich-wiedische Sommerfrische. Hinter den eleganten Mauern befindet sich ein nicht minder elegantes Restaurant. Doch wer meint, daß hier die oftmals unterkühlte Gastlichkeit eines Feinschmeckertempels herrscht, ist auf dem Holzweg. Wer die Stufen zur weißgetünchten Veranda emporsteigt und danach den Eingang betritt, wird schnell von der gastlichen und liebenswürdigen Art des Pächterehepaars Kurz gefangen genommen. Ganz unprätentiös, doch dafür mit einem hohen Maß an Herzlichkeit wird der Gast empfangen und an seinen Platz in dem geschmackvoll und edel wirkenden Gastraum geleitet.

Bequeme Ledersessel sorgen für die nötige Entspannung bei der Auswahl der Speisen und Getränke. Die Karte wechselt in kurzem Rhythmus, berücksichtigt dabei immer das saisonale Angebot. Damit ist es immer ein neues Erlebnis, die Empfehlungen der Küche auf das Auge und wenige Zeit später auf den Gaumen wirken zu lassen.

Während Armin und Hiltrud Kurz wie durch unsichtbare Hand Weinglas füllen und das Gericht der Wahl servieren, ist Jörg Christ der gute Geist der Küche. Er und sein Team sorgen für die geschmackliche Zufriedenheit der Gäste. Und des Lobes kann er sich sicher sein.

Ein aufmerksam unaufdringlicher Service, eine Küche, die nicht nur kocht, sondern kulinarisch zaubert und ein Restaurant, das den Blick auf die Uhr vergessen läßt, sind das Erfolgsrezept für eines der schönsten Beispiele in der Restaurantlandschaft des Rhein-Westerwaldes.

Eine kulinarische Begegnung, die man sich häufiger wünscht. Doch wie alles Schöne hat auch das Parkrestaurant eine kleine Einschränkung. Die Wochenenden bleiben den Veranstaltungen vorbehalten, die natürlich jeder Gast auch im Restaurant von Hiltrud und Armin Kurz zelebrieren kann. Und das nicht nur an den schönsten Tagen des Lebens.

Parkrestaurant Nodhausen
Wiedpfad
56567 Neuwied
Telefon: 02631-813423
Telefax: 02631-813440

Öffnungszeiten: Täglich außer Samstag und Sonntag. Die Küche bietet Speisen von 12.00 Uhr bis 14.30 Uhr und von 18.00 Uhr bis 21.00 Uhr.

Wildhasenrücken mit Kartoffel–Äpfel–Gratin

Zutaten:

1 Wildhasenrücken, 2 Zwiebeln, 3 Karotten, etwas Öl, 10 cl Balsamessig, 2 l Rotwein, 100 g Butter, 3 Wacholderbeeren, 5 Knoblauchzehen, 3 Schalotten, 4 große Kartoffeln, 3 Äpfel, 300 ml Sahne, Salz, Pfeffer.

Zubereitung:

Hasenrücken auslösen und zuputzen, Knochen und Abschnitte vom Hasenrücken feinhacken. Zwiebeln und Karotten schälen und kleinschneiden. Öl in einem Bräter oder Fleischtopf erhitzen. Hasenklein, Zwiebeln und Karotten anbraten, mit Essig und Rotwein ablöschen. Geschälten Knoblauch und Schalotten zugeben und ca. 2 Std. köcheln lassen. Anschließend absieben und den Fond auf 1/3 einkochen lassen. Durch Einrühren von 50 g kalter Butter binden.

40 g Butter in einer Pfanne erhitzen und das Hasenrückenfilets von allen Seiten 2 Minuten anbraten. Anschließend in der Pfanne im 180°C vorgeheizten Backofen 5-10 Min. (je nach Stärke des Filets) ziehen lassen.

Kartoffeln schälen, waschen und in hauchdünne Scheiben schneiden. Äpfel schälen, entkernen und in dünne Scheiben schneiden. Eine feuerfeste Form mit Butter ausstreichen und abwechselnd Kartoffeln und Äpfel fächerförmig einschichten. Mit Salz und Pfeffer würzen, Sahne darübergießen bis alles bedeckt ist und im Backofen bei 150°C ca. 1 Std. garen.

Filet in Scheiben schneiden und mit der Sauce und dem Gratin servieren.

Matjestatar mit Äpfeln auf Schwarzbrot

Zutaten:

6 Matjesfilets, 50 g Gewürzgurken, 50 g Zwiebel, 2 EL Salatmayonnaise, 1 TL Senf, 100 g Äpfel, 1 EL geschnittenen Dill, Saft einer halben Zitrone, 2 EL Crème Fraîche, 6 Scheiben Kastenschwarzbrot, Butter zum Bestreichen.

Zubereitung:

Matjesfilets in 5 mm große Stücke schneiden. Gewürzgurken, Zwiebeln und Äpfel ebenfalls kleinschneiden und mit dem Matjes vermengen.

Mayonnaise mit Senf, Zitronensaft, Crème Fraîche und dem geschnittenen Dill verrühren. Anschließend unter den Matjes arbeiten.

Die Schwarzbrotscheiben mit Butter bestreichen und das Matjestatar gleichmäßig darauf verteilen. Die Scheiben diagonal halbieren, mit Radieschenscheiben oder roten Zwiebelringen und Dillzweig garnieren.

Eventuell auf marinierten Blattsalaten anrichten.

Restaurant Schlosskeller Engers

Würde man in Apfeldimensionen denken, so wäre das Schloß Engers in der Normandie und der Calvados hätte statt Rheinwein das Hausrecht.

Marie-France Richard ist die charmante Betreiberin des Restaurants, die als gebürtige Französin natürlich auch eine gute Portion Savoir Vivre in die historischen und liebevoll restaurierten Mauern gebracht hat.

Der Rhein, dem man über die herrschaftliche Freiterrasse in die Augen blickt, holt den Gast zurück aus dem französischen Apfelland. Doch dem folgt keine Enttäuschung. Im Gegenteil kann sich der Besucher nun in ehemals kurfürstlichen Räumen wiederfinden, wo Geschmack und Sinnenfreude schon immer Tradition hatten.

Während das Team um Marie-France Richard im stimmungsvollen Gewölbekeller guten Service mit ebenso guter Küche anbietet, halten in den oberen Etagen die schönen Künste in Form der Stiftung Villa Musica Hof. Das Schloß ist ein Zentrum für klassische Musik im Norden von Rheinland-Pfalz und gehört zu den kulturellen Höhepunkten, die der Rhein-Westerwald zu bieten hat.

Was kann schöner sein, als nach einem musikalischen Konzertgenuß im Rokoko-geschmückten Diana-Saal eine Gaumenfreude im gleichen Hause serviert zu bekommen. Da spielt es keine Rolle, ob der Besucher als kulinarisch interessierter Solist, im Duett oder als ganzes Gastorchester die Räume des Schlosskellers betritt. Wer schon kein Fürst sein kann, der soll wenigstens fürstlich bewirtet werden dürfen.

Villa Musica und das Schloßrestaurant bilden somit eine natürliche Einheit, die man nicht getrennt, sondern gerade in Kombination genießen sollte. Da funkelt das ursprüngliche Bild des romantischen Rheintals hell auf und man versteht die originären Beweggründe der Rheinreisenden des 19. Jahrhunderts. Hätte es schon zu deren Zeiten das Restaurant und die Villa Musica im Schlosse Engers gegeben, wer hätte da nicht die Antwort gewußt auf die Frage: „Wieso ist es am Rhein so schön"!

Restaurant
Schlosskeller Engers
Alte Schloßstraße 2
56566 Neuwied-Engers
Telefon: 02622-923693
Telefax: 02622-923595

Öffnungszeiten: Montag Ruhetag. Dienstag von 18.00 Uhr bis 23.00 Uhr. Mittwoch bis Samstag von 11.00 Uhr bis 14.00 Uhr und von 18.00 Uhr bis 23.00 Uhr. Sonntag durchgehend von 11.00 Uhr bis 23.00 Uhr.

Apfelwein – Bäckerofen

Zutaten:

250 g Schweinebug, 375 g Beinscheibe, 3 Zwiebeln, 1 Lorbeerblatt, 6 Wacholderbeeren, schwarzer gemahlener Pfeffer, 1 TL Thymian, 2 gehackte Knoblauchzehen, 750 ml Apfelwein, Salz, 1 kg vorwiegend-festkochende Kartoffeln, 1 Apfel

Zubereitung:

Das Fleisch kalt abspülen. Zwiebeln schälen und in Streifen schneiden. Zusammen mit dem Fleisch, den Gewürzen (ohne Salz) und dem Apfelwein zugedeckt über Nacht marinieren. Kartoffeln schälen und 1/2 cm dicke Scheiben schneiden. Apfel schälen, vierteln, entkernen, in Blättchen schneiden und mit den Kartoffeln mischen. Leicht salzen. In eine feuerfeste Form mit Deckel die Hälfte der Kartoffeln schichten, darauf das Fleisch und die abgetropften Zwiebeln und Gewürze der Apfelweinmarinade geben. Mit den restlichen Kartoffeln abschließen und der Apfelweinmarinade auffüllen. Zugedeckt im 200°C vorgeheizten Backofen 2 Std. garen.

Reichen Sie dazu einen Blattsalat und Apfelwein.

Äpfel mit Ziegenkäse auf Salat

Zutaten:

4 herbsäuerliche Äpfel (z.B. Boskoop), 150 g Ziegenfrischkäse, 100 g Magerquark, 2 EL geriebener Emmentalerkäse, 2 EL Pinienkerne, Kräutersalz, 150 g Feldsalat, 50 g Endivien- oder Friséesalat, 2 EL Apfelessig, Pfeffer a. d. Mühle, 4 EL kaltgepreßtes Sonnenblumenöl, 2 EL Schnittlauchröllchen.

Zubereitung:

Die Äpfel längs halbieren und das Kerngehäuse großzügig entfernen. Den Quark in einem Sieb abtropfen lassen. Ziegenkäse und Quark mit einer Gabel zerdrücken und gut vermischen. Den Emmentaler und die Pinienkerne hinzufügen und mit Kräutersalz abschmecken. Die Käsemasse in die Apfelhälften füllen und im vorgeheizten Backofen 15 - 20 Min. bei 220°C backen.

In der Zwischenzeit den Salat putzen, waschen und abtropfen lassen. Aus Essig, Salz, Pfeffer und Öl eine Salatsauce zubereiten und mit dem Salat vermischen. Den Salat auf vier Teller verteilen und mit jeweils 2 überbackenen Apfelhälften anrichten.

Hotel-Restaurant Thalhauser Mühle

THALHAUSEN

In vieler Hinsicht mag der Gast Recht haben, der sich der Überzeugung zeigt, daß vielerorts „auch nur mit Wasser gekocht wird“. Sicherlich auf viele gastronomische Angebote zutreffend, die sich zuerst als schöner Schein, hinterher aber als fauler Zauber entpuppen. Unter den schwarzen Schafen leiden eben die vielen guten Restaurants, zu denen in uneingeschränkter Hinsicht auch das Hotel von Sabine und Dieter Junglas zählt. Hier hat Gastlichkeit schon eine lange Tradition und hier wird zwar auch mit Wasser, aber noch mit vielen, vielen anderen schmackhaften Zutaten gekocht.

Dieter Junglas und seine Frau haben ein großes Anwesen zu bewirtschaften. Ideal für Ferien in unmittelbarer Nachbarschaft zu waldreichen Wanderwegen und berauschender Natur. Man muß schon etwas suchen, bis man die wohlverdiente Rast in gutem Hause in Anspruch nehmen kann. Außerhalb des kleinen Ortes Thalhausen, talabwärts in Richtung Isenburg befindet sich die Thalhauser Mühle, worin Dieter Junglas zum kulinarischen Stelldichein bittet.

Ihre Tafelfreuden-Veranstaltungen sind immer etwas Besonderes, bedeuten oftmals ein besonders hohes Maß an Vorbereitungszeit. Dafür reisen aber auch die Gäste über die Grenzen des Westerwaldes hinweg an. Immer in spannender Erwartung, welches Thema die beiden kulinarisch und dekorativ aufgreifen.

Wer dann zu tief ins Glas geschaut hat oder einfach den autoweiten Weg zurück scheut, dem bieten sich geeignete Übernachtungsmöglichkeiten an. Zeit also für ein Mehr an Entspannung und Genuß.

Gerne stehen Sabine und Dieter Junglas mit Rat und Tat zur Seite, auch einen weiteren Tag im Rhein-Westerwald erlebnisreich verbringen zu können. Vielleicht mit einer Fahrradtour zum Rhein, einer Wanderung durch die umliegenden fürstlichen Wälder oder einem ausgiebigen Saunabad im Rahmen der winterlichen Tafelfreuden Rhein-Westerwald.

Hotel - Restaurant
Thalhauser Mühle
56584 Thalhausen
Telefon: 02639-618
Telefax: 02639-488

Öffnungszeiten: Täglich außer Mittwoch. Montag ab 16.00 Uhr, Dienstag, Donnerstag und Freitag von 12.00 Uhr bis 14.00 Uhr und ab 16.00 Uhr. Samstag ab 11.30 Uhr und Sonntag ab 9.30 Uhr geöffnet.
Warme Küche gibt es in den angegebenen Zeiten von 12.00 Uhr bis 14.00 Uhr und von 18.00 Uhr bis 21.30 Uhr.

Kasseler mit Äpfeln in Blätterteig

Zutaten:

400 g Äpfel, 3 EL Wasser, 250 ml Weißwein, 1 EL Zucker, 1 kg mageres Kasseler ohne Knochen, 1 Eigelb, 1 P. Tiefkühl-Blätterteig.

Zubereitung:

Äpfel schälen, entkernen und in kleine Stücke schneiden. Zusammen mit Weißwein, Wasser und Zucker aufkochen. Nicht zu lange, da die Apfelstücke noch fest sein sollten. Über einem Sieb abgießen und den Apfelsud auffangen.

Fleisch in einem Bräter im 200°C vorgeheizten Backofen ca. 25 Min. braten. Zwischendurch mit Apfelsud übergießen. Fleisch herausnehmen und erkalten lassen.

Den aufgetauten Blätterteig so groß ausrollen, daß man das Kasseler gut einwickeln kann. Das Fleisch auf die Teigplatte legen, die Apfelstücke rundherum legen und zu einem Paket formen. Den Teig mehrmals einstechen (damit der Dampf entweichen kann) und mit dem verquirlten Eigelb bestreichen. Auf ein mit Wasser abgespültes Backblech setzen und bei großer Hitze (225°C) etwa 40 Min. backen.

Apfelcreme mit Erdbeer-Sauce

Zutaten:

250 ml Apfelsaft, 2 Nelken. 1 Zimtstange (3 cm), 3 Eier, 3-4 gehäufte EL Zucker, 4 Blatt helle Gelatine, 1 Becher Schlagsahne, 6 Kugeln Erdbeer-Eiscreme.

Zubereitung:

Apfelsaft, Nelken und Zimtstange köcheln lassen. Gelatineblätter in kaltes Wasser legen. Eigelb und Zucker sehr cremig rühren und den Apfelsaft durch ein Sieb dazugeben. Gelatine darin auflösen und abkühlen lassen. Vor dem Stocken den locker geschlagenen Eischnee unterheben. Die Hälfte der geschlagenen Sahne unter die Creme rühren. Die Apfelcreme in kalt ausgespülte Dessertschalen füllen und mind. 2-3 Stunden kalt stellen.

Die Eiscreme 30 Min. vor dem Servieren antauen lassen und die restliche Schlagsahne untermischen. Die Erdbeer-Eissauce zu der Apfelcreme servieren.

Hotel-Restaurant Villa Sayn

BENDORF-SAYN

Man nehme einige kunstsinnige Investoren, eine schöne aber sanierungsbedürftige alte Villa und erfahrene Köche wie Servicemitarbeiter. Voilà, das sind die erfolgversprechenden Grundzutaten für ein Hotel-Restaurant der gehobenen Klasse.

In Bendorf-Sayn befindet sich eine betagte Dame, in Form eines stattlichen Anwesens, die seit 1998 wieder in frischen Farben und komfortabler Ausstattung auf den verwöhnten Gast wartet. Die Renovierungsarbeiten sind behutsam und geschmackvoll verlaufen, präsentieren nun einen Gastronomiebetrieb, in dem italienisches Ambiente auf den Flair vergangener Villenzeiten trifft. 18 luxuriöse Doppelzimmer erwarten den Kunden im unmittelbar benachbarten Gästehaus.

Das Restaurant ist klein aber fein, besitzt Ausweichmöglichkeiten in den benachbarten Bistrobereich oder den Gewölbeweinkeller im Untergeschoß. Ein ebenfalls in harmonischen florentiner Dekoren gehaltener Gesellschaftsraum im 1. Stock deckt den Bedarf an Bankett und Tagung. Somit ausreichend Platz für die Gerichte, die frisch und schmackhaft zubereitet aus der Hand des Küchenmeisters Jürgen Bender kommen. Er hat im Rheingau seine Ausbildung genossen, Erfahrungen im In- und Ausland gesammelt und ist nun die kulinarische Seele des Hauses. Er präferiert die regionalen Bezugsquellen und ist im Spätherbst ein passionierter Anhänger der Martinsgänse vom Hof des Bauern Pfeiffer aus Becheln bei Bad Ems. Für ihn gibt es da keine Kompromisse und die Gäste geben ihm Recht. So wie die frischen Freilandgänse zum Küchenstar in der Villa Sayn werden, ist Jürgen Bender ein Verfechter der saisonalen Genüsse. Jede Jahreszeit bedeutet für ihn eine kulinarische Herausforderung, der er sich mit Leichtigkeit stellt.

Im Restaurant- und Hotelbereich wirkt Henry Terhardt in leitender Funktion. Er ist weit gereist, hat 18 Jahre in Restaurants und Hotels im Ausland verbracht. Seine gesammelten Erfahrungen fließen nun in die Gastronomie der Villa Sayn ein. Claudia Walter, die Dritte im kulinarischen Dreigestirn, betreut als Restaurantleiterin die Gäste.

In benachbarter Umgebung zum Garten der Schmetterlinge in Bendorf-Sayn liegen Leichtigkeit und Augenreize sowohl über der Küche wie über den gläsernen Dächern der exotischen Falterwelt. Zwei Highlights vor den Toren des Westerwaldes und den Ufern des romantischen Rheintals.

Das Hotel-Restaurant Villa Sayn ist durchgehend geöffnet.

Hotel-Restaurant
Villa Sayn
Koblenz-Olper-Straße 111
56170 Bendorf-Sayn
Telefon: 02622-94490
Telefax: 02622-944944
internet: www.villasayn.de

Weihnachtsgänsebraten „VILLA SAYN"

Zutaten:

1 frische Gans, ca. 5 kg (vorzugsweise von Bauer Pfeiffer wegen der gleichbleibend guten Qualität), Cox Orange Äpfel, Zwiebeln, Majoran, Salz und Pfeffer.

Für die Sauce: Zwiebeln, Möhren, Äpfel, Sellerieknolle, Tomatenmark, Apfelwein, Maisstärke zum Binden.

Zubereitung:

Die frische Gans zum Braten vorbereiten. Innereien und Bauchfett herausnehmen. Gans gründlich waschen und abtrocknen. Den Hals abschneiden, ohne die Haut an der Brust zu verletzen (sonst „blutet" sie beim Braten aus). Die Flügel am ersten Gelenk nach der Schulter abschneiden. Beide in ca. 2 cm große Stücke hacken.

Die Gans nun innen und außen mit Salz, Pfeffer und Majoran würzen. Die Füllung besteht aus geschälten, entkernten und geviertelten Cox Orange Äpfeln sowie geviertelten Zwiebeln.

Den Braten zunähen, in einem Bräter mit der Brust nach unten, mit ca. 2-3 Fingerbreit Wasser angießen und bei ca. 180°C etwa 1 Std. in die Röhre schieben. In dieser Zeit wird die Brust der Gans, deren Fleischstruktur fettfrei ist, weichgekocht. Ab und zu die Gans mit der Flüssigkeit bepinseln.

Nach dieser Zeit die Gans wenden, den Rest des nicht verdampften Fonds abgießen und den Braten unter ständigem Bepinseln noch ca. 45-60 Min. in den Ofen schieben. Für eine knusprig braune Haut kann die Gans kurz vor Ende noch mit Honig bestrichen werden. Zwischenzeitlich die Knochen, das kleingeschnittene Wurzelgemüse, die Apfelstücke und einen EL Tomatenmark andünsten und einen Saucenansatz herstellen. Am Ende wird dieser mit Apfelwein und dem entfetteten Gänsefond aufgefüllt. Die Sauce abpassieren, nochmals entfetten und ggf. mit Salz und Pfeffer abschmecken. Den kräftig-fruchtigen Geschmack erhält die Gans durch den Cox Orange, den frischen Majoran und den Apfelwein. Zum eventuellen Binden der Sauce etwas Apfelwein mit der Stärke verrühren und damit die Sauce aufkochen. Die Gans nun in ca. 6-8 Portionen tranchieren. Wir servieren den Gänsebraten mit frischem Gewürzrotkohl, hausgemachten Kartoffelklößen, glasierten Maronen und gefülltem Cox Orange. Statt Gewürzrotkohl paßt auch junger Speckrosenkohl.

Restaurant Wingertsberg

NEUWIED-OBERBIEBER

Weit ab von verkehrsreicher Durchgangsstraße windet sich der Weg hinauf zum Wingertsberg. Feine Wohngegend, die am Ende der Straße den Blick auf ein ebenso feines Restaurant eröffnet.

Die Zeiten, wo der Weinanbau den Namen für den heutigen Standort der idyllisch gelegenen Gastlichkeit schuf, sind längst vorbei. Die Rebstöcke haben sich mittlerweile den Platz in der ersten Reihe mit Blick auf den großen Fluß gesichert und das Mündungstal der Wied verlassen. In flüssig-fruchtiger Form kehren sie jedoch zurück und bereichern den Genuß in den Gasträumen von Friedel Hawel, dem Maestro des Küchenorchesters auf dem Wingertsberg.

Gespielt wird in kleiner Besetzung für großes Publikum. Kommt es doch nicht auf personelle Quantität, sondern auf Qualität in der Küche an. Vorzugsweise läßt der Küchenchef gerne österreichische Rezeptpartituren spielen - als Hommage an sein Heimatland, wo Tafelspitz und Marillenknödel die Herzen höher schlagen lassen.

Friedel Hawel ist Könner seines Fachs und so bereitet es ihm auch keine Probleme, regional-herzhafte Töne anzustimmen, wie auch die Küchenklassiker aus französischen und italienischen Rezeptbüchern zu komponieren. Er hat leichtes Spiel mit den Gästen, die dem guten Geschmack aufgeschlossen sind und auch gerne einmal ungewohnte Küchenarrangements zu schätzen wissen. Dafür kocht er am liebsten auf. Und diese Liebe geht, wie Sie es schon ahnen können, durch den Magen.

Restaurant
Waldhaus Wingertsberg
Wingertsbergstraße 48
56566 Neuwied-Oberbieber
Telefon: 02631-9220
Telefax: 02631-922255

Öffnunsgzeiten: Das Restaurant hat Dienstag Ruhetag. Die Küche bietet ihr Angebot von 11.00 Uhr bis 15.00 Uhr und wieder von 18.00 Uhr bis 22.00 Uhr an.

Geschmorter Äpfel mit Brombeeren

Zutaten:

4 feste Äpfel, 2 EL Himbeerkonfitüre, 4 Tropfen Bittermandelöl, 1 EL geröstete Mandelblätter, 300 g Brombeeren, 200 ml Brombeersaft, 1 TL abgeriebene Schale einer unbehandelten Orange, 1/2 Zimtstange, 2-3 EL Zucker, 1 TL Speisestärke.

Zubereitung:

Die Äpfel waschen und das Kerngehäuse ausstechen. Die Himbeerkonfitüre mit Bittermandelöl mischen. Die Äpfel in eine gebutterte feuerfeste Form setzen und die Konfitüre in den Öffnungen verteilen. Bei geringer Hitze ca. 40 Min. im Backofen garen. Die Äpfel sollen weich sein, aber nicht zerfallen.

Den Brombeersaft mit der Orangenschale, der Zimtstange und dem Zucker 3-4 Min. erhitzen. Die Speisestärke mit 1 EL kaltem Wasser anrühren, zum Saft geben und unter Rühren erhitzen, bis dieser klar und gebunden ist. Den Saft passieren, die Brombeeren hinzufügen und vorsichtig erwärmen.

Die Äpfel auf vorgewärmte Teller setzen, mit den Mandelblättchen bestreuen und mit der Sauce umgießen.

Schweinekoteletts mit Äpfelsauce

Zutaten:

4 Schweinekoteletts (à 180 g), Salz, Pfeffer, Butterschmalz, 250 g säuerliche Äpfel (geschält und gewürfelt), 50 ml Weißwein, 50 ml Wasser, 20 g Zucker, 1/2 Zimtstange, 1/2 Apfel in Schnitzen.

Zubereitung:

Die Äpfel zusammen mit Wein, Wasser, Zucker und Zimt weichdünsten. Anschließend die Zimtstange entfernen und die Äpfel durch ein Sieb passieren. Die Sauce warmhalten.

Die Schweinekoteletts von beiden Seiten im heißen Butterschmalz 10-12 Min. goldbraun braten. Salzen, pfeffern und warmstellen. Die Apfelschnitze in der Pfanne braten, auf den Koteletts verteilen und mit der Apfelsauce anrichten.

Mit gedünsteten Karotten und Kartoffelpfannkuchen servieren.

Hotel Restaurant Zur Post

ROSSBACH

Das Wiedtal ist das grüne Herz im Rhein-Westerwald und der Fluß die Hauptschlagader. Wer das Ohr und seinen Geist öffnet, der verspürt den Puls der intakten Natur, sieht üppig blühende Flußauen im hellgrünen Kontrast zu den bewaldeten dunkleren Höhenzügen. Der ruhigere Schlag, der zum Luft holen und Verweilen geradezu einlädt, bedeutet keineswegs, daß die Zeit hier stehen geblieben ist.

Im Hotel Zur Post besinnt man sich gerne auf die gute alte Zeit, wohnt man doch in historischem Hause, eben der alten Poststation des Ortes Roßbach. Der Name verbürgt also Authentizität und ist nicht Werk der Fantasie. Fanatsievoll arbeiten hingegen Martina und Christoph Weingarten, die aus dem traditionsreichen Gasthof mittlerweile mit viel Liebe und einer nötigen Portion Ausdauer ein wahres Schmuckkästchen haben entstehen lassen.

Bei unserem Besuch erstrahlt das Haus in einem freundlichen gelben Anstrich. Passend zu dem dunklen Fachwerk, das die Fassade ziert. Wie uns muß es jedem Besucher des Ortes gehen, der das Hotel Zur Post an exponierter Stelle in Roßbach liegen sieht.

Die 16 Zimmer sind geschmackvoll und zeitgemäß eingerichtet, nehmen den naturnahen Charakter der Landschaft in der Einrichtung im Landhausstil auf.
Martina und Christoph Weingarten verbinden „gut schlafen“ mit dem Anspruch auf schmackhafte kulinarische Erlebnisse. Das Restaurant hat sich, wie der Hoteltrakt ebenso, einem ansprechenden Lifting unterzogen und empfängt seit einiger Zeit den Gast in sanften warmen Farben. Martina Weingarten sorgt für den Wohlfühlcharakter durch kompetenten Service und ihre Kreativität in Sachen Dekoration.

Die Kreativität nimmt dagegen Christoph Weingarten in der Küche auf und bereitet frische Produkte, die sich auf der Karte zu speziellen kulinarischen Themenabenden oder im Kreise einer festlichen Runde wiederfinden.

Liebgewordene Bratenklassiker wechseln sich ab mit feinen Menücreationen und deftigen Vespermahlzeiten. Dazu ein guter Wein aus den Lagen der Tafelfreuden Winzer gefällig? Auch darin zeigt sich im Hotel zur Post, daß Nomen (Weingarten) auch Omen (ausgesuchte Weine) bedeutet. Mit den beiden jungen Gastronomen ein wahrer Zugewinn für Gast und Wiedtal.

Hotel - Restaurant
Zur Post
Wiedtalstraße 55
53547 Roßbach/Wied
Telefon: 02638-280
Telefax: 02638-946160
internet: www.zur-post-rossbach.de

Öffnungszeiten: In der Zeit von Ostern bis Ende Oktober kein Ruhetag. Während den Wintermonaten ist am Mittwoch und Donnerstag geschlossen. Das Haus ist durchgehend geöffnet. Warme Küche gibt es in der Zeit von 12.00 Uhr bis 14.00 Uhr und von 18.00 Uhr bis 21.00 Uhr.

Gebratene Entenbrust mit Balsamico-Äpfeln

Zutaten:

4 Entenbrüste (je 200 g), 2 Schalotten, 2 Äpfel (z.B. Cox Orange), 4 EL Apfelbrand, 1 EL Butter, 4 EL Balsamico-Essig, Salz, frisch gemahlenen schwarzen Pfeffer, Rosmarin und Thymian zum Garnieren.

Zubereitung:

Backofen auf 225°C vorheizen.
Entenbrust mit Salz und Pfeffer würzen, auf ein Backblech legen und 5 Min. im Ofen braten. Herausnehmen, mit Folie abdecken und ziehen lassen.

Schalotten in dünne Scheiben schneiden. Äpfel schälen, entkernen und feinhacken. Beides in Butter anbraten, Apfelbrand und Balsamico-Essig angießen und 3 Min. einkochen lassen, bis die Mischung eingedickt ist.

Die Entenbrüste nochmals 5 Min. im Ofen braten. Die Apfel-Schalotten-Mischung auf Teller verteilen, Entenbrust aufschneiden und darauf setzen. Alles mit den Kräutern garnieren.

Dazu Kartoffel-Krapfen servieren.

Pochiertes Lachskotelett mit Äpfel-Schalotten-Sauce

Zutaten:

4 Lachskotelett (je ca. 200 g), 4 Schalotten, 100 ml trockenen Weißwein, 1 Lorbeerblatt, 100 ml Fischsud, 200 ml Sahne, 100 g kalte Butter, 2 Äpfel, Salz, frisch gemahlenen weißen Pfeffer.

Zubereitung:

Schalotten feinhacken. In einem flachen Schmortopf die Schalotten, Wein und das Lorbeerblatt aufkochen. Die mit Salz und Pfeffer gewürzten Lachskoteletts hineinlegen, den Fischsud hinzugießen und 5-6 Min. ziehen lassen.

In der Zwischenzeit die Äpfel schälen, entkernen und in feine Würfel schneiden. Die Koteletts aus den Sud nehmen und warmstellen. Den Fischsud absieben und auf die Hälfte einkochen lassen. Apfelwürfel dazugeben, nochmals aufkochen lassen, Sahne zugießen und die kalte Butter unterrühren.

Die Lachskoteletts mit der Apfel-Schalottensauce auf Teller anrichten.

Dazu paßt hervorragend roter Reis und Raukesalat in Kräutervinaigrette.

Gasthof Zur Post

BUCHHOLZ

Hier gehen Westerwälder Kartoffeln eine geradezu innige Beziehung mit grüngoldenem Olivenöl aus Ligurien ein. Apfel trifft auf Artischocke und die Pasta stimmt die Saiten für eine kulinarische Tarantella, die Bodenständigkeit der Wäller Küche geschickt mit den mediterranen Genüssen Italiens verknüpft. Heraus kommt eine gastliche Einkehr im äußersten Winkel des Rhein-Westerwaldes, die mit dem Ort Buchholz und der Gastronomenfamilie Melzer unabdingbare Verbindung eingeht. Seitdem Rosemarie und ihr Mann Danilo den Gasthof übernommen haben, weht eben nicht mehr nur der belebend frische westerwälder Wind durch die Küche, sondern ein südlicher Passatwind treibt Aromen und Geschmack den Gästen entgegen.

Für Danilo Cantoni, den Maestro vor der Herdplatte, schlagen nicht zwei Herzen in seiner Brust, wie man unter solchen Umständen durchaus vermuten könnte. Beste Zutaten stehen für ihn im Mittelpunkt und erst danach kommt die Frage nach Westerwald oder Italien. Die kulinarische Lösung liegt hier in der Verbindung beider Regionalküchen. Danilo Cantoni stammt aus Norditalien, genauer gesagt aus der Region um den Comer See. Eine begünstigte Region, die sich nicht nur durch ihre Küche einen Namen gemacht hat.

„Eine totale Umorientierung wäre nach der Übernahme fehl am Platze gewesen" berichtet Rosemarie Cantoni. Eine Kombination von Bekanntem mit dem Kitzel neuer Geschmacksweisen ist daher das Erfolgsrezept. Alte wie neue Kunden finden den Weg in den Gasthof Zur Post. Qualität, die sich in der Gastronomentradition des Hauses widerspiegelt.

Die westerwälder Biertradition versucht das Gastronomenehepaar mit ihren vorrangig italienischen und deutschen Weinangeboten behutsam zu knacken. Sicherlich kein einfaches Unterfangen, aber auch hier gilt die Devise: Erlaubt ist was schmeckt. So freut sich ein knoblauchduftender Lammrücken in Kräuterkruste auf einen dunklen Roten, während der herbstliche Dippekuchen nichts gegen ein Glas kühles frischgezapftes Bier einzuwenden hat. Ganz gleich für welches Gericht sich der Gast im Gasthof Zur Post entscheidet - Gewinner bleibt der gute Geschmack.

Gasthof
Zur Post
Asbacher Straße 1
53567 Buchholz
Telefon: 02683-6500
Telefax: 02683-6426

Öffnungszeiten: Täglich außer Donnerstag von 10.30 Uhr bis 14.00 Uhr und wieder ab 17.00 Uhr. Sonntags von 10.00 Uhr bis 14.00 Uhr und wieder ab 18.00 Uhr.

Pochierte Äpfel an Orangen-Karamel-Sauce

Zutaten:

500 ml trockener Weißwein, 150 g Zucker, 1 Vanilleschote, 4 große Boskoopäpfel, 4 Saftorangen, 80 g Puderzucker, 4 rosa Grapefruit (mittelgroß), 750 ml Vanilleeis, 1 Topf Zitronenmelisse.

Zubereitung:

Weißwein und Zucker mit dem ausgekratzten Vanillemark in einen Topf geben und aufkochen lassen (der Topf sollte so breit sein, daß die 4 Äpfel nebeneinander Platz haben). Die Äpfel schälen und mit einem Ausstecher das Kerngehäuse großzügig ausstechen. Die Äpfel in den Weinsud setzen und zugedeckt bei geringer Hitze ca. 6-8 Min. weichdünsten (sie sollen weich sein, aber nicht zerfallen). Äpfel im Sud auskühlen lassen.

Die Schale von 2 Orangen dünn abreiben. Alle Orangen auspressen (es soll 250 ml Saft sein). Den Puderzucker in einem Topf zu braunem Karamel schmelzen. Den Orangensaft dazugießen und zum Kochen bringen. Auf die halbe Menge einkochen lassen. Den eingekochten Saft abkühlen lassen und die Orangenschale unterrühren.

Die Grapefruit so dick abschälen, daß keine weiße Haut zurückbleibt. Mit einem kleinen scharfen Messer die Fruchtsegmente aus den Trennhäuten lösen und unter die Orangen-Karamel-Sauce heben.

Zum Anrichten die Dessertteller vorkühlen. Das Eis antauen lassen. Die Äpfel aus dem Weinsud nehmen, abtropfen lassen (Sud evtl. anderweitig verwenden) und senkrecht halbieren. Jeweils einen Apfel auf einen Teller setzen. Die Apfelhälften auseinanderziehen, je 3 Vanilleeiskugeln dazwischen setzen und die Hälften an das Eis drücken. Die Grapefruitspalten auf die Teller verteilen und die Orangen-Karamel-Sauce über Eis und Grapefruit gießen.

Kaninchen mit Salbei-Äpfeln

Zutaten:

1,2 kg Kaninchen (küchenfertig, vom Händler in Portionsstücke zerteilt), 100 g magerer Speck, 1 mittelgroße Zwiebel, 2 EL Sonnenblumenöl, 1 kleine Dose geschälte Tomaten, 250 ml halbtrockenen Wein oder Apfelsaft, Salz, Zucker, Pfeffer aus der Mühle, 1 Prise Cayennepfeffer, 6 kleine, fein-säuerliche Äpfel (z.B. Cox Orange), 6 frische Salbeiblätter.

Zubereitung:

Die Kaninchenteile kalt abspülen und mit Küchenkrepp abtrocknen. Den Speck kleinwürfeln. Die Zwiebel schälen und streifig schneiden. Das Öl in einem großen Bratentopf erhitzen und die Speckwürfel darin hellbraun braten. Die Zwiebel hinzufügen und unter Rühren glasig braten.

Tomaten mit Saft und dem Wein (oder Apfelsaft) unterrühren. Tomaten mit dem Kochlöffel zerdrücken und alles aufkochen. Mit Salz, 1 Prise Zucker, Pfeffer und Cayennepfeffer abschmecken.

Die Kaninchenteile in die Sauce legen und alles zugedeckt bei sanfter Hitze 30 Min. dünsten.

Die Äpfel schälen, halbieren, mit einem Kugelausstecher die Kerngehäuse herausnehmen. Nach der Garzeit die Apfelhälften zwischen Sauce und Kaninchenteile betten.

Die Salbeiblätter abspülen und dazwischen verteilen. Das Gericht in weiteren 30-40 Min. fertiggaren, bis sich das Fleisch leicht von den Knochen lösen läßt.

Kaninchen und Äpfel auf einer vorgewärmten Platte anrichten und mit der Sauce servieren.

Dazu schmeckt hervorragend Weißbrot oder Reis und ein trockener Weißwein (Riesling oder Rivaner).

Hotel Zur Post

WALDBREITBACH

Gerne wird Waldbreitbach als die Perle im Wiedtal bezeichnet. Wie an einer Kette reihen sich die kleinen und größeren Orte freundlich und adrett zu einem Naturjuwel, worin das Hotel zur Post den Platz eines besonders schönen Schmuckstücks einnimmt.

Geraume Zeit wurde es auf Hochglanz poliert, wurde innen wie außen saniert und zur guten Stube von Waldbreitbach herausgeputzt. Ein aufwendiges Unterfangen, das dem neuen Betreiber Jürgen Grünwald so manches Stirnrunzeln verursachte. Schließlich waren Terminpläne einzuhalten und ein offizielles Wiedereröffnungsdatum in Sicht.

Die Arbeit und Ausdauer hat sich gelohnt. An exponierter Stelle im Zentrum des Ferienortes Waldbreitbach erwartet den Gast nun eine attraktive Adresse für Urlaub, Tagung und kulinarische Erlebnisreisen. Die Zimmer sind wunderbar behaglich und verströmen edlen Zeitgeschmack. Komfort und Stil vermischen sich hier zu einer harmonischen Einheit, die den Gast die Sympathie des Hauses schnell spüren läßt.

Eine Reihe von Wohlfühlaspekten wie der maritim gestaltete Wellnessbereich, die Bierschwemme „Zeip“ im Stile alter historischer Apothekeneinrichtung oder aber die beiden rustikal wie edel möblierten Restauranträume sorgen für einen Aufenthalt, den der Gast gerne in Erinnerung behält.

Vielleicht darf es auch einmal Kultur in Verbindung zu Kulinaria sein. Ganz im Sinne des Konzepts der Tafelfreuden-Kooperation, bieten Jürgen Grünwald und sein Team Kleinkunst, Livemusik und Theater in dem ebenfalls neu gestalteten Rittersaal an. Termine für diese Angebote wie auch andere kulinarisch geprägte Aktionen präsentieren sich in den regelmäßigen Kalendarien des Hotels.

Die Behaglichkeit des Hauses, die Freundlichkeit der Mitarbeiter und das abwechslungsreiche Angebot charakterisieren die neue Gastlichkeit im Herzen von Waldbreitbach. Alles, was man von einer „Guten Stube des Dorfes“ erwartet.

Hotel zur Post
Neuwieder Straße 44
56588 Waldbreitbach
Telefon: 02638-9260
Telefax: 02638-926180

Kein Ruhetag

Gefüllte Äpfel mit Bündnerfleisch

Zutaten:

4 Äpfel (Golden Delicious), 250 ml Weißwein, 2 EL Zucker, 250 ml Schlagsahne, 1 EL Paprika edelsüß, 1/2 TL Salz, 1/2 TL weißer Pfeffer, 4 EL geriebenen Meerrettich, 2 EL Tomatenketchup, 50 g hauchdünn geschnittenes Bündnerfleisch, Zitronenscheiben und Dill zum Garnieren.

Zubereitung:

Äpfel schälen, quer halbieren und das Kerngehäuse keilförmig herausschneiden. Weißwein und Zucker aufkochen und die Apfelhälften darin kurz aufsprudeln lassen. Zugedeckt bei kleinster Hitze garen (nicht zu weich werden lassen). Anschließend im Sud auskühlen.

Sahne und Gewürze steifschlagen, mit Meerrettich und Ketchup abschmecken und in einen Spritzbeutel mit Sterntülle füllen.

Äpfel aus dem Sud nehmen, abtropfen lassen und auf eine Servierplatte setzen. Sahnecreme hineinspritzen. Das hauchdünn geschnittene Bündnerfleisch locker aufrollen und auf die Äpfel geben. Mit Zitronenscheiben und Dillspitzen garnieren.

Rehmedaillons mit Calvadosäpfel

Zutaten:

12 Rehmedaillons (je etwa 60 g), 2 säuerliche Äpfel, 2 cl Calvados, 1 TL Zitronensaft, 2 TL Zucker, 200 ml Wasser, Salz, schwarzer Pfeffer, 30 g Butterschmalz, 50 g Crème Fraîche, 4 EL Preiselbeeren, 4 EL gehackte Walnüsse.

Zubereitung:

Die Äpfel schälen, das Kerngehäuse ausstechen und das Fruchtfleisch in Scheiben schneiden. Den Calvados mit Zitronensaft, Zucker und Wasser aufkochen. Die Apfelscheiben hineingeben, aufkochen, von der Kochstelle nehmen und etwa 8 Minuten ziehen lassen.

Die Rehmedaillons mit Pfeffer einreiben. In dem heißen Butterschmalz je Seite etwa 2 Min. braten und danach salzen.

Die Crème Fraîche mit den Preiselbeeren und der Hälfte der Walnüsse verrühren. Die Apfelscheiben aus dem Sud nehmen und auf vorgewärmten Tellern anrichten. Auf jede Scheibe etwas Preiselbeermischung geben. Je 3 Medaillons dazulegen und mit den restlichen Walnüsssen bestreut servieren.

Gasthof Zur Traube

HAUSEN

„In der Jugend liegt die Zukunft". Ohne in philosophische Betrachtungen auszuschweifen, ist der Satz ganz reale Tatsache für so manchen Gastronomiebetrieb. Wohl und Wehe hängen oftmals davon ab. Nicht immer treten Sohn oder Tochter in die gewählten Fußstapfen der Eltern und so mancher gute Betrieb mußte daraufhin schon seine Pforten schließen.

Nicht so in Hausen, im Gasthof Zur Traube. Während sich Karl-Josef Hühner und seine Frau mehr und mehr aus dem Tagesgeschäft verdienterweise zurückziehen und mehr Freizeit genießen, hat in nahtloser Folge ihr Sohn Jürgen mit Frau Susanne das gastronomische Ruder übernommen. Ein noch junger aber gut ausgebildeter Kapitän steuert somit den Gasthof. Er ist gelernter Metzger und Koch. Beste Voraussetzungen für eine fundierte Küchenpraxis. Seine Frau kommt zwar nicht aus der Gastronomie, hat aber schnell und mit großem Engagement die Position des ersten Steuermanns übernommen, kümmert sich um das Wohl der Gäste und ist der kreative Kopf, wenn es sich um Tischdekoration, Menükarten und die weiterführenden Wohlfühlaspekte handelt.

Zusammen bleiben beide Generationen ein Team. Erfahrung trifft auf frische Ideen, die jedem Restaurantbetrieb gut tun.

So ist der Gasthof Zur Traube sicherlich einer der perspektivreichen Betriebe im mittleren Wiedtal. Eingebettet in die reizvolle Wald- und Wiesenlandschaft der Wied, besitzen Jürgen und Susanne Hühner ein attraktives Umfeld, die den erstmals einkehrenden Gast schnell zum Stammgast werden läßt.

Durch mittlerweile drei Tafelfreuden-Restaurants ist das Wiedtal gastronomisch geprägt. Ein Zeichen für anspruchsvolle Bewirtung und engagiertes Handeln in der Region. Wie heißt es so schön in der Sprache der Werbefachleute: „Tue Gutes und rede darüber". Hier im Wiedtal ist es ein einfaches Unterfangen und dazu tragen auch Jürgen und Susanne Hühner mit ihrem Gasthof Zur Traube bei.

Gasthof Zur Traube
Hönninger Straße 20
53547 Hausen/Wied
Telefon: 02638-1098
Telefax: 02638-6684
internet: www.gasthof-zur-traube.de

Öffnungszeiten: Täglich außer Montag.
Von Ostern bis Ende Oktober ab 11.00 Uhr geöffnet. Ansonsten ab 16.00 Uhr.

Dippekoche

Damit sich der Dippekoche besser stürzen läßt, besagt eine Grundregel: Immer den gleichen Topf nehmen und nur für den Dippekoche verwenden.

Zutaten:

2,5 kg roh geriebene Kartoffeln, 2 Eier, 2 Brötchen in 500 ml Milch aufkochen (Brei), 2 dicke gehackte Zwiebeln, Pfeffer, Salz, 500 g Schweinebauch oder 250 g Dörrfleisch oder 3 Mettwürstchen kleingeschnitten.

Zubereitung:

Kartoffeln, Eier, Brötchenmasse, Zwiebeln, Pfeffer und Salz gut mischen. Kleingeschnittenes Fleisch dazugeben. Einen Bräter oder sonstigen Topf ohne Kunststoffgriffe mit etwas Öl stark erhitzen. Kartoffelteig zügig einfüllen, daß es zischt. Im Backofen bei 220°C ca. 90 Min. backen. Es muß eine knusprige braune Kruste entstehen.

Rindfleischsalat mit Räucherfisch und Äpfeln

Zutaten:

200g gekochtes Rindfleisch, 200 g gekochte Kartoffeln (festkochend), 200 g gekochte rote Beete, 2 säuerliche Äpfel, 4 mittelgroße Gewürzgurken, 1 großer Bückling.

Für die Vinaigrette:

Essig, Öl, Pfeffer, 1 Prise Zucker, 1 TL Senf.

Zur Dekoration:

2 hartgekochte Eier, frische Kräuter, 1 EL Kapern.

Zubereitung:

Alle Zutaten bis auf den Fisch in Würfel schneiden. Vom Bückling die Gräten entfernen und in kleine Stücke zerpflücken. Alles locker miteinander vermischen.

Die Zutaten für die Vinaigrette verrühren und über den Salat gießen. Mit geviertelten Eiern, Kapern und Kräutern dekorieren. Kühlstellen und durchziehen lassen.

Der Apfel
Eine unendliche Geschichte

Wer kraftvoll in einen saftigen Apfel beißt, ist sich mit Sicherheit nicht über dessen lange Entwicklungsgeschichte bewußt. Man darf dabei natürlich nicht vergessen, daß die Frucht, wie wir sie heute schätzen, hauptsächlich ein Erfolg von Züchtungen der letzten ein- bis zweihundert Jahre ist. Begeben wir uns aber zurück in die Geschichte der ersten Urapfelahnen.

Zwischen mannshohen Farnbäumen und einer subtropisch- bis tropisch-wuchernden Flora entdecken wir die ersten primitiven Formen des späteren Wildapfels in den Gegenden des heutigen Südchina, Vietnam und der vorgelagerten Inselwelt. Das Ende der Kreidezeit ist angebrochen, und das bedeutet einen kräftigen Schub unserer Zeitmaschine über 65 Millionen Jahre in die Vergangenheit zu unserer Zeitrechnung. Im nachfolgenden Erdalter des Tertiär wird das Erdklima nochmals um einige Grad wärmer. Wie ein Treibhaus schafft die Zeit die Voraussetzung für eine außergewöhnlich starke Entfaltung der Pflanzenwelt, insbesondere der Gefäßpflanzen, zu denen auch die späteren Arten der Obstgewächse gehören. Während alles rankt, sproßt und wuchert, beginnen starke Erdkräfte auf die Kontinente zu wirken und sie triften allmählich auseinander. Die frühen Apfelgewächse werden davon entscheidend mitbeeinflußt. Die Bildung von Gebirgen mit ihren oft wenig zugänglichen Tälern und Hochebenen fördert die Isolation von Pflanzengattungen. Auch unser Apfel trennt sich somit von seinen Artgenossen und entwickelt sich seitdem an unterschiedlichen Stellen in unterschiedlicher Art. In geographisch weit auseinanderliegenden Gebieten erwachsen die Vorläufer der heutigen Apfel-Wildarten. Beachtenswert bleibt, daß ausschließlich die nördliche Erdhalbkugel an der weiteren Entwicklung beteiligt ist.

Die Bereiche von Nordamerika, Zentral- und Ostasien, insbesondere China und das Himalajagebiet, sind die Wiegen der ersten echten Wildapfelarten. Letztere breiten sich immer mehr nach Westen aus und bringen im Nordwesthimalaja und Pamir die bis dahin wertvollsten Apfelbäume mit vergleichsweise großen Früchten hervor. Sie dringen bis in den Kaukasus vor und werden den in Europa später heimisch gewordenen Holzapfel zu ihren Apfelenkeln zählen. Auf 25 bis 35 Sorten schätzen Fachleute die Anzahl der echten Wildarten in Nordamerika, Europa und Asien. Die heutigen Kultursorten hingegen leiten sich nur von wenigen Wildarten ab.

Der botanische Name des Apfels wird mit der christlichen Theologie als *Malus* in die späteren Gartenbücher eingehen. Der lateinische Begriff bedeutet gleichzeitig Übel, Unheil und Schaden. Assoziationen, die mit dem abendländisch-christlichen Verständnis der verbotenen Frucht im Garten Eden verbunden sind. Schließlich hat Adam durch die Schlange von der Frucht der Erkenntnis gekostet. Der Apfel wird zwar nicht ausdrücklich in der Genesis genannt, aber er ist das versinnbildlichte Symbol der Verlockung. Durch seinen Genuß passiert der Sündenfall, der Übel, Arbeit und Vergängnis über die Menschheit bringt. Erst in der Kunst des Mittelalters wird der Apfel in der Hand Mariens andere Deutung erfahren und so seine sündige Begrifflichkeit verlieren.

Bleiben wir aber bei den Wildäpfeln als Ausgangspunkt für alle späteren Kulturäpfel. Den wohl nachhaltigsten Einfluß auf die Entwicklung der Apfelsorten hatte der Kaukasus-Apfel. Gerade in dem Bereich zwischen Kaukasus und der usbekischen Hauptstadt Taschkent liegt eine besondere Verdichtung im Formenreichtum.

So soll die im früheren Kirgisistan liegende und heutige Hauptstadt Kasachstans, die Stadt Alma-Ata, „Stadt der Äpfel" bedeuten. Die ganze Bandbreite der für die späteren Kulturäpfel wichtigen Charaktermerkmale, wie Größe, Farbe, Form, Geschmack und reiche Fruchtbarkeit, lassen sich bereits in den dortigen Wildapfelarten erkennen. Ein wahrer Quell für die Höherentwicklung der Wildobstgehölze.

Erstaunlicherweise hat für die Weiterentwicklung zum Kulturapfel der durchaus in Europa heimische wilde Holzapfel nur wenig beigetragen. Kleinfrüchtigkeit und hoher Gerbstoffgehalt sind noch heute die Kennzeichen dieser Wildgattung und ihrer Nachkommen. So fehlen in Europa die frühen Bindeglieder zu den relativ großfruchtigen und süßlich schmeckenden Kultursorten.

Die stufenartigen Übergänge zwischen Wild- und Kulturarten und ihre Bedeutung für unsere Breiten sollen daher vielmehr aus den vorgenannten westasiatischen Gegenden eingeläutet worden sein. Ihre Verbreitung nach Europa geschieht etwa um 3000 v. Chr.. Das Wort Apfel soll indogermanischen Ursprungs sein. In diesem Zug dürfte der Weg des Apfels über den heutigen Orient nach Griechenland geführt haben. Der Geschmack und die Form und Farbe beeindrucken das antike Hellas, und so befruchten die Äpfel auch die griechische Mythologie. Die goldenen Äpfel in den Gärten der Hesperiden läßt Herakles pflücken, und der Königssohn Paris entfacht mit der Vergabe des Apfels an die Göttin Aphrodite Zank und Streit und damit letztendlich den Trojanischen Krieg. Historisch wird die Zeitrechnung dieser Vorfälle auf die Jahre um 1000 v. Chr. datiert.

Die Griechen bringen aber nicht nur den Apfel in ihre Welt der Mythen, sondern befassen sich ganz praktisch mit seiner Vermehrung. Das Pfropfen muß ihnen wohl schon bekannt gewesen sein. Mit dieser Fortpflanzung über einen Reis bewegen sie sich einen ersten entscheidenden Schritt in Richtung der Auswahl wertvoller Sorten und deren Weiterexistenz über das natürliche Lebensalter hinaus. Ebenso lassen sich Studien über die Entwicklung gleicher Sorten unter verschiedenen Standortbedingungen betreiben.

Die Römer knüpfen an die Apfelkultivierung an und verfeinern sie. Niederschriften von Cato und Plinius dem Älteren geben Auskunft darüber, daß die Römer Kenntnis über Vermehrungsmethoden, Maßnahmen zur Düngung, Lagerung und Pflanzenschutz hatten.

Die neu entstandenen Sorten werden ausführlich beschrieben, und auch die Herstellung von Obstwein soll ihnen nicht fremd gewesen sein.

Ob es letztendlich die Römer waren, die ihren Obstreichtum und das Wissen darüber in unsere mitteleuropäischen Breiten gebracht haben, ist nicht eindeutig nachgewiesen. So wird auch die Auffassung vertreten, daß eine Weiterentwicklung aus den recht sortenreichen Holzäpfeln unabhängig von der Kultivierung rund ums Mittelmeer geschehen sein müsse. In der skandinavischen Sagenwelt ist der Apfel Götter-speise, was die Bedeutung auch für diesen nordischen Kulturraum verdeutlicht. Den Durchbruch werden wohl aber doch die indogermanischen und orientalischen Wildsorten erzielt haben, die über den Balkan und Frankreich nach Europa gebracht wurden.

Die systematische Kreuzung und Auswahl standen am Anfang nicht in der Überlegung der Menschen. Oftmals waren es Zufälle, die zu einer neuen Sorte führten. Aus diesen willkürlichen Kreuzungsgeschehnissen erwuchsen die bis in den heutigen Tag auftretenden Zufallssämlinge. Um die Komplexität der Apfelkultivierung besser zu verstehen, muß man ein wenig in die Genetik ausholen. So gibt es Apfelarten, die mit einfachem Chromosomensatz, doppeltem Chromosomensatz und sogar einem dreifachen Vorkommen ausgestattet sind. Da kein Apfel sich selbst befruchten kann und somit auf andere Sorten mit unterschiedlicher Befruchtungsfähigkeit angewiesen ist, ergibt sich eine gewisse Individualität der einzelnen Apfelsorten. Während die triploiden Sorten niemals als Befruchter stehen, gehören die diploiden Sorten in der Regel zu den Auserwähl-ten im Apfelreich. Es ist somit gut verständlich, daß auf einer bunten Streuobstwiese manche Sorten nie miteinander können, während andere geradezu aufeinander fliegen. Eine Monokultur aus gleichen Apfelbäumen ist daher auch recht unsinnig, wenn man je einen Apfel ernten will. Aber bis zur erwerbsmäßigen Apfelproduktion waren es noch etliche Jahrhunderte. Wir befinden uns für die mitteleuropäischen Verhältnisse noch in den Kinderschuhen der Obstkultur. Die ersten Auslesekriterien aus der Fülle verschiedener Zufallskreuzungen (ungeachtet der spontan auftretenden Mutationen, die den Äpfeln genetisch eigen sind) waren das äußere Aussehen und der Geschmack. Ständige Versuche sollten dabei aus dem Guten etwas Besseres entstehen lassen. So entstanden mit der Zeit und der kontinuierlichen Auslese die wertvollen Apfelsorten, die in eigens dafür geschaffenen Gärten besonders kultiviert wurden. Der europäische Kultur- oder Gartenapfel war geboren und wurde fortan mit dem botanischen Namen *Malus domestica* belegt.

Die ersten Kulturäpfel hatten mit den uns heute bekannten Sorten und Qualitäten noch wenig gemein. Weiter als der Wildapfel, aber noch lange nicht auf der Höhe der heutigen Formen, läßt sich sein Entwicklungsstadium charakterisieren. Vor allem Kaiser Karl der Große ordnete in seinem Capitulare de Villis, einer Verfügung über seine Krongüter und Reichshöfe, die namentlich aufgeführte Vermehrung ausgewählter Sorten an. Eine solche, durch die Gnade des Landesherrn aufgezeigte staatliche Förderung der Apfelkultur setzte sich über 1000 Jahre bis in das 18. Jahrhundert fort. Kaiser Barbarossa verstand in gleicher Weise die Bedeutung der Kultivierung wie Jahrhunderte später Kurfürst August von Sachsen oder die ersten preußischen Könige, die württembergischen Herzöge oder die Markgrafen von Baden und Pfalz. Der Apfel, respektive der Obstanbau schien zur Chefsache deklariert worden zu sein.

Daneben waren es die klösterlichen Gärten, die dem Apfel in seiner Weiterentwicklung unter die Zweige griffen. Frühe Zeugnisse sind u.a. der St. Galler Klosterplan, eine genaue Beschreibung von Bauten und Gärten der christlichen Klostergemeinschaft aus dem 9. Jahrhundert, das Gartengedicht des Abtes Strabo von der Insel Reichenau um die gleiche Jahreszahl und später die Heilige Hildegard von Bingen mit ihrer Niederschrift zur Heilwirkung des Obstes. Ferner dürfte auch die Entstehung von Tochterklöstern den Apfelanbau gefördert haben. Über den christlichen Weg kamen mit der Kolonialisierung auch Pfropfreiser aus den Mutterklöstern in Frankreich und Italien. Nicht zuletzt waren es auch die Kreuzzüge und Pilgerfahrten durch Europa und den vorderen Orient, die zu einem Austausch im Wissen um die Frucht am Baum führten.
Ab dem späten Mittelalter kümmerten sich ver-

mehrt Gärtner und Gartenliebhaber aus dem Bürgerstand um die Pflege und Fortpflanzung. Den Siedlern Nordamerikas ist eine recht eigenständige Sortenentwicklung zu verdanken. Die mitgebrachten Reiser, Samen und Triebe gediehen auch in der neuen Welt und vollbrachten im 18. und 19. Jahrhundert einen erheblichen Sortenreichtum. Oftmals durch die Entstehung von Zufallssämlingen und deren Selektion in riesigen, der Apfelweinproduktion dienenden Plantagen. Noch heute bekannte Sorten wie Jonathan, Morgenduft und Red Delicious sind daraus hervorgegangen.

An den Höfen der absolutistischen Könige Frankreichs wurden für ihre barocken Schloßgärten spezielle kleinwüchsige Obstbaumsorten gehalten, die man auch als Franzbäume bezeichnete.

Bis zum 16. Jahrhundert blieb die Zahl der Obstbäume in Mitteleuropa in überschaubarem Rahmen. Schließlich wurden sie zumeist in abgegrenzten und damit übersichtlichen Gärten gezogen. Obwohl es durch die Weitsicht aufgeklärter Landesherren vereinzelt Bemühungen um die Erhöhung der Produktion gab, setzte ein erster Schub erst nach dem Ende des 30jährigen Krieges ein. Aus den Gärten herauswachsend, wurden nun auch Straßen und Hanglagen in Tälern oder an den Mittelgebirgen Südwest- und Mitteldeutschlands angebaut. Zumeist waren es Flächen, die für den Acker- und Weinbau nicht gut genug, für die Waldnutzung aber zu schade waren. Die Bäume hierzu kamen nun aus den mit der Zeit anwachsenden Baumschulen, die im 19. Jahrhundert ihren Höhepunkt erlebten. Viele heutige Streuobstgebiete haben in diesen Entwicklungen ihre landschaftsgestalterischen Wurzeln.

Der Zufallssämling blieb in all diesen für die Apfelkultivierung wichtigen Entwicklungsschritten immer das große Sortenreservoir. Ihm ist es durch die überaus artenreiche Vermehrung an Waldrändern, auf Wiesen, in Gärten und auch in Baumschulen zu verdanken, daß ein riesiges Angebot für die Auslese verbesserter Sorten sichergestellt wurde. Bekannte Marktsorten wie Klarapfel, Gravensteiner, Goldparmäne, Cox Orange, Boskoop oder der Glockenapfel sind solche Zufallssämlinge, die dank günstiger Eigenschaften zur echten Sorte aufgestiegen sind.

Die heutigen Marktsorten sind hauptsächlich Kinder einer systematischen und kontrollierten Obstzüchtung. Die Erläuterung dieser schon wissenschaftlich zu bezeichnenden Selektion und Fortpflanzung würde hier zu weit führen. Geschmack, Aussehen, Fruchtgröße, Konsistenz, Ertragshöhe, Blühwilligkeit und Lagerfähigkeit sind nur einige der vielen Aspekte, die im Rahmen der modernen Apfelzüchtung Berücksichtigung finden.

Der Apfel hat eine lange Wegstrecke zurückgelegt und das nicht nur im Hinblick auf die vielen Anbaugebiete, die um den gesamten Erdball gespannt sind. Chile und Neuseeland sind heute genauso wie Südafrika exotische Herkunftsländer der uns wohlbekannten heimischen Baumfrucht. Genießen wir den Apfel, aber seien wir uns auch ein wenig über die langen und aufwendigen Transportwege bewußt, die er auf der Strecke zu uns zurücklegen muß.

Unsere heimischen Äpfel bleiben aufgrund geeigneter Lagerungsmethoden fast das ganze Jahr im Handel und damit lohnt sich der Blick auf den heimischen Apfelerzeuger oder den Apfelbauern als Direktvermarkter vom Hof. Folgen Sie einfach dem Ruf, wenn die Region zu Tisch und Ernte bittet. Der heimische Apfel dankt es Ihnen mit Frische und Saft und Geschmack. So setzt sich die unendliche Geschichte auch in seinem angestammten Apfelland fort.

Apfelalchemie

Abracadabra und dreimal roter Apfel

Apfelalchemie

Abracadabra und dreimal roter Apfel! - Die Stiege ist schmal, die hinunter in den Keller führt. Erst drehen wir den großen schweren Schlüssel im Schloss, mit leichtem Knarren öffnet sich die Tür, und dunkel klafft ein tiefer Mund dahinter. Mit einem Zischen lodert das Streichholz auf, und gleich darauf erhellt eine Laterne die ersten Treppenstufen. Von unten herauf steigen der erdige Geruch von Kartoffeln und der etwas gärige Duft von Äpfeln in die Nase. Ein schlanker Weberknecht fühlt sich von dem Licht der Laterne sichtlich gestört. Regungslos verharrt er in dem engen Schlitz der Bruchsteine. Der Schein erfaßt ihn aber genauso wie die weißen Salpeterkristalle, die sich am feuchten Stein gebildet haben.

Schritt um Schritt, Stufe um Stufe bringt uns die Treppe hinunter in das Reich, wohin sich kein Tageslicht verirrt. Die feuchte Kühle des gemauerten Gewölbekellers rückt mit jedem Treppenabsatz näher, und intensiver werden die gelagerten Gerüche aus dem letzten Herbst. Früher, ja früher waren die Zeiten von Großeltern und Urgroßeltern mühevoller und es wurde sparsamer gewirtschaftet. Gute Ernte bedeutete, gut über den Winter zu kommen und die Früchte der Natur nicht ungenutzt auf Feld und Acker liegen zu lassen. Kein Obstbaum fand seine guten Schätze achtlos im Gras wieder. Nur die faulend weichen Früchte blieben gedeckte Tafel für Vögel und Kleintiere. Mit jeder Stufe kommen wir den Zeiten näher, wo Most gekeltert, Obst und Gemüse eingeweckt wurden.

Der Grund des Kellers scheint lebendig zu sein. Tausend kleine Kartoffelaugen schauen uns an, und ihre Knollennasen scheinen sich keck in die Höhe zu recken. Große dicke Erdäpfel liegen behäbig in der Holzkiste und unterhalten sich gelegentlich mit den Apfelnachbarn, die schön weich auf Stroh gebettet, immer Angst um ihre glatte Haut haben. Wehe, wenn sie schrumpelig wird, denn das bedeutet ein baldiges Ende im Kochtopf.

Andere Apfelsorten hat dieses Schicksal schon gleich nach der Ernte ereilt. Als Apfelmus zu feinem Brei gerührt oder mit verbliebenen Stücken zu Kompott zerfallen, drücken die Kochäpfel ihre Nasen an den dickwandigen Weckgläsern platt. In Reih´ und Glied parieren sie auf schwindelerregender Höhe, mindestens drei Regalbretter hoch über der Erde. In Dill und Senfkörner eingelegte Gurken zeigen ihnen die lange grüne Nase. Sauer macht lustig und so wippen sie auf dem Holz, werfen sich im Glas die Zwiebelringe zu, und nur die

Klammer des Einmachdeckels kann sie von ihrem ungestümen Auftrieb abhalten.

Die Batterie der süßen Konfitüren distanziert sich von solch derben Späßen, denn nur ihnen ist es vergönnt, ein schmuckes Aussehen ihr Eigen nennen zu dürfen. Da hat sich jemand aber Mühe gemacht. Hat alle Deckel mit einem runden, rot und weiß karierten Stoff umzogen und mit spitzer Feder den Schattenmorellen, Reineclauden, Erdbeeren und schwarzen Johannisbeeren kalligraphische Namen gegeben. Was stören da auch die leichten Stockflecken auf dem karierten Tuch. Sie halten schließlich die verschwenderische Gartenfülle des Sommers in ihren Gläsern gefangen. Während der dicke steinerne Sauerkrauttopf leise vor sich hin blubbert, gewöhnt sich das Auge langsam an das schummrige Licht des Kellers und entdeckt noch viele, viele weitere aromatische Gäste in der Wartehalle zur Küche. Dort drüben liegen die braunen Flaschen der Obstweine. Noch harren sie im Stillen des Zeitpunktes, wo sie ihre einfache Glasbehausung verlassen und im schimmernden Kristall landen. Zumindest ein Südweinglas wollen sie mit sich gefüllt wissen. Der Apfelwein nimmt es da nicht so genau, er will frisch ins große Glas und den Durst löschen.

Die Äpfel in der Kiste bemerken unser Eindringen als erste, und schnell wird es ruhig in den Ecken und auf den Regalen. Gespanntes Dunkel liegt im Raum, und nur die schwache Laterne tippt mit ihrem Schein an den stummen Bewohnern. Plötzlich durchbricht der steinerne Sauerkrauttopf die Stille: „Ihr scheint wohl den dunklen Keller nicht zu fürchten“, haucht er mit tiefer Stimme, und ein säuerlicher Duft entströmt seiner Öffnung. Mit einem Mal ist nichts mehr von der Ruhe im gemauerten Erdreich zu spüren. Es regt sich und tuschelt, bis ein schöner gelber Apfel das Wort übernimmt: „Fühlt Ihr die Magie dieses Ortes? Hier im Dunkel halten wir dennoch die Sonne in den vielen Gläsern und Flaschen. Es ist der Zauber der Konservierung, der uns nicht der Aromen beraubt, sondern unseren Geschmack bis weit in den Winter hinein reifen läßt.“ Die anderen Äpfel nicken zustimmend, und der große gelbe Apfel fährt fort: „Selbst Ihr könnt Eure Uhr nicht anhalten, doch uns ist ein Geheimnis gegeben, die beste Zeit festzuhalten, um sie später Stück für Stück und Schluck für Schluck zu Eurem Genuß abgeben zu können. Wenn Ihr wollt, erzähle ich Euch von diesem Geheimnis, das auch meine Apfelfamilie in besonderer Weise umgibt. Es ist eine Geschichte vom Zauber des zeitlosen Geschmacks!“ Nennt es ruhig Apfelalchemie, denn schon seit langer Zeit versucht man sich in der Kunst, aus den Feld- und Gartenäpfeln die legendären goldenen Äpfel der Hesperiden zu erlangen. Noch keinem ist dieser Versuch jedoch geglückt. Die Äpfel blieben immer rot, grün oder gelb. Manche Küchenfee aus fernen Tagen hat aber den Apfel verzaubert, und er schenkt uns nun eine Fülle von Zubereitungsarten, die uns erlauben, ihn lange in unserer Nähe zu halten. So ist er doch Gold wert.

Getrocknete Äpfelringe

Nur schöne reife Äpfel, die keine Druckstellen aufweisen, eignen sich für diese Konservierungsmethode. Sie ist schon seit langer Zeit beliebt, da die getrockneten Apfelringe als Energiespender auf Wanderung und Reise gute Dienste leisten und den Hunger nehmen, wenn einmal kein Rasthaus in der Nähe ist.

Haben die Äpfel ihr Aroma voll ausgebildet, dann werden sie mit oder ohne Schale zum Trocknen vorbereitet. Winteräpfel eignen sich dabei besser als die früheren Sorten, da ihr Reifezustand vollendeter ist. Kerngehäuse und Stengel werden entfernt und anschließend der Apfel in gleichmäßige und nicht zu dicke Scheiben geschnitten.

Jeder weiß, daß sich Äpfel ohne Schale an der Luft schnell braun färben. Dagegen hilft eine ganz leichte Salz- oder Zitronenlösung, in die man die Ringe tauchen kann. Dann bleiben die Schnittstellen schön hell.

Als die alten Dorfbacköfen noch voll in der Nutzung waren, wurden die Äpfel auf einem Holzgestell befestigt in die letzte Backofenwärme gegeben und über Nacht getrocknet. Ein warmer Ort im Haus tat es natürlich auch, doch wehe, sie bekamen Sonne ab, dann konnten die Ringe schnell an Geschmack verlieren und zäh werden. Wer Äpfel trocknen will, der kann dies heute auch im Küchenherd vollziehen. Bei lauer Hitze um 60°C dauert dies jedoch schon zwischen einem halben und einem ganzen Tag. Damit die Feuchtigkeit entweicht, läßt man die Türe einen kleinen Spalt offen.

Wer möchte, der kann die Ringe auch auf eine Schnur aufziehen und an einem warmen Ort aufhängen. Das dauert natürlich einige Tage länger. Erst wenn sie richtig hutzelig sind, werden sie in großen Gläsern oder luftdurchlässigen Beuteln für Wintertage weggepackt. Will man die Äpfel für süße Nachtische oder zum Kochen wieder verwenden, kehrt man den Prozeß einfach um und weicht sie für mehrere Stunden in Wasser ein. Das Einweichwasser kann zum Kochen mitverwandt werden, da es danach auch nach Apfel schmeckt.

Äpfelmarmelade

Ein schönes Sonntagsbrötchen dick mit Butter und Apfelmarmelade bestrichen kann schon ein kleines Paradies bedeuten. Für diese Konservierungsart eignen sich Äpfel generell sehr gut, da ihr hoher Pektingehalt ein Gelieren sehr begünstigt. Die Mischung machts, und so kann die Marmelade pur aus Äpfeln oder unter Zugabe von anderen Wildfrüchten wie Brombeeren oder Holunderbeeren gekocht werden. Es wird die Schale von gerade gereiften Äpfeln geschält, die Frucht entkernt und in kleine Stücke geschnitten. Mit wenig Wasser wie das Mus garkochen. Nach kurzer Ruhezeit wird es durch ein Sieb gestrichen und 1:1 mit Zucker und etwas Zitronensaft aufgekocht. Wer will, der kann auch etwas Gewürz wie Zimt oder auch einmal fein gewiegte Minzeblätter zum Schluß zufügen. Heiß wird die Marmelade in Schraubgläser gefüllt und schnell auf den Kopf gestellt. So bildet sich ein Vakuum, das die Haltbarkeit unterstützt.

Apfelchutney

Das ist eine Konservierungsart, die durch neue Kücheneinflüsse auch bis in unsere Einmachgläser gewandert ist. So mancher hat schon einmal von Mangochutney gehört, was die indische Küche gerne nutzt. Für das Apfelchutney wird es nicht ganz so exotisch, aber auch hier sind kaum Geschmacksgrenzen gesetzt. Jedes Chutney zeichnet sich durch ein säuerlich-süßes und manchmal scharf-würziges Aroma aus. Verantwortlich dafür ist der Essig und Kandiszucker, der sich mit Apfelstücken und Gewürzen im Glas wiederfindet. Für ein klassisches Apfelchutney werden 1 kg Äpfel geschält, das Kernhaus entfernt und in feine Schnitze geschnitten. 100 g Zwiebeln werden ebenfalls geschält und zerkleinert. Mit 150 g Rosinen, 1 EL Senfkörner, 1 TL Salz und 1 Prise Pfeffer werden alle Zutaten gemischt. Zum Schluß kommen 600 g brauner Kandiszucker und 1/4 l Weinessig hinzu. Unter ständigem Kochen läßt sich das Chutney in 30 bis 40 Minuten dick einkochen. Heiß in Gläser gefüllt und fest verschlossen hält es sich einige Wochen.

Apfelkraut

Das Apfelkraut ist eine richtig schöne Haltbarkeitsmethode aus den alten Küchenschätzen von Anno dazumal. In manchen Gegenden heißt es auch Apfelhonig und das sagt schon viel über seinen dickflüssigen Zustand aus. Früher war es auch der Honig der armen Leut`, da er keine Bienenvölker voraussetzte, aber gleich süß und aromatisch schmecken konnte.

Für das Apfelkraut eignen sich sowohl Apfelstücke wie auch Apfelsaft. Beides wird bei niedriger Temperatur so lange eingedämpft bis ein dickflüssiges Mus oder Sirup entstanden ist. Ständiges Rühren ist dabei unerläßlich, denn das Apfelkraut brennt gerne an. Allerdings sollte es auch nicht zu lange kochen, sonst wird es zu zäh. Ab und zu kann man die Tellerprobe versuchen. Ein großer Tropfen Apfelkraut wird auf eine Untertasse gegeben. Jetzt zeigt sich, ob er noch flüssig schnell rinnt oder schon zähflüssig ist. Gleicht das Kraut der Konsistenz von Honig, so ist es fertig.

Apfelgelee

Durch die gelbgoldige Brille schaut es sich, wenn man ein Glas Apfelgelee vor die Augen hält. Wie allen Gelees ist auch diesem die Basis aus Fruchtsaft eigen. Im Verhältnis 2:1 werden Apfelsaft und Gelierzucker zusammen erhitzt und unter Rühren 1 Minute lang gekocht. Anschließend in Gläser abfüllen und verschließen. Wer es etwas exotisch mag, kann in das klare Gelee eine Zimtstange oder ein Stück Sternanis geben. Auch Streifen von Minze oder Zitronenmelisse passen und sehen sogar noch sehr dekorativ aus.

Äpfelmus und Kompott

Was wären Dippekooche oder die kleinen Pannekoochspretzelcher (Reibekuchen) ohne die süßfruchtige Begleitung von Apfelkompott. Dazu werden die Äpfel, geschält oder ungeschält, in kleine Stücke geschnitten. Das Kernhaus entfernt man natürlich zuvor. Mit etwas Wasser und ein wenig Zimtstange zerkochen die Äpfel sanft bei leichter Hitze. Für Apfelmus müssen es nicht die schönsten Früchte sein. Auch die etwas geplotzten (mit Druckstellen) eignen sich gut. Nimmt man unterschiedliche Sorten, so schmeckt das Kompott später noch einen kleinen Funken besser. Rotbackige Äpfel mit Schale bereiten weichgekocht ein leicht rötliches Kompott, während geschälte Früchte und helle Sorten ein schönes hellgelbes Kompott ergeben.

Wer es süßer will, der schmeckt mit Zucker entsprechend ab. Auch läßt sich statt Wasser ein Schuß Wein oder Apfelwein dem Kochen zufügen. Zum Schluß wird es für Mus noch püriert. Das Kompott soll jedoch nicht ganz zerfallen, sondern ruhig einige Apfelstücke aufweisen.

Probieren Sie auch einmal ein Kompott von Apfel und Zwetschge oder Apfel und Weinbergspfirsich. Das schmeckt himmlisch gut und läßt die Schüssel schnell leer werden. Auch hier kann etwas Zimt nie schaden.

Wer Kompott oder Mus einkochen will, der nimmt schöne reife und unbeschädigte Äpfel und läßt sie pro Kilo mit ca. 200 g Zucker einkochen. Das dauert bei 90°C ca. 1 1/2 Stunden. Sogar einfrieren lohnt sich. Aufgetaut schmeckt das Apfelmus am besten.

Der Schampus unter den Äpfeln

Perlendes Elixier für besonders sinnliche Stunden

Das grüne Flaschenglas zieht das breite Grinsen in fast groteske Grimassen. Wie auf einem Jahrmarktszirkus stehen die unterschiedlichsten Äpfel staunend vor den Rundungen der dicken Flaschenbäuche und präsentieren sich vor den gläsernen Zauberspiegeln. Die große kantige Schafsnase fängt zu prusten an, als sie gegenüber ihr rundes Apfelgesicht sieht. Wie ein grüner Kobold mit einer langen Gurkennase sieht sie aus, und niemand würde in ihrem Spiegelbild den netten Apfel von nebenan vermuten.

Unansehnlich braun zeigt sich hingegen die sonst so Rote Sternrenette. Der flaschengrüne Widerschein macht aus ihr ein wahres Apfelgespenst. Nichts ist von ihrer so gesunden Gesichtsfarbe geblieben. Erschrocken schaut sie auf ihren kleinen runden Körper. „Gott sei Dank", atmet sie erleichtert auf, „alles rot!"

Die Äpfel hüpfen von Flasche zu Flasche und genießen das fruchtige Panoptikum. Schließlich ist die gesamte Rasselbande heute in wahrer Sektlaune. Die Ernte ist getätigt, und das daran anschließende Fest krönt sie zum Hauptakteur. Zwischen den Getreidegarben und den großen runden dunklen Bauernbroten stehen die Körbe mit den Kartoffeln und den blaugrauen Steinkrügen. Bis obenauf sind sie gefüllt mit Birnen und Walnüssen. Sogar einige Weinbergspfirsiche haben sich eingefunden. In grauer Schale mit rotem Herz gesellen sie sich zu den gerade ankommenden orangeroten Kürbissen.

In dem herbstlichen Stilleben fehlen nur noch die Äpfel. Sie können sich gar nicht von den schweren dickwandigen Flaschen trennen, die ihnen soviel Spaß bereiten. Immer wieder wechseln ihre grünen Spiegelbilder zwischen dick und dürr, zeigen einmal die Gestalt einer Schlangengurke, ein anderes Mal die gestauchte Figur eines Brotfladens. Wie durch unsichtbare Hand in Breite und Länge gezogen, werden sie zu lachenden Flaschengeistern. In ihrer Ausgelassenheit können sie kaum erahnen, daß hinter dem starken Glas wirkliche Apfelelfen eingesperrt sind. Unsichtbar zart sind sie, und jede Elfe hält eine große schimmernde Perle in ihren Händen. Solange niemand an dem Korken spielt, schlummern die Apfelgeister in ihrem flüssigen Bett. Erst der Knall weckt in ihnen die Energie.

Dann aber strömen und schäumen sie aus dem engen Flaschenhals. Die Perlen ziehen sie mit nach oben, und wie eine Woge aus weißem Apfelschaum fließen sie in die bereitstehenden Gläser aus hauchdünnem Glas. In dem Bad aus goldfarbenem Apfelsekt moussiert die Lust der Apfelelfen. Vom Boden steigen sie auf, und immer noch hält jede ihre glasklare Perle fest in den Händen. An der Oberfläche angelangt, zerplatzen die perlmuttfarbenen Fantasien mit einem unhör-

TAFELFREUDEN

baren Lachen, und jede Apfelelfe entschwindet auf Nimmerwiedersehen. Zurück bleibt ihr unbeschreiblicher Duft nach Apfelblüten, Sommer und unbeschwerter Lebensfreude.

Wer suchet, der findet und wird dafür mit einem prickelnden Apfelerlebnis in Form eines echten Apfelsektes belohnt. Er will nicht in Konkurrenz zu seinem bekannten Bruder, dem Traubensekt treten, sondern eröffnet einfach eine weitere Facette der Versektung.

Im Land der Gänserillette, der Foie Gras und der schwarzen Trüffel reift auch die Entstehung des edlen Getränks. Vorläufer werden in den Weinanbaugebieten des Limoux und Gaillac produziert. Sie sind ländliche Schaumweine aus der 1. Gärung und werden in ihrer Herstellung als *méthode rurale* bezeichnet. Erst im 18. Jh. wird die Produktion von schäumenden Weinen an der Loire und in der Champagne ihren Anfang nehmen. In Deutschland wird zu dieser Zeit noch nicht an die Sektherstellung gedacht. Es ist wohl Anfang des 19. Jh., als in Schlesien Obst- bzw. Apfelschaumweine produziert werden. Traubenschaumwein folgt später. Eines der ersten ist das Hause Deinhard, das um 1843 mit der Sektherstellung beginnt. Seitdem gehört auch dieser spritzige Genuß untrennbar zu Festen und Tafelerlebnissen.

Vom Prinzip wird der Apfelsekt in gleicher Weise wie der Traubenverwandte in der zweiten Gärung produziert. Zumeist nach dem gebräulichen Begriff *méthode champenoise* bezeichnet, vom Gesetzgeber aber als klassische Flaschengärung formuliert.

Beginnen wir mit der Auwahl des Grundweines. Ganz nach dem Grundsatz, daß sich aus einem guten Grundwein ein schlechter Sekt herstellen läßt, ein schlechter Grundwein aber nie einen guten Sekt ergeben kann, ist die Qualität des Grundstoffes die Basis für den späteren Erfolg.

In dem Grundwein wird die für die zweite Gärung erforderliche Hefe herangezüchtet. Verwendet wird heute eine getrocknete Reinzuchthefe in Pulverform. Diese Reinzuchthefen gibt es von verschiedenen Herstellern und in verschiedenen Stämmen, je nach ihrer Herkunft. So gibt es z.B. auch Stämme aus der Champagne, die für den Apfelsekt verwendet werden.

Der Apfelgrundwein wird dann zur Tirage (Flaschenfüllung) mit der Hefe und normalem Kristallzucker in entsprechendem Verhältnis versetzt. Kristallzucker wird übrigens bei allen Herstellern von schäumenden Weinen verwendet (Champagne, Crémants, Sekt in Deutschland, Cava in Spanien usw.). Unter ständigem Rühren des Grundweins, wird dieser dann in die schweren Sektflaschen gefüllt. Leere Sektflaschen können 900 g und mehr wiegen. Für den aufwendigen Produktionsprozeß ist ein besonders haltbares Gefäß nötig. Das hohe Flaschengewicht bescheinigt eine starke Flaschenwandung.

Danach erfolgt die Schaumweingärung (Prise de mousse). Während dieser Phase, die dem Laien eher wie eine Ruhepause in dem Herstellungsprozeß vorkommen mag, vergärt die in die Sektflaschen gefüllte Hefe den Zucker vollständig. Die Hefen spalten dabei den Zucker etwa zur Hälfte in Alkohol und Kohlendioxid. Kohlendioxid ist das sichtbare Zeichen eines Sektes (er schäumt im Gegensatz zum Stillwein). Der Alkohol ist zwar nicht direkt zu sehen, er wirkt aber dafür umso mehr.

Der Apfelsekt ist, je nach Temperatur des Gärkellers, in einem Zeitraum von ein bis vier Monaten nach der Tirage, im Regelfall völlig durchgegoren.

Für den Traubenschaumwein gibt das Gesetz dem Produzenten eine Mindestlagerzeit auf der Hefe von neun Monaten vor. Dies ist ein Grundwert. Hält man sich an die Philosophie der Champagnerherstellung, so genügt dieser Zeitraum für einen guten Sekt nicht. Eine normale Cuvée bleibt ca. zwei Jahre und länger auf der Hefe.

Das hat seinen Grund. Mit der Beendigung der Gärung beenden auch die Hefen ihr Leben. Ihr Zellinhalt von Aminosäuren ergießt sich dann in den Apfelsekt und führt zur Entfaltung neuer Aromen. Somit erhält der Sekt, je länger er lagert, immer mehr Aromen. Dies geht jedoch nur bis zu einer bestimmten Grenze, die nach Produkt und unter Berücksichtigung wirtschaftlicher Aspekte im Bereich von 5-8 Jahren liegt.
Nach der Gärung und Reife folgt die Remuage, das Rütteln der Sektflaschen. Um die Hefe wieder aus der Sektflasche zu bekommen, wird jede einzelne Flasche von Hand aufgeschlagen, d.h. durch Schütteln wird die gesamte Hefe von der Flascheninnenwand gelöst. Es folgt eine Ruhepause von zwei Wochen für den in den Flaschen enthaltenen Apfelsekt.

Auf den Rüttelpulten, auf denen die Flaschen direkt nach dem Aufschlagen gesetzt werden, beginnt dann die Remuage. Hierbei wird durch Drehen der Flaschen die Hefe in die Flaschenmündung befördert.

Nach der Remuage können die Flaschen, bis zum Degorgement, auf dem Kopf stehend gelagert werden.

Das Degorgement bedeutet die Enthefung der gerüttelten Sektflaschen. Dabei werden die Heferückstände und Trübstoffe aus dem Flaschenhals herausbefördert. Der für die zweite Gärung angebrachte Kronkorken wird heruntergenommen, und aufgrund des Flascheninnendrucks schießt die Hefe aus der Flasche heraus. Ein geringer Teil des Sektes geht verloren.

Jetzt wird entweder eine Dosage vorgenommen, oder durch Apfelsekt der gleichen Partie, die Flasche direkt voll aufgefüllt. Als Dosage bezeichnet man die Zugabe eines Mostes oder Grundweines, der zur Geschmacksabrundung gedacht ist.

Abschließend wird die Flasche verkorkt und besitzt dann in der Regel noch einen Flascheninnendruck von ca. 4,5 bis 5,5 bar. Jetzt fehlt nur noch ein schönes Etikett auf der Flasche, um den vielen perlenden Apfelelfen auch eine gute „Wohnungsadresse“ zu bescheren. Eine schmackhafte Bescherung bleibt der Apfelsekt allemal.

Rosa Apfelbowle

Zutaten (für 15-20 Personen):

2 l Apfelsaft, 2 Zimtstangen, 2 Nelken, 2 Äpfel, 1 Weinglas Weinbrand, 1 EL Blütenhonig, 1 Flasche roten Sekt, 1 TK-Pack. ungezuckerte Erdbeeren oder Himbeeren (300g).

Zubereitung:

Die Zimtstangen und die Nelken in die Apfelsaftflaschen verteilen, Flaschen schließen und kalt stellen. Äpfel waschen, vierteln, entkernen und in dünne Scheiben schneiden. Die Apfelscheiben in ein Bowlengefäß geben, mit Weinbrand und Honig mischen und 1 Std. ziehen lassen. Den Apfelsaft durch ein Sieb in die Bowle geben und die gefrorenen Beeren zugeben.

Apfel-Holundersaft

Zutaten für ca. 1,5 l Saft:

1,5 kg Holunderbeeren, 500 g säuerliche Äpfel (z.B. Boskoop), 1 l Wasser, 150 g Zucker.

Zubereitung:

Holunderbeeren waschen und von den Stielen streifen. Äpfel waschen und mit Schale und Kerngehäuse in kleine Stücke schneiden. Holunderbeeren und Äpfel mit Wasser und Zucker langsam zum Kochen bringen. Ca. 10 Min. leicht weiterkochen. Nach dem Abkühlen den Saft durch ein Tuch drücken.
Den abgelaufenen Saft kurz aufkochen und in saubere, vorher heiß ausgespülte Flaschen gießen und gut verschließen.

Lirum, larum, Holderbusch

Gegen böse Geister ist ein Kraut gewachsen

Es ist Ende Mai. Das helle Grün des Monatsanfangs hat sich über die Zahl der Tage hinweg immer dunkler gefärbt und der lichte Frühling weicht nun dem wuchernden und nach Blüten duftenden Vorsommer. Weiß ist die Farbe der Büsche im Garten. Der Jasmin entströmt seinen süßen Atem und schickt ihn als Parfum durch die Gehölze.

Hier hinten in der verwilderten Ecke wachsen die dichten grünen Kaskaden von Waldrebe, Flieder und Holunder. Während das Weiß der vielen kleinen Kreuzblumen des Fliederbuschs dahinrostet, öffnen sich die cremefarbenen Blütenschirme des *sambuca nigra*, des schwarzen Holunders. Herb und süß schwingen sie in der Luft und jede Luftbewegung löst einen erneuten Duftregen aus. Magie liegt in allen Teilen des großen Strauches. Die Zweige bilden ein Dickicht. So leicht und doch so stabil sind sie, daß ein Entkommen zwecklos ist. So halten sie uns für eine Weile gefangen, und lautlos sinken wir in die Art schwerer Träume, die uns nie unwohl erscheinen. Wie Mohnkapseln öffnen sich die Blütendolden, und während wir hinweggleiten, läßt sich die wundersame Kraft des Holunders vernehmen.

Tief schlagen sich seine Wurzeln in Volksglauben und Volksmedizin. Mit seinen schirmförmigen Blütentellern stand er fast bei jedem Hause, fast an jedem Gartenzaun und am alten Dorfbackes. Seine ausladenden Zweige überschatteten so manchen wohlverdienten Feierabend auf hölzerner Gartenbank und spendeten am Brunnenplatz erfrischende Kühle wie das Wasser.

Noch tiefer greifen seine Wurzeln und schlingen sich zu Runen und Zeichen, die nur unsere Vorfahren entschlüsseln konnten. Germanen und Kelten verehrten den Holunderbusch als heilige Pflanze, die Frau Holle geweiht war. Er sollte dem Hause Frieden, Glück und Segen bringen; gegen Hexen, Blitz und Unwetter schützen.

Frau Holle galt als Mutter des Lebens aber auch in Form der Göttin Hel als Botin des Todes. Nur zu leicht erinnerten die knochig-dürren Äste und die schwarzen Beeren an den Sensenmann. Den herben Geruch des aufgebrochenen Holzes erhielt der Busch im Volksglauben durch die Tatsache, daß Judas sich an einem Holunderbaum erhängt haben soll.

In der Eifel und im Hunsrück wurden neue Bienenkörbe mit Holunderblättern abgerieben, um den Holzgeruch zu vertreiben. Milben fürchteten das Holunderholz und so kam es auch in Vogelkäfigen zur Verwendung. Junges einjähriges Holz sollte, in Maulwurfshügel gesteckt, die lästigen Wühler mittels lästigem Geruch vertreiben. Die Leichtigkeit und Festigkeit des Holzes nutzten in früheren Zeiten der Schuster beim Besohlen und in der Herstellung der Spulen fürs Leinengarn. Welcher Junge hat nicht schon einmal die Wassertauglichkeit des Holzes getestet. Aus dem Holz ließen sich wunderbar Floß und Boote schnitzen, die niemals untergingen.

In der Hausapotheke und der Küche ist Holunder schon seit Alters her nicht wegzudenken. Zu therapeutischen Zwecken werden Blüten, Blätter und Beeren genutzt. In der Küche fallen die Blätter weg, Blüten und Beeren hingegen ergeben köstliche und gesunde Leckereien.

Ende Mai stehen die Blütendolden auf dem Höhepunkt. Gesammelt werden die vollerblühten Blumenteller. Ein ganz prickelndes Ereignis läßt sich ganz einfach daraus zubereiten.

Holunderblütensekt

Vier bis fünf schöne große Blütendolden werden sorgfältig abgespült und in einen großen Tontopf (Füllmenge 6-7 Liter) mit den Scheiben zweier geschnittener Zitronen gelegt. 1/8 l guter Weinessig und 500 g brauner Zucker werden darübergegeben. Umrühren, bis sich der Zucker löst. Danach werden 5 l abgekochtes Wasser darübergegossen und gut umgerührt. Jetzt braucht der Ansatz gut drei Tage der Reife. Nach der Gärzeit füllt man den Saft durch ein feines Sieb in dickwandige Flaschen ab. Sektflaschen eignen sich sehr gut. Nun reift der Saft weitere 10 Tage zum erfrischenden, kohlensäurehaltigen „Sekt". Manche berichten, daß ihnen der „Schaumwein um die Ohren geflogen sei". Die Kohlensäure entwickelt natürlich einen Druck auf die Flasche. Deshalb ist die entsprechende Lagerung wichtig. Gut verschlossen und kalt gestellt umgeht man eine zu schnelle unkontrollierte Reifung in der Flasche. Der Holundersekt schmeckt zu gut, um sich davor fürchten zu müssen.

An frühsommerlichen heißen Tagen schmeckt auch ein Erfrischungsgetränk aus Holunderblüten gut. Genauso einfach wie der Sekt in der Herstellung und ebenfalls ein ungewohntes Geschmackserlebnis.

Holunderblütenerfrischung

Drei bis vier schöne Dolden sorgfältig waschen und mit einigen Zitronenscheiben (ungespritzt) in einem Krug mit kochendem Wasser übergießen. Alles ca. 5 Minuten ziehen lassen. Wer möchte, süßt den Sud mit Honig. Den Tee läßt man abkühlen. Kalt wird er zu drei Teilen mit Apfelsaft und Mineralwasser gemixt. Ein paar Eiswürfel machen die Erfrischung perfekt.

Holunderblüten eignen sich auch wie die Beeren, ‚durch ihre schweißtreibende Wirkung gegen Erkältungskrankheiten. Gegen die unliebsamen Plagegeister in Hals und Rachen gibt es mehrere sanfte Waffen:

Holunderblütentee

1 gehäufter TL getrocknete Blüten mit 250 ml kochendem Wasser übergießen und 10 Minuten ziehen lassen. Eine ausgepreßte Zitrone dazu mit etwas Honig gesüßt, verleiht dem Erkältungstee nochmals einige Kraft.

Holunderblütensirup

Ca. 15-18 Blütendolden in drei Liter Wasser, 3 Zitronenscheiben und 60 g Zitronensäure (Reformhaus) ansetzen. 3 Tage kühl stellen. Anschließend die Flüssigkeit durch ein Sieb geben und mit 2,5 kg Rohrzucker aufkochen. Es soll eine sirupartige Konsistenz entstehen. Heiß in saubere Flaschen abfüllen, gut verschließen und kühl lagern. Der Sirup schmeckt auch erfrischend mit Mineralwasser oder Sekt.

Für die Salatfans ist der Essig aus Holunderblüten etwas Feines. Gerade zu sommerlichen Salaten, die mit Beerenfrüchten garniert werden, eignet er sich besonders gut.

Holunderblütenessig

Dazu eignen sich die Rückstände aus der Siruphersteilung plus fünf weitere frische Dolden. Blüten mit 3 l Obstessig und 2 Gewürznelken ansetzen und 10 Tage zugedeckt ziehen lassen. Anschließend durch ein feines Tuch seihen und in Flaschen abfüllen.

Nach den Blütenrezepten sind sicherlich noch einige Restbestände am Strauch verblieben. Diese brauchen nun die Reifezeit bis in den Herbst. Dann haben sie aber den dunklen herbfruchtigen Geschmack entwickelt, der sich ebenfalls zu allerlei kulinarischen Küchenübungen verarbeiten läßt. Als Abschluß kulinarischer Holunderblütenträume gibt es ausgebackene

Holunderküchlein.

Dazu wird zuerst ein Ausbackteig aus 250 g Mehl, 1 Ei, etwas Backpulver, 1 EL Zucker und 1/8 l Milch gerührt. 1/2 Stunde Ruhezeit muß man ihm vor der weiteren Verarbeitung gönnen. Anschließend werden schöne, nicht zu große Blütendolden am Stiel gefaßt und in den Pfannkuchenteig getaucht. Gleich in heißes Fett der Bratpfanne setzen und knusprig backen. Auf einem Teller mit frischen Beerenfrüchten anrichten und mit Puderzucker bestäuben.

Beginnen wir den Reigen schwarzer Beerengenüsse mit einem Schuß Alkohol.
Schon Wilhelm Busch hatte es richtig erkannt, als er folgenden Gedanken aufs Papier brachte: „Der Wein ist auch für alte Knaben, eine von den besten Gaben“. Hätte er den leckeren Holunderlikör probiert, dann wäre ihm auch passender Vers für das nachfolgende Rezept eingefallen:

Holunderlikör

2 kg Holunderbeeren werden gewaschen und von den Stengeln mit der Gabel abgezupft. Anschließend kochen sie mit 1 l Wasser 15 Minuten im Topf. Ist die Zeit vorüber, werden sie abgeseiht und kühlen ab. Nun wird der Saft mit 500 g Zucker und 4 P. Vanillezucker kräftig aufgekocht. Kurz vor Schluß kommt eine Flasche Rum mit 54 Vol.% dazu. Alles schnell umrühren und noch heiß in Flaschen abfüllen. Gut verschließen und einige Wochen ruhen lassen, bevor es ans Probieren geht.

Holundersaft

Den Saft gewinnt man ganz konventionell über einen Entsafter. Für den Genuß verdünnt man den relativ dickflüssigen Saft mit Wasser und süßt ihn entsprechend mit Zucker. Wird er nochmals aufgekocht und steril in saubere Flaschen abgefüllt, hält er sich einige Monate. Holundersaft ist ein gutes Mittel gegen Erkältungen. Kann aber auch manchen Saucen und Desserts wie auch Sektcocktails den letzten Pfiff geben.

Eine süße Mahlzeit oder nahrhafte Dessertgabe ist die Holunderbeerensuppe. In manchen Teilen Deutschlands heißen die schwarzen Früchte auch Fliederbeeren. Widmen wir diesem schönen Namen das nächste Rezept:

Fliederbeersuppe

750 g abgezupfte Holunderbeeren werden mit 1 l Wasser, 100 g Zucker und einer abgeriebenen Zitronenschale 1 Stunde bei leichter Hitze weichgekocht und anschließend durch ein Sieb gestrichen. Mit etwas Stärke wird die Suppe wieder aufgekocht und eingedickt. 2 Äpfel, die zuvor geschält, entkernt und in Scheiben geschnitten leicht gegart wurden, kommen nun hinzu. Mit etwas Zitronensaft schmeckt man die Suppe zum Schluß ab. Süße Grieß- oder Eischneeklößchen passen als Suppeneinlage gut dazu.

Was wäre eine Holunderbeere ohne ihren Apfelfreund. Die beiden sind füreinander geschaffen und versüßen sich gegenseitig den morgendlichen Brotaufstrich.

Äpfel-Holunderbeerenmarmelade

Da Holunderbeeren schlecht gelieren, verhilft das Apfelpektin den gesunden Wildfrüchten zur eingedickten Konsistenz. 2/3 Äpfel und 1/3 Holunder werden benötigt. Im Verhältnis 1:1 wird anschließend die Marmelade gekocht. Zuerst müssen aber die Äpfel mit Schale und Kerngehäuse kleingeschnitten werden. Mit wenig Wasser werden die Apfelteile zum Kochen gebracht. Die Holunderbeeren kommen hinzu. nachdem sich alles weichgekocht hat, wird der Fruchtbrei durch ein Sieb gestrichen, abgemessen und zuerst mit der Hälfte des Zuckers und dem Saft einer Zitrone erneut aufgekocht. Zum Schluß kommt der restliche Zucker hinzu. Die Marmelade wird solange gekocht, bis sie die Tellerprobe besteht (Tropfen muß auf Teller gelieren).

Wer den Holundersaft schon gewonnen hat, der kann einen Teil auch gleich weiterverarbeiten zu

Holundergelee

Saft mit einer Vanillestange und Gelierzucker erneut aufkochen und solange durchrühren bis auch hier die Tellerprobe gelingt. Das Gelee kann an würzige Wildsaucen den letzten Schliff bringen. Ein Löffel des Gelees genügt und er löst sich in der heißen Sauce gut auf. Der süßherbe Geschmack paßt hervorragend zu Wildgerichten.

Langsam wachen wir unter den Büschen wieder auf. Ein Windhauch hat uns an der Nase gekitzelt und wir strecken uns mit weit aufgesperrtem Mund auf der Gartenbank. Die Blütendolden des Holunders schauen uns von oben herab zu. Es muß wohl die mittägliche Hitze gewesen sein, die uns so schläfrig gemacht hat, oder war es doch der Geist des Holunderbuschs?

Der Zauberlehrling

Von der Kunst des Apfelbrennens

„Hat der alte Hexenmeister
Sich doch einmal wegbegeben!
Und nun sollen seine Geister
Auch nach meinem Willen leben.
Seine Wort´ und Werke
Merkt´ich und den Brauch,
Und mit Geistesstärke
Tu´ich Wunder auch.
Walle! walle
Manche Strecke,
Dass zum Zwecke
Wasser fliesse,
Und mit reichem, vollem Schwalle
Zu dem Bade sich ergiesse!“…

Während die letzten Buchstaben schon die feingliedrige Brille zum Kippen bringen, verliert das alte Buch endgültig den Halt und rutscht mit den vielen Gedichten des großen Dichterfürsten Goethe auf den Schoß der Person, die sich soeben von dem Geist des Sandmanns hat überwältigen lassen. Die Ohren des Lehnstuhls halten den Kopf, aber der ist mit seinen Gedanken schon weit weg, sieht sich als stillen Beobachter krähengleich auf der Zinne einer alten Burg hoch über dem Rhein.

Auf dem breiten Fenstersims haben die Träume Platz genommen und verfolgen lautlos das Treiben, das sich hier hinter schweren Felsquadern im Schatten der aufziehenden Nacht abspielt. Der hohe Raum zerfließt an seinen Rändern in Dunkelheit und nur das knisternde Prasseln der kantigen Holzscheite erzeugt züngelnde Flammen im großen Kamin. Er bringt den langen Eichentisch zum Leuchten, worauf sich schon ein paar eiserne Kerzenleuchter versammelt haben. Der Windzug, der durch die offenen Fenster dringt, versucht die Flammen aus der Burg zu jagen, und verschreckt springen sie mal hierhin, mal dahin, immer in der Not, dem Erlöschen durch ein unruhiges Zucken geschickt auszuweichen. Der Kampf von Wind und Wachs berührt nicht die große Kristallkugel. Was kann der Wind ihr schon anhaben. Trutzig wie die Grundmauern sitzt sie auf ihrem Sockel, kennt den folgenden Morgen, ohne den vergangenen Abend zu vergessen. Aber sie verhält sich still und gibt nichts von ihrem Wissen preis. Nur manchmal verströmt sie ein geheimnisvolles blaues Licht, in welchem sich Bilder spiegeln.

Kerzen und Kugel sind an diesem Abend nicht die einzigen, die sich auf dem Turm versammelt haben. Schlanke Glasrohre und Phiolen mit unbekanntem Inhalt fügen sich zu einem magischen Zirkel zusammen. Da dampft es und hier brodelt es. Bauchige Behälter werfen Blasen und wie flüssige Glut gluckst der Tiegel über dem offenen Feuer.

Den Gedanken ist es nicht geheuer und enger schmiegen sie sich an den steinernen Fensterrahmen. Dunkel fließt weit unten der Strom, und nicht einmal der Vollmond wagt sich heute Nacht aus den schützenden Wolken hervor.

So dringt nur aus dem Turm ein nächtlicher Lichtstrahl in das luftgefüllte Tintenfaß. Da wird die Türe geöffnet und auf den Stufen der Wendeltreppe erscheint eine kleine Gestalt, deren wallende Kleidung offensichtlich viel zu groß ist. In beiden Händen trägt sie einen großen Korb und nur mit Mühe schafft sie die letzte Schwelle, die sie fast straucheln läßt. Mit unverständlichen aber wohl erbosten Worten

über die Heimtücke des letzten Treppenabsatzes, stolpert sie in das Zimmer. Ihr Schatten, den der Kamin an die Wand wirft, läßt sie zum Riesen werden. Dem würde der Mantel wohl passen. So aber schlurft das kleine Männlein mit dem schweren Korb in den Händen an den Tisch heran.

Wer Rattenschwanz und Natternkopf darin vermutet, ist wohl falsch beraten. Heraus fallen statt dessen viele kleine runde Äpfel, die sich ihren Weg durch die Alchemistenküche bahnen. Den ersten ergreift die kleine Person und hält ihn wie in Siegerpose in die Höhe. Worte wie Abracadabra und Hokus Pokus fliegen durch die Luft und hinterher fliegt der Apfel - in den Tiegel, auf dem Feuer. Da blitzt es und Funken sprühen aus dem Topf.

Vor Schreck verlieren die Träume ihr Gleichgewicht am Fenstersims und fallen und fallen tiefer und tiefer. Gerade noch zeigt sich im hellen Feuerschein das verschmitzte Lächeln des kleinen Zauberlehrlings, der sich seinem Bemühen um den Apfelgeist sicher ist.

Aus dem Traum erwacht derweil der Schlafende und reibt sich benommen die Augen. „Darauf erst einmal einen Apfelbrand", sagt er sich, setzt die Brille wieder auf die Nase und greift noch immer etwas ungläubig zu Glas und Obstwasser. Er kann nicht sehen, wie ein kleiner Apfel hinter dem Sessel hervorrollt. Seine roten Bäckchen sind noch ganz heiß von der Hitze des großen Kamins, und das Hokus Pokus tönt ihm noch in beiden Ohren.

Wer heute ein gutes Apfeldestillat brennen will, braucht weder eine alte Burg hoch über dem Rhein, noch den Titel eines Zauberlehrlings, wenngleich auch die Herstellung mit Geist und Gespür noch viel zu tun hat.

Statt einem Zauberspruch sind es die guten und vollreifen Äpfel aus gepflegten Streuobstwiesen oder Plantagenbeständen. Äußerliche Schalenfehler sind der Qualität nicht abträglich, wohl aber Fäulnis oder Schimmelbefall. Die Früchte der kleinwüchsigen Plantagenbäume haben in der Hinsicht einen Vorteil, da sie sehr gut dem Sonnenlicht ausgesetzt sind und dadurch sozusagen viel Sonnenenergie aufsaugen können. So wird ermöglicht, daß wichtige Inhaltsstoffe für den Geschmack und die Gärung in großem Maße gebildet werden. Dazu gehören Vitamine, Flavonoide, Ballaststoffe und nicht zuletzt, ganz wichtig für die Destillatherstellung, der Fruchtzucker. Er ist später für die alkoholische Gärung von Nöten.

Nicht jeder, der gerne möchte, darf Alkohol herstellen. So nennen sich die Personen, die zwar Obst aber kein Brennrecht haben, Stoffbesitzer. Jeder Stoffbesitzer kann von seinem Obst pro Jahr 50 Liter reinen Alkohol im Lohnverfahren herstellen lassen. Jeder Brennbetrieb besitzt ein eigenes Kontingent in Höhe von 300 Litern reinem Alkohol pro Brennjahr. Diese Brennrechte sind an den Betrieb und nicht an eine Person gebunden. Daher können Brennrechte nur weitervererbt oder verkauft werden, und das innerhalb des zuständigen Oberfinanzdirektionsbezirks. Ausgenommen davon ist in Rheinland-Pfalz der Landkreis Neuwied. Hier gibt es keine Brennrechte, aufgrund einer Regelung von Anfang des 20. Jh..

Hat ein Betrieb also ein Brennrecht, dann bedarf es auch der entsprechenden technischen Voraussetzungen. Der wohl wichtigste Bereich ist der Brennkessel.

Er besteht im unteren Teil aus der Feuerung. In ihm wird Holz, Heizöl oder Gas verbrannt, um Hitze für den Kessel zu erzeugen. Darüber schließt sich das Wasserbad an, welches den eigentlichen Kessel, die Brennblase, umgibt. So kann die im Kessel befindliche Obstmaische nicht anbrennen. Er besitzt in der Regel vier Öffnungen:

Die 1. Öffnung ist die Einfüllöffnung für die Maische. Die 2. Öffnung ist die Ablaßvorrichtung für das Brenngut, die 3. Öffnung ist für eine mögliche Dampfeinleitung aus dem Wasserbad vorgesehen (benötigt man z.T. für zähflüssige Maischen zum Aufrühren) und die 4. Öffnung führt zur Kolonne.

In dieser Kolonne befinden sich mehrere Böden, woran das Destillat kondensiert und anschließend wieder verdampft, um am nächsten Boden erneut zu kondensieren. Sind schließlich alle Böden passiert, kommt das Destillat in den Dephlegmator. Das ist ein Wasserkasten, durch den Röhren führen. Danach kann noch ein Katalysator folgen,

der eine Kupferoberfläche von ca. 35 m² aufweist. Daran schließt sich das Geistrohr an, wodurch das Destillat immer noch gasförmig zum Röhrenkühler führt. In ihm kondensiert letztendlich das Destillat nach seiner langen Reise und wird auf eine Temperatur von ca. 15°C herabgekühlt. Von dort fließt es in die Vorlage, worin sich eine Spindel zum Ablesen der Alkoholkonzentration befindet. Von der Vorlage fließt der hochprozentige Schnaps dann in einen Eimer. Die Destillation ist hiermit abgeschlossen.

Außerdem gehören zu einer Brennerei natürlich noch Maischelagerbehälter, die luftdicht abschließbar sein müssen. Zusätzlich muß eine Schnapskühlung nebst Filteranlage vorhanden sein, um die Edelbrände so zu bereiten und abzufüllen, daß er auch wirklich zum Genuß wird.

Nach der Ernte der Äpfel, werden diese im Brennereibetrieb gemahlen. Die Apfel- oder Kernobstmaische wird dann in Gärbehälter eingefüllt. Diese müssen bis auf eine kleine Öffnung für die Kohlendioxidabgabe luftdicht verschlossen werden. Das Kohlendioxid dringt durch Wasser nach außen. Damit wird verhindert, daß kleine Insekten in das Gefäß eindringen können. Durch spezielle Gärhefen kann die Gärung noch beschleunigt werden. Auch der Zusatz von Enzymen kann das Aufschließen der manchmal dicken Zellwände bestimmter Apfelsorten, wie z.B. dem Rheinischen Bohnapfel, verbessern.

Die Gärung dauert unter normalen Temperaturverhältnissen (15°C-25°C) bis zu sechs Wochen. Sie wird durch mehrmaliges Umrühren verbessert. Während der Gärung wandelt sich Fruchtzucker in Äthylalkohol um.

Die Gärbehälter sind alle mit einer Nummer versehen, mit der sie in das Materialbuch der Brennerei eingetragen werden. Die Brennereien unterliegen alle der staatlichen Kontrolle durch die Hauptzollämter.

Nach Beendigung der Gärung wird die Maische bei der Zentralstelle Abfindungsbrennen in Stuttgart mit Brenntag, Brennzeit, Behälternummer, Materialart und Materialmenge angemeldet. Diese Angaben werden für die Besteuerung des Destillats und zur Kontrolle des Betriebs benötigt. 100 Liter Apfelmaische zu brennen kostet zur Zeit 36,5 EUR (72,00 DM) Branntweinsteuer. Dazu kommt noch im Lohnbrennverfahren der Brennlohn und die Kosten für Abfüllen und Flaschen. Ein Abtrieb (Destillation) dauert 1,5 Stunden. Über diesen Vorgang wird im sogenannten Brennbuch Buch geführt. Darin sind folgende Angaben erforderlich: Brennzeit, Füllmenge, Nummer des Gärbehälters und Ausbeute in Liter und Volumenkonzentration.

Nach einer Aufwärmzeit von ca. 30 Minuten beginnt das Destillat in den Eimer zu laufen. Als erstes erhält man den Vorlauf in einer Menge von ca. 1 Liter mit einer Konzentration von ca. 70% Vol. Dieser eignet sich nicht zum Trinken, wird aber sehr gerne benutzt, um beispielsweise schmerzende Gelenke damit einzureiben. Danach erhält man den Mittellauf. Dieser wird später zu trinkbarem Apfelbrand verdünnt. Durch Geruchsproben und Ablesen der Volumenkonzentration erkennt man dann später den Beginn des Nachlaufs. Dieser ist ein schwachprozentiges Destillat, welches gekennzeichnet ist durch Anteile an Eiweißen und Fuselölen. Dieser

Nachlauf wird, wenn derselbe Stoffbesitzer mehrere Brände durchführen läßt, dem nächsten Brand wieder zugesetzt.

In einer Abfindungsbrennerei können bei einem Abtriebsvorgang maximal 100 Liter Maische verarbeitet werden. Ist der Brand beendet, wird die Brennblase entleert. Dieses Material nennt man dann Schlempe. Obstschlempe kann als minderwertiger Dünger in geringen Mengen eingesetzt werden.

Der Mittellauf sollte dann einige Tage ruhen. Danach wird er auf 40-42% Vol. herabgesetzt. Dies geschieht mit „weichem" Trinkwasser. Nach diesem Vorgang wird der Edelbrand auf 0°C abgekühlt und mindestens einen Tag lang in diesem Zustand ruhen gelassen. Danach wird er gefiltert und in Flaschen abgefüllt. Das Abkühlen ist notwendig, da durch das Verdünnen Eiweiße ausflocken und zu einer Trübung führen können. Diese Trübung ist im gekühlten Zustand am stärksten und läßt sich dann am Besten ausfiltrieren.

Apfelbrand ist ein hochwertiger Obstedelbrand. Es sollte beachtet werden, daß nach der Herstellung und dem Abfüllen eine mehrwöchige Ruhezeit in dunklen Räumen einzuplanen ist. Hier kann der Apfelbrand sich nun beruhigen und reifen.

Genießen sollte man den Apfelbrand bei einer Trinktemperatur von 10°C-15°C, damit sich sein Aroma voll entfalten kann. Getrunken werden sollte er aus bauchigen Gläsern, die nach oben hin zulaufen und in einer Röhre enden. Eine weitere Verfeinerung kann Apfelbrand durch eine Lagerung im Eichenfaß, die über mehrere Jahre gehen sollte, erfahren. Mit Apfelbrand hat man einen Edelbrand, der sehr rein ist und in Maßen genossen einen wahren Genuß darstellt.

Auch in den Häusern der TAFELFREUDEN RHEIN-WESTERWALD e.V. ist ein guter Apfelbrand zu Hause. Speziell zum vorliegenden Buch bieten wir in Verbindung mit OBSTBAU&BRENNEREI NORBERT SCHÄFER aus Dieblich eine Sonderedition an. ÄPPELISSIMO ist ein Edelobstbrand aus vollreifen und ausgesuchten Früchten, passend und edel in Ausstattung und Etikett zum vorliegenden Buch. Probieren sie ihn einfach einmal. Die Bezugsquellen finden Sie im Anhang.

Der Spierapfel

Die herzhafteste Versuchung seit es Apfelwein gibt

In der Rubrik Bekanntschaften war unlängst zu lesen: „Goldparmäne aus gutem Hause, vielseitig verwendbar mit Hang zu guter Küche sucht liebenswürdigen Ihn, der gemeinsam den saftigen Weg durch die Keltereien gehen will. Spätere Vermostung nicht ausgeschlossen."

Ihr ganzes dunkelkerniges Apfelherz hat sie sich genommen. Die Anzeige aufgesetzt und beherzt mit klopfendem Herzen in der Redaktion der Gartenzeitung abgegeben. Doch was war die dortige Erregtheit im Vergleich zu dem jetzigen Pochen, das ihr durch das gesamte Fruchtfleisch geht. Die roten Bäckchen zeigen unmißverständlich an, daß die kleine Goldparmäne im Zeichen höchster Anspannung auf das erste Treffen mit dem großen Unbekannten entgegenfiebert.

Es hatten sich so manche auf ihre kleingedruckte aber forsche Offensive im Gartenanzeiger gemeldet. Da war ein ganz grüner Apfel, der ihr fast etwas aufdringlich wurde. Von gewisser Reife eben keine Spur. Ein anderes Mal erhielt sie seitenlange Apfelschalen als Gunstbeweis von einem großen dicken Bohnapfel. Wie konnte sich dieser Apfel nur so die Blöße geben. Schließlich kannte sie ihn doch noch gar nicht. Die kleine Goldparmäne sortierte also sorgfältig aus, schrieb etlichen Bewerbern mit Dank und ohne Aussicht zurück, behielt dann am Ende noch eine kleine Nachricht übrig. „Aus altem Stammbaum, mit trockenem aber durchaus fruchtigen Humor, klein in der Größe aber mit Pfiff, spätere Vermostung gewünscht." So stand es auf dem Blatt, daß der kleinen Goldparmäne so imponiert hatte.

Und nun sollte der große Moment kommen. Ein Foto war natürlich nicht zuvor ausgetauscht worden. Beide hatten sich wohl aus Schüchternheit nicht so ganz getraut und so sollte es ein echtes *Blind Date* werden. „Wie im Film", dachte sich die kleine Goldparmäne, die sich für das kommende Treffen besonders fein herausgeputzt hatte. Ihre Haut glänzte verführerisch und ein besonders schönes dunkles Blatt vom Apfelbaum hatte sie sich um ihren Stiel gewickelt. So harrte sie der Dinge, die da kommen sollten. Das anfängliche Problem des Erkennens war schnell gelöst. Schließlich hingen am Baum so an die tausend Goldparmänenäpfel und unsere Kleine hatte ihre Wohnung in den oberen Etagen. „Wir treffen uns direkt nach der Ernte in der Kelterei. Ich warte im Sack gleich am Eingang hinter dem großen Hoftor", antwortete ihr der Spierapfel, denn so hieß der große Unbekannte.

Die kleine Goldparmäne ließ also das Pflücken über sich ergehen und versuchte während der Fahrt in die Dorfkelterei, geschickt die obersten Erntekorbplätze zu erreichen. Während der vollbeladene Wagen noch über das holprige Straßenpflaster gezogen wurde, bereitete sie sich auf den beherzten Sprung vor.

Gerade passiert der Karren die Hofeinfahrt, da hüpft sie hinunter und kullert zu den braunen Jutesäcken. Aufgefangen wird sie von einem kleinen runden Bauch, der wie ein Puffer ihren Sprung abfedert. Noch etwas benommen schaut sie in das rotbackige Gesicht des Spierapfels, der sich schützend an sie schmiegt. „Was für ein wilder Kerl", kommt es der kleinen Goldparmäne in den Sinn, denn so ein Früchtchen ist ihr noch nie in ihrem kultivierten Obstbaumleben begegnet. Aber ihr gefällt seine stürmische Art. „Was für eine hübsche Schale und welch sanfter Kern", erwidert der wilde Spierapfel.

Wie vom Winde verweht sind Spannung und Zaudern. Liebe auf den ersten Blick, könnte man ihr Zusammenkommen wohl nicht treffender bezeichnen. Die kleine Goldparmäne ist so von dem Speierling fasziniert, daß auch sein erster Kuß auf die Lippen, ihr nicht den Mund vor schlehenhafter Säure zusammenzieht. Die kleine Goldparmäne schmeckt nichts von der starken Gerbsäure, denn sie befindet sich im rosigen Apfelhimmel. Schon als sie längst zu Apfelwein vermostet sind, bleibt ihre Bestimmung füreinander sichtbar. In feiner Perlung, säuerlichem Geschmack und herzhaftem Aroma vereinigen sich Apfel und Speierling zum herbfruchtigen Weinerlebnis.

Drecksack - Ein böses Wort für zumeist noch schlimmere Leute. Wer sich dieser Beschimpfung wirklich einmal bedienen sollte, der beachte den historischen Ursprung. Die braunen Jutesäcke waren es, die durch die Verletzlichkeit der Speierlingsfrucht und dem damit verbundenen Austreten der Gerbsäure schnell unansehnlich wurden und somit als Drecksäcke bezeichnet wurden. Dies kommt der alten Wildfrucht schon wie eine Beleidigung vor. Wartet sie doch seit langer Zeit auf eine Renaissance oder zumindest auf ein ihr gebührendes Bewußtsein.

Der Speierling, in anderen Teilen Deutschlands auch Spierapfel, Sperber oder Escheritzenbaum genannt, ist ein alter Bekannter in sonnenreichen Hanglagen oder angrenzenden Waldfluren. Seine Heimat ist mit den Lebensräumen der Weinrebe vergleichbar. Heute hat er allerdings seine Bedeutung eingebüßt und führt als einzeln anzutreffender Wildobstbaum ein eher verstecktes Dasein in verbuschten und aufgelassenen Weinbergslagen.

Das war nicht immer so. Im Mittelalter waren sein Holz und seine Früchte geschätzt. Botanisch gehört er zu den Ebereschen und ist in seinem Blattwerk, denen zum Verwechseln ähnlich. Sein Holz hat mit die höchste Dichte und war deshalb zum Bau von Weinkeltern, Spindeln und aller, starker Reibung ausgesetzter Gegenstände, beliebt. Seine hauptsächliche Verwendung lag aber nicht im Hinblick auf die Holzverwertung, sondern in seinen kleinen Früchten. So unscheinbar sie sind, so imposant kann der Baum werden, auf dem sie wachsen. Ein Speierling kann freistehend durchaus ein Alter von rund 200 Jahren erreichen und bis zu 15 m in die Höhe wachsen.

Dagegen fallen seine Früchte fast winzig aus. Aber ihre Stärke liegt in ihrer gerbstoffreichen Fülle, die sie bis zu ihrer Reife nicht verlieren. Wer weiß, wie Schlehen im Gaumen wirken können, der kann sich auch die säuerliche Kraft vorstellen, die jedem den Mund zusammenzieht. Zum speien sauer sind sie und damit hat der Baum seinen Namen weg. Zum puren Verzehr sind die Früchte in diesem unreifen Zustand auch wirklich nicht geeignet, wohlgleich aber zur Bereicherung des Apfelweins.

Schon 1797 berichtet ein Handbuch über die Obstbaumzucht: Man hat entdeckt, daß die Früchte einen vortrefflichen Wein ergeben. Der Wein wird nicht von Farbe sehr schön, sondern auch stark und gut. Es müssen aber Äpfel mitunter gekeltert werden, da dann ein Malter Speierling und zwei Malter Äpfel ein Ohm vortefflichen Cyder ergeben.

In der Apfelweinherstellung liegt die Hauptverwendung der sauren Früchtchen. Der Saft des Speierlings wird hierbei getrennt gekeltert und erst nach der Hauptgärung des Apfelmostes zugesetzt. Er bewirkt eine frühe natürliche Klärung des Weines durch die hohen Gerbstoffsäuren, verbessert zudem die Haltbarkeit auch ohne Schwefelung und fördert die geschmackliche Abrundung des Apfelweins. In den hessischen Apfelweindomänen ist er deshalb ein unverzichtbarer Freund eines guten *Stöffche*.

Auch in hochprozentiger Form liefert er als Spierapfelbrand einen vorzüglichen Flaschengeist, den man heute allerdings in Destillerien suchen muß und entsprechend teuer bezahlt.

Ende Oktober sind dann auch endlich die Früchte reif und rot und können dann durchaus auch frisch verzehrt werden. Die Gerbsäure hat sich fast vollständig abgebaut und hervor tritt ihr herbfruchtiges Aroma. Weder lager- noch transportfähig ist vielleicht auch diese Eigenschaft ein Grund, wieso der Speierling aus den Gärten und Weinbergen verschwunden ist. Selbst eine Suche in heimischen Baumschulen wird oftmals negativ verlaufen, doch gibt es Mittel und Wege, einen solchen Trieb von einigen Nachzuchtbetrieben über die Baumschulen zu ordern.

Im Herbst werden nicht nur die kirschgroßen Früchte rötlich, sondern auch die Blätter setzen zum Farbspiel an. Dekorativ ist der Spierbaum allemal und so liegt es an uns, ihn als bedrohte heimische Gehölzart, nicht weiter in die Vergessenheit geraten zu lassen. 1993 wurde er zum Baum des Jahres erkoren. Eine Initiative, auf seine interessante kulturelle Vergangenheit hinzuweisen. Wir folgen hiermit gerne dieser Rettungsaktion.

Äpfel-Orangengelee

Zutaten:

1 kg Äpfel, 4 Orangen, 4 Zitronen, etwas Zimt, 1 kg Gelierzucker 1:1, 1-2 EL Honig.

Zubereitung:

Äpfel waschen, schälen (Schale kann auch mitgekocht werden) und kleinschneiden. Mit 100 ml Wasser zum Kochen bringen und richtig weichkochen. Orangen und Zitronen auspressen.

Ein Mulltuch über eine große Schüssel legen und die weichgekochten Äpfel daraufgeben. Den Orangen- und Zitronensaft darübergießen und alles kräftig durch das Mulltuch ausdrücken, so daß 1 Liter Flüssigkeit entsteht. Evtl. mit Orangensaft auffüllen.

Den Saft, Zimt und Honig in einen Topf geben. Den Gelierzucker einrühren, alles aufkochen und ca. 4 Min. kochen lassen.

Den Schaum von dem Gelee abschöpfen. Das Gelee in vorbereitete Gläser füllen, sofort verschließen und 5 Min. auf den Kopf stellen.

Schlehen-Äpfelmarmelade

Zutaten:

600 g Schlehenmark, 400 g Apfelmus oder frische geriebene Äpfel, 1 kg Gelierzucker 1:1.

Zubereitung:

Schlehen mit Wasser weichkochen und durch ein Sieb rühren. 600 g Schlehenmark und Apfelmus (möglichst ungesüßt) mit dem Gelierzucker verrühren und zum Kochen bringen. 4 Min. sprudelnd kochen lassen und in vorbereitete Gläser füllen.

Schlehen nach dem ersten Frost geerntet sind milder im Geschmack. Man kann sie auch einen Tag in den Gefrierschrank legen.

Kürbis-Äpfelmarmelade

Zutaten:

1500 g Kürbis, 500 g Äpfel, 500 g Johannisbeeren, 1000 g Zucker, 500 g Gelierzucker, Ingwer, Zimt.

Zubereitung:

Kürbisfruchtfleisch und ungeschälte, entkernte Äpfel klein schneiden und leicht pürieren. Das zerkleinerte Obst zusammen mit den Johannisbeeren in einem nicht zu kleinen Topf gut kochen lassen.

Zucker und Gelierzucker nach Vorschrift zufügen. Mit Ingwerpulver und Zimt abschmecken. Heiß in saubere Gläser füllen.

Äpfel-Karamel-Konfitüre

Zutaten:

2 kg säuerliche Äpfel, Saft einer Zitrone, 300 ml Wasser, 700 g Gelierzucker 1:2, 2 TL Zimt, 50 g Rosinen.

Zubereitung:

Die Äpfel schälen und entkernen. In Spalten schneiden und mit Zitronensaft beträufeln. Die Schalen und Kerne in dem Wasser ca. 5 Min. köcheln lassen. Anschließend abseihen und kräfig ausdrücken. Die Flüssigkeit mit dem Zucker in ca. 10 Min. zu einem hellgelben Karamel einkochen lassen. Apfelspalten, Rosinen und Zimt in den Karamel geben, vorsichtig umrühren und auf kleiner Flamme ca. 20 Min. köcheln lassen. In vorbereitete Gläser füllen.

Haltbarkeit ca. 4 Monate.

Äpfel-Zwiebel-Schmalz

Zutaten:

500 g Rückenfett (vom Schwein), 150 g Zwiebeln, 50 g Butter, 150 g säuerliche Äpfel, Salz, schwarzer Pfeffer aus der Mühle.

Zubereitung:

Rückenfett gut auskühlen, dann in kleine Würfel schneiden. Zwiebeln pellen, in Ringe schneiden und in der Butter glasig dünsten. Äpfel schälen, Kerngehäuse ausstechen und in Ringe schneiden. Zu den Zwiebeln geben und ebenfalls glasig werden lassen. Einige Apfel- und Zwiebelringe für die Garnitur zurücklegen, die anderen in einen Tontopf geben und mit Salz und schwarzem Pfeffer würzen.

In der gleichen Pfanne Speckwürfel gut ausbraten. Das dadurch entstandene Schmalz über die Apfel-Zwiebel-Mischung gießen. Abgekühlt und zugedeckt im Kühlschrank fest werden lassen. Mit den Apfel- und Zwiebelscheiben garniert zu herzhaftem Bauerbrot servieren.

Sauer macht lustig

Wenn Apfelessig & Co uns den Gaumen kitzeln

Irgendwo kichert es. Die große Küche liegt aufgeräumt und sauber im letzten Abendlicht, das durch die weiten Sprossenfenster fällt. Von draußen kann das leise Lachen nicht herrühren. Die Scheiben lassen nur das leichte Orange des aprikosenfarbenen Himmels hinein. Die gewichtige Anrichte mit blank gearbeiteter Oberfläche glänzt im weichen Strahl des sich verabschiedenden Sommertages. Nicht einmal das Summen der Insekten im Garten kann das Küchenstilleben stören. Und doch kichert es.

Die Schränke halten alle zusammen und keine Türe ließe sich nur einen Funken Geschwätzigkeit nachsagen. Ihr Mund bleibt geschlossen. Keine weißen Porzellanzähne aus Sago, Graupen, Zucker und Mehl lachen als Vorratsdosen dem neugierigen Türöffner entgegen. Alles schlummert ruhig auf den Regalen und nur die Eieruhr scheppert erschrocken in ihrem rostigen Ton, als die Helligkeit in das Dunkel der Küchenschränke blinzelt. Der schrille Klang verstummt genauso schnell wie er losgebrochen ist und danach herrscht wieder Ruhe auf den Brettern, welche die Küchenwelt bedeuten. Fast meint man sich durch den Geist des Weines genarrt, den man zuvor in raschem Zuge auf schattiger Gartenbank genossen hat. Doch das Geräusch erklingt wieder und nun läßt sich auch die Richtung erahnen, woher die kaum hörbaren Gelächter kommen. Unter den Stiegen der Treppe führt eine Türe hinab in den Vorratskeller. Er ist der dunkle Bauch der Küche. Manchmal gärt und rumort es in seinem Innern. Da hat er dann zuviel geschnittenen Kohl in seine Steintröge geladen. Ab und an passiert ihm sogar der Fauxpas, daß eine Flasche des Obstweines sich mit lautem Knall des Korkens entledigt und das hört sich dann wie ein ungebürliches Aufstoßen aus der Unterwelt an.

Das Geräusch ist aber kein Knallen oder Zischen, sondern ein ganz feines Kichern, das mitunter nach Luft ringt, bevor es wieder in einer neuen Lachsalve mündet. So tritt die Neugier dem schwindenden Mut entgegen und leise wird die Tür nach unten geöffnet. Je mehr die Stufen zunehmen, desto tiefer befinden wir uns im Reich der dunklen Genüsse. Feine Säure empfängt uns und mit dem Aroma steigt auch die Ausgelassenheit des kaum wahrnehmbaren Stimmengewirrs. Auf dem alten ausgedienten Küchentisch thront der blaugraue Topf aus Steingut, fein säuberlich mit einem weißen Schleier aus Mull umbunden. Darin gärt und reift der Apfelmost zum Essig. Als sich unsere Augen jedoch an das spärliche Kellerlicht gewöhnt haben, merken wir, daß dem Krug sein schützendes Tuch fehlt. Wer hat das Band gelöst, das den kleinen Essigfliegen den Weg versperren soll? Die Antwort bleibt uns der Keller schuldig, doch dafür erleben wir, wie sich grüne Gurken, rote Zwiebeln und weiße Rübchen um den Topf geschart haben. Wie flinke Kellergeister nippen sie abwechselnd an dem sauren Tropfen. Ganz mutiges grünes Gemüse schnappt sich einen Dillstengel und schwingt sich wie ein verwegener Stabhochspringer über den Topfrand hinein in das Bad aus gärendem Apfelmost. Ein Gekicher und Gelächter ist das. Zwei dicke Möhren haben wohl schon genug gekostet und liegen mit verschränkten Wurzeln auf dem heruntergezupften weichen Mulltuch. Säuselnde Ruhe liegt den beiden auf ihr lachfaltiges Wurzelgesicht geschrieben.

Freche Gartenfrüchtchen sind sie allesamt und ihre Lust nach Saurem läßt den dunklen Vorratsraum zum lustigen Zirkuszelt werden. In wahrer Artistik erklimmen sie den rutschigen Rand, bauen lebende Gemüsepyramiden, um an ihre sauren Sehnsüchte zu gelangen.

Leise ziehen wir uns zurück und überlassen das Feld dem Essig und seinen Anbetern. Sauer macht lustig und mit einem Lächeln auf Mund und Seele steigen wir wieder aus dem Reich der sauren Genüsse hinauf in die Küche, die uns mit Essig und Öl und einem großen grünen Salatkopf empfängt.

So viele Kellerstufen lassen sich gar nicht zurücklegen, wie tief die Wurzeln der Essigherstellung rühren. Mehr zufällig wird entdeckt, daß offener Wein mit der Zeit sauer wird. Bereits vor 6000 Jahren wissen die Menschen in China über den Essig. Außer der Würze der Speisen verhilft er auch der Konservierung von Lebensmitteln, denn seine milde Säure hemmt das Wachstum der Mikroorganismen.

So beschäftigen sich zu allen Zeiten die Menschen mit den Vorzügen des sauren Saftes. Lange dauert es, bis im 19. Jahrhundert schließlich der Franzose Louis Pasteur die Essigsäurebakterien entdeckt, die entscheidend an der Essigherstellung beteiligt sind. Sie sind es, die aus dem Grundstoff von Most und Maische den darin enthaltenen Alkohol zu Essigsäure abbauen. Die Essigbakterien benötigen dazu aber gewisse Rahmenbedingungen, damit sich die Verwandlung vollzieht. Eine optimale Gärtemperatur und die Versorgung mit Sauerstoff sind die zwei maßgeblichen Faktoren, die zum

Gelingen nötig sind. Ist die Temperatur zu niedrig, dann hemmt sie die Entwicklung. Auch zu hohe Grade wirken negativ, da die Bakterien abgetötet werden und sich die wichtigen Aromastoffe verflüchtigen. Ohne Sauerstoff läuft ebenfalls nichts ab. Die Bakterien sind wie wir Menschen auf den Sauerstoff grundsätzlich angewiesen.

Sind diese Bedingungen bekannt, dann läßt sich mit der Essigherstellung beginnen. Die uns älteste bekannte Methode stammt bereits aus dem Mittelalter. Hierzu wurden Eichenfässer im oberen Teil mit Löchern versehen und zur Hälfte mit Wein gefüllt. Nach Zugabe der Essigbakterien bildete sich bald eine Haut auf der Oberfläche, die sogenannte Essigmutter. Da in diesem Falle die Bakterien nur an der Oberfläche arbeiten konnten, bedurfte es einer großen Menge an Geduld, bis sich der Wein zu Weinessig umwandelte. Das konnte schon einmal einige Wochen dauern. Bei stärkeren Grundstoffen, wie Trockenbeerenauslesen und Eisweinen sogar mehrere Monate bis zu zwei Jahren. Aufgrund der langsamen Gärung verflüchtigten sich mit der Zeit Wasser und Alkohol und die Substanz wurde zunehmend dickflüssiger. Das sollte für den Genuß kein Schaden sein, denn die nichtflüchtigen Bestandteile verdichteten sich und ergaben somit einen vollmundigeren und milden Essig. Von Zeit zu Zeit wurde ein Teil des Essigs aus dem Faß abgezapft und durch neuen Wein als Gärgrund ersetzt. Zur endgültigen Reife lagerten dann die sauren Geister in Eichenfässern.

Solche handwerklich zubereiteten Essige gibt es heute nur noch ganz selten und sind daher auch entsprechend teuer. Ihr Aroma ist jedoch einzigartig und sie genießen wahrhaftig den Beigeschmack der edlen Rarität. Mit ihnen wird gewürzt und parfümiert, nicht gegossen und geschüttet.

Außer dieser überaus zeitaufwendigen Methode bilden zwei weitere Verfahren den gängigeren Herstellungsweg:

DAS ESSIGBILDNERVERFAHREN

Holzfässer (Bildner) sind auch im Essigbildnerverfahren die notwendige *Hardware*. Zu einem Drittel werden sie mit Essig und einer alkoholhaltigen Grundzutat zur Essigmaische gefüllt. In die Ansatzlösung werden anschließend Buchenholzspäne gehängt, an denen die Essigsäurebakterien ihr zu Hause finden. An ihnen haben die Bakterien mehr Angriffsfläche und die ständige Zuführung von Sauerstoff beschleunigt die Essigbildung. Noch schneller geht es, wenn die Späne beständig mit der Essigmaische beregnet werden. Nach 6-10 Tagen ist der Rohessig fertig.

DAS SUBMERSE VERFAHREN

Im submersen (untergetauchten) Verfahren siedeln sich die Bakterien nicht auf den Holzspänen an, sondern werden direkt in die Maische eingetaucht. Unter ständiger Einleitung von Sauerstoff geht die Essigbildung noch schneller voran und ist nach ca. 1-3 Tagen abgeschlossen.

Damit ist der Rohessig entstanden, der aber noch auf seinen Säureanteil, der vom Gesetzgeber gefordert wird, eingestellt werden muß. Das geschieht durch die Bestimmung des zuvor in der Maische enthaltenen Alkoholgehalts oder durch das Verschneiden mit mehr oder weniger starken Essigen. Abschließend bedarf es auch einer weiteren Reifezeit, wo sich das Aroma entsprechend abrundet. Die Lagerung darf nicht unterschätzt werden, denn wie bei Wein, bringt die Reife im Faß den entsprechenden Geschmack. Aromastoffe werden aus dem Holz extrahiert und beeinflussen den Essig. Schließlich ist er ein lebendiges Produkt und er entwickelt sich während der Reife zu seiner Vollendung.

Eine Trübung, die während der Reife entsteht, hat keine Qualitätsminderung zur Folge. Ausgeflockte Extraktstoffe, Pektine oder Enzyme bilden den Trübungsgrad, der gerade für manche Verbraucher ein untrügliches Zeichen für einen biologischen Ursprung darstellt. Gerade bei Apfelessig wird oftmals die Trübung mit ihren gesamten biogenen Stoffen bevorzugt. Da jedoch bei vielen Käufern das Auge mitbestimmt, werden die meisten konventionellen Essige filtriert und kommen klar in die Flasche. Außerdem wird dieser Essig kurz erhitzt, um ihn noch haltbarer zu machen. Die naturgegebene Säure macht ihn aber schon vom Ursprung her recht resistent gegen den mikrobiellen Befall. Wer einmal die sauren Welten für sich und seinen Gaumen erobert hat, der wird sich über die große Anzahl an möglichen Ausgangsstoffen erfreuen, die eine Essigherstellung zulassen. So ist es nicht nur der Wein oder Apfelmost, sondern es können auch diverse Früchte wie Datteln und Ananas vergoren und damit zum Grundstoff werden. Weiterhin lassen sich Getreide, Reis, Honig oder Bier weiterverarbeiten. Der Essigherstellung sind so kaum Grenzen gesetzt. Grundsatz ist hier wie bei so vielen anderen Produkten: nur beste Ausgangsstoffe ergeben beste Qualität.

BUNTE ESSIGWELT

Kein heimischer Vertreter, aber in der guten Küche nicht mehr wegzudenken, ist der italienische Aceto Balsamico. Er ist der Aristokrat unter den Essigen, denn seine Herstellung gehört mit zu den aufwendigsten in der sauren Zunft. Ausgangsprodukt sind die weißen Trebbiano-Trauben aus der Weingegend um Modena. Trägt der Aceto den Zusatz „tradizionale", dann hat er eine besonders lange Zeit der Reife hinter sich.

Mindestens 12 Jahre, mitunter bis zu 30 Jahren, lagern die Essige in Holzfässern aus Eiche, Kastanie, Kirsche, Maulbeer oder Esche. Jedes Holz gibt dabei seine eigenen Aromastoffe an den Inhalt ab. Die Verdunstungsverluste werden über die Zeiten hinweg mit den jüngeren Essigen aus den nächstgrößeren Lagerfässern ausgeglichen.

Durch die lange Reifezeit konzentrieren sich die Aromastoffe zu einer dunklen, süß-säuerlichen Würze. Am Ende bleiben von 100 kg Trauben nur 2-5 Liter Balsamessig übrig. Der Rest hat sich verflüchtigt.

Wer „A“ wie Aceto Balsamico sagt, der muß auch „A“ wie Apfelessig sagen. Der milde Obstessig ist neben dem Weinessig der bekannteste deutsche Vertreter. Seine Herstellung war in früheren Zeiten die Aufgabe jedes bäuerlichen Haushalts. Äpfel hatte man im Regelfall genügend und was nicht zu Saft und Apfelwein gekeltert wurde, ergab eben Apfelessig. Noch heute läßt sich der Apfelessig selbst machen und das ist sogar recht einfach. Ausgangsprodukt sind natürlich auch hier die ungespritzten und aromatischen Äpfel. Die säuerlichen Varianten lassen sich dabei schneller zu Essig umwandeln. So braucht man einen großen steinernen Gärtopf, der ausschließlich zur Essigzubereitung genommen wird. Grundzutaten sind entweder Apfelsaft oder feingeriebene Äpfel, die nach vier Wochen durchgeseiht werden. In der Luft befinden sich genügend Essigbakterien, die eine Gärung einleiten. Wer es allerdings beschleunigen möchte, nimmt einen Teil Sauerteigbrot mit hinzu.

Damit die Flüssigkeit nicht zu konzentriert wird, sollte man mit einem Viertel der Apfelsaftmenge Wasser auffüllen. Verschlossen wird der Topf mit einem feinen Mulltuch, denn der Sauerstoff muß an das Innere des Steinkruges gelangen. Die Essigfliegen hingegen bleiben ausgesperrt. Beginnt der Sud zu gären, muß die Masse einmal die Woche gut umgerührt werden. Das geschieht je nach Gärprozeß mehrere Wochen. Mit der Zeit setzen sich die Trübstoffe am Boden ab und es läßt sich der Essig in Flaschen abseien. Danach sollte er dunkel und kühl aufbewahrt werden. Natürlich lassen sich mit dem Grundessig auch weitere Aromavariationen herstellen. Kräuter wie Dill, Estragon, Basilikum, Salbei oder Thymian lassen sich gut verwenden. Frisch aus dem Garten sollten sie erst ein wenig anwelken, bevor sie dem Essig zugefügt werden. Je nach Intensität kürzer oder länger ziehen lassen. Auch Knoblauch, Himbeeren, Schalotten, Walnüsse und Zitronensaft eignen sich zur Aromatisierung. Ganz nebenbei erhält man so ein ausgefallenes und individuelles Küchenmitbringsel, das sich auch noch auf dem Regal in einer schönen Flasche dekorativ gibt.

Apfelessig gewinnt wie der Essig im allgemeinen eine immer stärkere Beachtung. Es läßt sich fast schon von einer Renaissance sprechen. Außer seinen würzenden Charaktereigenschaften ist der Apfelessig schon seit Alters her in der Naturmedizin im Gebrauch. Bereits Hildegard von Bingen berichtet von seiner verdauungsfördernden Wirkung. Heute wird er schon etwas zu euphorisch als Allheilmittel gepriesen. Kontrollierte Studien über seine unterschiedlichen Behandlungserfolge gibt es bis zum jetzigen Zeitpunkt nicht. Fest steht allerdings, daß er eine natürliche Mineralstoff- und Vitaminquelle ist. Zusätzlich beinhaltet er die sekundären Pflanzenstoffe wie Flavonoide und weitere organische Säuren, deren gesunde Wirkung auf unseren Körper feststehen, in ihrem Ausmaß aber erst nach und nach wissenschaftlich belegt werden. So ist seine Einnahme in Gerichten wie auch pur mit Mineralwasser verdünnt und je nach Geschmack mit Apfelsaft oder Honig versüßt, eine gesunde Tagesgabe, die sich auf den gesamten Organismus positiv auswirkt.

Nicht zuletzt hebt er die Stimmung. Wem es einmal die Mundwinkel zusammenzieht und sich ein Essigschauer über den Gaumen legt, der denke immer daran: sauer macht lustig!

À la votre!

Vom normannischen Bruder des Apfelweins

Der Abend hat sich über den sommerlichen Garten gelegt. Die Farbe des Sonnenuntergangs mischt sich langsam mit der wässrigblauen Tinte der Dunkelheit. Die dürren Bohnenstangen stehen wie Spalier und halten sich gegenseitig in Reih` und Glied. Die buschigen Tomatenpflanzen verströmen ihren würzigen Geruch, der so stark wie die gezackten Blätter der schwarzen Johannisbeeren an den Sommer erinnert. So ruhen sich Beete und Rabatten von der anstrengenden Sonne aus und beginnen langsam ins Reich der Obst- und Gemüseträume zu gleiten. Sie nehmen kaum mehr die leuchtenden Lampions unter der gegenüberliegenden Obstbaumwiese wahr, die vom leichten Abendwind sanft hin und her geschaukelt werden. Schon am Nachmittag wurde der große Gartentisch von Blättern und Pollen gesäubert und mit einer langen blauen Tischdecke überzogen. Die Gartenstühle gesellen sich nun hinzu. Sie kokettieren mit ihren grünblau karierten Polstern, die wie kleine Paradekissen auf den Holzsitzen Platz finden. Die Gläser sind schnell gewählt und das passende Geschirr zeigt seinen ländlich-feinen Charakter. Gerade richtig für einen sommerlichen Abend unter Apfelbäumen mit den richtigen Freunden als Gäste. Diesmal stehen nicht Bier und Bowle im Vordergrund, sondern die französische Variante des Apfelweins.

Aus den unscheinbaren, kleinen Äpfeln, die auf ausgedehnten Streuobstwiesen der Normandie wachsen, entsteht dieser berühmte frech prickelnde Cidre. Seine Farbe reicht von einem goldenen Gelb bis hin zu einem schönen Kupferton von erlesenem Aroma.

Laue Sommernächte wie diese sind seine Berufung. Darin geht er auf und hierin sieht er seine eigentliche Bestimmung. Ganz nach Geschmack gibt er sich einmal herb, ein anderes Mal eher restsüß. Der Cidre brut gärt fast ganz durch und hat mit seinen rund vier Prozentvolumen fast doppelt soviel Stärke wie seine liebliche Variante des Cidre doux. Weich verwöhnt er den durstigen Gaumen und sein Prickeln kann Champagnerlaune schaffen. In seiner Heimat des Pays d´Auge wachsen die vielen verschiedenen Apfelsorten, die seinen Geschmack bestimmen. Auch sein geistreicherer Apfelcousin kommt als hochprozentiger Calvados Pays d´Auge aus dem Herzen der Normandie.

Bis zu zwölf verschiedene Sorten Äpfel werden für einen guten Cidre benötigt. Waren es früher die reinen Streuobstwiesen, die ihre kleinen Äpfel zur Saftgewinnung gaben, ist es heute ein Apfeltreffen aus verschiedenen Regionen, welches die Apfelbauern jedes Jahr im Pays d´Auge veranstalten. Noch immer kommt es auf die Mischung an und die kann je nach Süße und Säure der Ausgangsfrüchte stark variieren. Der Zucker in den Äpfeln ist zur alkoholischen Gärung wichtig und die Apfelsäure sorgt für einen ungestörten Gärprozeß, indem sie das Bakterienwachstum hemmt.

Frühobst enthält vergleichsweise wenig Zucker und Säure und ist daher für die Cidrezubereitung ungeeignet. Das gleiche gilt auch für die Tafeläpfel, deren Anzucht zu aufwendig ist, um sie letztendlich zu vermosten. Es bleiben die bekannten Mostäpfel, die in den Cidre wandern.

Wer die *Route de Cidre* im Norden Frankreichs einmal durchwandert hat, kennt sicherlich den *Cidre Fermier*, der so frisch wie nur möglich aus dem Faß ins Glas läuft und zumeist in den kleinen Cideries direkt probiert werden kann. Für den dortigen Verzehr entfällt die Pasteurisierung, die für den Export jedoch unerläßlich bleibt. Sie stoppt den Gärprozeß und legt somit Süße und Alkoholgehalt fest. Verliert dadurch das Getränk zu viel Kohlensäure, wird sie nachträglich in erforderlichem Maße wieder zugesetzt. Eine Cuvée kennt man auch im Pays d´Auge. Zumeist sind es jedoch die großen Keltereien, die damit einen Cidre von konstanter Qualität und Geschmack erreichen wollen.

Bevor der Cidre die Regale deutscher Getränkefachhändler und Supermärkte erreicht, liegt noch ein weiter Weg vor ihm. Alles beginnt und endet für die vielen Mostäpfel auf der Wiese. Nach der Ernte werden sie gewaschen, wobei eine Sortierung nach unbeschadeten Äpfeln passiert. Es bleibt ein hartnäckiges Gerücht, daß es gerade die angefaulten, süßlichgärigen Äpfel sind, die dem Cidre den besonderen Geschmack verleihen. Keine faulen Früchte gehören je in ein Marmeladenglas und in gleicher Weise haben auch schadhafte Äpfel nichts im Apfelmost zu suchen. Nach dem Waschen kommen die Früchte in eine spezielle Obstmühle, welche die Äpfel so zerkleinert, daß eine möglichst hohe Saftausbeute gewährleistet ist. Die Romantik alter Holzpressen hat sich wie beim Wein auch hier längst verabschiedet. Moderne Pressen können aus 100 Kilogramm Äpfeln durchschnittlich 75 Liter Saft gewinnen. Der Apfelmost wird danach in Stahltanks oder Kunststoffässer geleitet, in denen unter Luftabschluß die Gärung stattfindet. Auch hier hat das alte Eichenholzfaß schon lange ausgedient.

Vorhandene oder zusätzlich zugeführte Hefen verarbeiten den Fruchtzucker zu Alkohol und Kohlensäure. Je stickstoffärmer die Äpfel sind, desto langsamer geht die Gärung vonstatten. Wird der französische Cidre gänzlich durchgegoren, braucht er ca. 3 Monate. Der hessische *Äppelwoi* benötigt im Vergleich nur etwa die Hälfte der Zeit. Die langsame Gärung ist für den relativ hohen Kohlensäuregrad im Cidre verantwortlich. Das prickelnde moussieren ist charakteristisch für ihn. Eine weitere Verzögerung der Gärung geschieht durch die Temperaturkontrolle. Zu schnelle Gärung ist ungesund für den späteren Geschmack und so bleibt die Herstellung unter kontrollierter Kühlung. 10°C bis 12°C sind in der fortgesetzten Gärung der Durchschnitt. Ähnlich dem Rebensaft wird der Cidre nach der Gärung abgestochen. Die bisherigen Trübstoffe und Hefen haben sich abgesetzt und nun wird der Wein mit dem Schlauch abgezogen. Große Betriebe filtern und zentrifugieren den Cidre. Nach der Gärung erfolgt die Reifung, die je nach Winzergespür Wochen und Monate in Anspruch nehmen kann.

Wenn von vergorenem Apfelsaft die Rede ist, dann befindet man sich schon weit zurück in der Menschheitsgeschichte. Bereits die Hebräer tranken eine Art Apfelwein. In Griechenland war es der Sikera, den man als Erfrischung schätzte. Die Römer sollen es schließlich wie so oft gewesen sein, die diese Tradition nicht nur aufgriffen, sondern auch die Kultivierung der Apfelbäume intensivierten und damit auch die Wurzel für unseren heutigen Apfelwein in Europa legten.

Die Normannen griffen die Apfelmostherstellung in ihrer Region auf und errichteten so den Grundstein für den späteren Cidre und Calvados. Sie waren es auch, die den Apfelwein mit auf die englischen Inseln brachten. Im Zuge der Eroberung Britanniens durch die Normannen, kam der Cider unter das Volk, der aufgrund der ähnlich stickstoffarmen englischen Äpfel dem französischen Cidre vielmehr glich als dem deutschen Äppelwoi. Besonders die südenglischen Grafschaften favorisierten diesen spritzigen Apfelgenuß und die Geschichte erzählt, daß sogar Landarbeitskräfte mit einer täglichen Ration Cider ausbezahlt wurden. Damals entsprachen 8 Pints deutlich mehr als vier Liter. Eine Menge Apfel pro Tag!

Französischer Cidre und englischer Cider galten im 17. Jahrhundert vermehrt als Allheilmittel für die unterschiedlichsten Gebrechen. James Cook soll deshalb auf seinen Weltumsegelungen immer auch Ciderfässer im Gepäckraum seines Schiffes verfrachtet haben. Ob er damit das Wundermittel gegen Skorbut an Bord hatte bleibt uns die Geschichte schuldig. Sicher ist, daß der vergorene Apfelsaft die Verdauung anregt. Wie vielerorts ist auch hier das Maß aller Dinge wohl zu achten. Jeder, der einmal die durchschlagende Wirkung des übermäßigen Genusses kennengelernt hat, wird dies bestätigen.

Apfelwein-Koteletts

Zutaten:

4 Schweinekoteletts, 8 große, entsteinte Backpflaumen, Pfeffer, 1 TL Rosmarin, Salz, 2 EL Öl, 2 Zwiebeln, 500 ml Apfelwein, etwas Instant-Bratensauce, 8 Holzspießchen.

Zubereitung:

In die Koteletts mit einem spitzen Messer eine Tasche schneiden und mit je 2 gepfefferten und mit Rosmarin gewürzten Backpflaumen füllen. Öffnungen mit Holzspießchen zustecken. Öl in einer Pfanne erhitzen und die Koteletts darin auf jeder Seite etwa 6 Min. braten. Herausnehmen und warm halten. Zwiebeln schälen, würfeln und in dem Bratfett braun werden lassen. Apfelwein zugießen und um die Hälfte einkochen. Mit Bratensauce binden und die Koteletts in der Sauce etwas ziehen lassen.

Calvados-Filetsteaks mit Bacon

Zutaten:

4 Filetsteaks (à 150 g), 8 cl Calvados, 1 EL Kleehonig, schwarzer Pfeffer, 30 g Butterschmalz, 100 g Bacon in dünnen Scheiben.

Zubereitung:

Den Calvados mit dem Honig und etwas Pfeffer verrühren. Die Steaks damit bestreichen und etwa 1 Std. ziehen lassen. Die Steaks aus der Marinade nehmen und abtropfen lassen. Butterschmalz in einer Pfanne erhitzen und die Steaks darin auf jeder Seite 3-4 Min. braten. Zum Schluß den Bacon mitbraten und zum Fleisch servieren.

Als Beilage Kartoffelpüree und einen frischen Salat servieren.

Apfelwein-Rouladen

Zutaten:

4 Scheiben Rinderroulade, 4 TL Senf, 2 große Zwiebeln, 4 Scheiben Frühstücksspeck, 2 TL Majoran, 2 Möhren, 500 ml Apfelwein, 1 Lorbeerblatt, 2 TL Edelsüß-Paprika, Streuwürze, 1 EL Mehl, 3 EL Öl, 1 EL Tomatenmark.

Zubereitung:

Rouladenscheiben auf einer Seite mit Senf bestreichen. Zwiebeln schälen und in feine Streifen schneiden. Die Hälfte davon auf den Rouladen verteilen, Speckstreifen darauf legen und mit Majoran würzen. Rouladen aufrollen und mit Rouladenstäbchen feststecken.

Möhren schälen und in Scheiben schneiden. Die Rouladen mit den restlichen Zwiebeln und Möhren in eine Schüssel geben und mit dem Apfelwein auffüllen. Lorbeerblatt zugeben und zugedeckt über Nacht kühl stellen.

Rouladen und Gemüse in ein Sieb gießen. Fleisch in einer Mischung aus Paprika, Mehl und Streuwürze wälzen. In Öl ringsum braun anbraten, herausnehmen. Zwiebelstreifen und Möhren in dem Fett hellbraun anbraten, Tomatenmark zugeben und 2 Min. weiterbraten, Apfelweinmarinade zugießen, aufkochen und die Rouladen darin zugedeckt 1 Std. langsam schmoren lassen. Evtl. die Sauce etwas andicken.

Dazu schmeckt besonders Rotkohl in Apfelwein gekocht und Semmelknödel.

Beschwipstes Apfelhähnchen

Zutaten:

1 küchenfertiges Hähnchen (ca. 1,5 kg), Salz, weißer Pfeffer, 2 Schalotten, 2 Knoblauchzehen, 150 g frische Champignons, 1 EL Butterschmalz, 1/2 Töpfchen oder 2 TL getrockneter Thymian, 1 Lorbeerblatt, 4-5 EL Calvados, 125 ml Cidré, 250 ml Wasser, 1 TL Hühnerbrühe, 2-3 EL Crème Fraîche, 1 kg säuerliche Äpfel, Saft von 1 Zitrone, 1 EL Butter.

Zubereitung:

Hähnchen waschen, trockentupfen und in 8 Teile zerlegen (je 2 Keulen, Flügel, Brust- und Rückenstücke). Mit Salz und Pfeffer würzen. Schalotten und Knoblauch schälen und feinhacken. Champignons putzen, waschen und halbieren.

Butterschmalz in einem Schmortopf erhitzen. Hähnchenteile darin rundherum anbraten, herausnehmen und warmstellen. Schalotten, Knoblauch und Pilze im Bratfett anbraten.

Hähnchen, Thymian und Lorbeer zufügen. 3 EL Calvados in einer Kelle anzünden, brennend über das Hähnchen gießen und kurz flambieren.

Mit Cidré und 250 ml Wasser ablöschen. Brühe einrühren und alles einkochen lassen. Crème Fraîche unterrühren und zugedeckt bei mittlerer Hitze ca. 50 Min. schmoren (Evtl. die Hähnchenbrüste nach 30 Min. herausnehmen, damit sie nicht zu trocken werden).

Äpfel waschen, schälen, vierteln und entkernen. Mit Zitronensaft beträufeln. In heißer Butter goldbraun braten. Mit 1-2 EL Calvados beträufeln und (mit den Hähnchenbrüsten) in den Topf geben. Kurz schmoren und abschmecken.

Tante Luises Adonisäpfel

Gelbe Quittenträume im Glas

Innig liebten sie den Nachmittagsplausch bei einer guten Tasse Kaffee und einem großen Stück gedeckten Apfelkuchen mit noch mehr Sahne. Da konnte kommen was wolle - dieser Tag gehörte ihnen und dem neuesten Klatsch, der sich in einer Woche angesammelt hatte. Da war doch das Lieschen, die recht adrette Tochter des Metzgermeisters König mit einer Herrenbekanntschaft gesehen worden. Die kaiserlichen Manövertage blieben eben nicht nur draußen auf dem Feld und es galt in dieser Zeit besonders acht zu geben auf die Dorftöchter, die sich mitunter kokett am Gartenzaun zeigten und dem ein oder anderen jungen Gefreiten nette Blicke zuwarfen. Wie leicht konnte aus so einem kleinen Funken ein ganzer Flächenbrand im Herz eines unbeschadeten Mädchens ausbrechen. Ja, das wußten alle drei nur zu gut: Tante Luise, Schmitze Erna und Frau Brühl. Jeden Sonntag Nachmittag pünktlich um drei Uhr schellte es an der Türe und reihum öffnete Woche für Woche eine Andere den guten Freundinnen die Tür.

Zwischen Weihnachten, Ostern und den anderen Feiertagen im Jahr wurde das Wohnzimmer, die gute Stube, nur für hohen Besuch und natürlich für den Kaffeeklatsch geöffnet. Da holte jede die beste Damasttischdecke hervor, polierte die Silbergäbelchen und Löffel und putzte das Porzellan mit den Streublumen auf Hochglanz. Die Sofakissen wurden aufgeschüttelt und während der warme Apfelkuchen noch seinen Duft im ganzen Hause verströmte, gab es noch schnell ein paar Tropfen Kölnisch Wasser hinter die Ohrläppchen. Der Rock wurde zurechtgezupft und wie immer brachte eine wiederspenstige Haarsträne den genauen Zeitplan durcheinander und damit leicht erhitzte rote Wangen auf das Gesicht der Einladenden.

Himmlisch, so ein kräftiger Kaffeeduft. Frisch gemahlen und heiß aufgebrüht, das liebten sie alle drei. Die Unterhaltung heizte wie immer ein Gläschen des heiß ersehnten goldigen Likörs an, den Tante Luise wie jedes Mal aus der Vitrine holte. „Selbstgemacht!" Darauf war sie stolz und jede der zwei anderen beneidete sie um die großen gelben Früchte, die in ihrem Garten wuchsen. Als Quitten waren sie den anderen beiden wohl bekannt. Tante Luise hingegen bezeichnete sie immer etwas zu lyrisch als ihre Adonis-Äpfel. Dabei konnte sie ein leichtes schelmisches Lächeln nie unterdrücken. Sie hatte einen Hang zur Poesie und wohl einmal von dem Namensynonym gelesen. Der fruchtige Likör schimmerte aus den geschliffenen Südweingläsern allen entgegen und nur zu leicht konnte eine solche süße Versuchung die drei ihrer sonst so gepriesenen Tugendhaftigkeit berauben. Aber sie waren unter sich und so folgte lautes Lachen echter Bestürzung und erstaunte Augen wechselten sich ab mit dem offenen Mund opulenter Kuchenerwartung. So ging der Nachmittag mit den drei Dorfgrazien dahin...

Der von Tante Luise, Schmitze Erna und Frau Brühl so heißgeliebte Likör aus Adonisäpfeln ist das Ergebnis aus einer heimischen Obstsorte, die vielen als Apfel- oder Birnenquitte bekannt ist. In Kydonia, dem heutigen griechischen Chania auf Kreta, liegt vermutlich der Ursprung der gelben Fruchtkultivierung. Heimisch ist sie hingegen in den Regionen des Kaukasus, Persien und dem Balkan. Dort gedeihen auch etliche weitere Sorten, die wir in unseren Breiten nicht ansiedeln konnten. So blieben Apfel- und Birnenquitte neben der strauchförmigen japanischen Zierquitte die einzigen verwendbaren Fruchtvertreter. Wiederum die Römer waren es, die der Verbreitung und Intensivierung des Obstanbaus auf die Sprünge geholfen haben. In Hinblick auf ihre wohl geformte Erscheinung liegt die Verwendung der Quitte als Opfergabe an die Nachtgöttinen eindeutig mit zweideutigen Absichten auf der Hand. Wer sich die wohl proportionierten Früchte einmal genauer ansieht, wird die römischen Opferwünsche sicherlich verstehen.

In der Antike nutzte man die Frucht auch zur Parfumherstellung und als Heilmittel gegen so allerlei Gebrechen wie Kahlköpfigkeit, Brustlosigkeit und Wadenkrämpfe. Sie galt als Fruchtbarkeitssymbol und wurde Frauen während der Schwangerschaft gerne gegeben. Viele schöne und intelligente Kinder sollten somit zur Welt kommen.

Zwischenzeitlich hat die Quitte viel von ihrem Bekanntheitsgrad eingebüßt. Ganz zu Unrecht, denn ihr Geschmack und die vielseitige Verwendung in der Küche sprechen trotz der Ungenießbarkeit in rohem Zustand für die gelbe Frucht. Viele Apfel- und Weinsäuren enthält sie. Dazu kommen eine gehörige Menge an Pektin, Gerbsäure und Vitamin C.

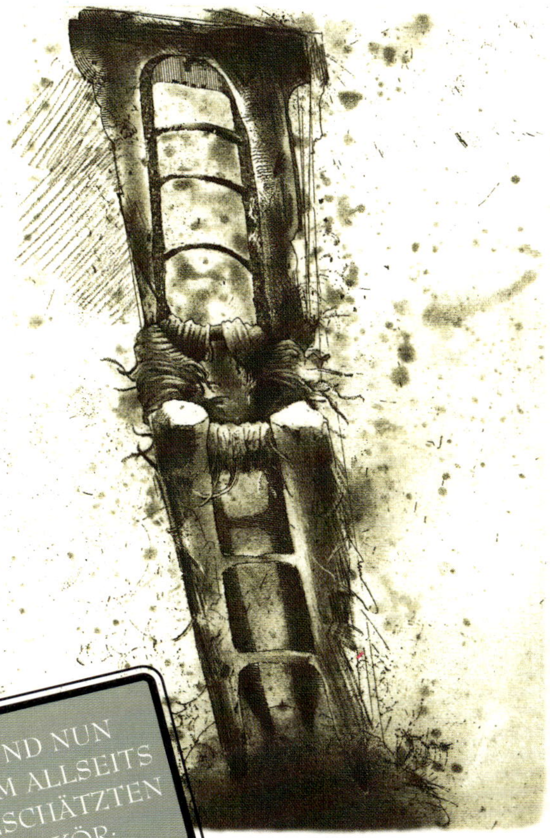

UND NUN ZUM ALLSEITS GESCHÄTZTEN LIKÖR:

Tante Luise's Quittenlikör

Man bewaffne sich mit einem scharfen Küchenmesser und zeige etwas Fingerspitzengefühl in der Zerteilung der Früchte.

Man nehme: 1,5-2 kg Quitten, 180 g braunen Zucker, 1/2 Liter Cognac, 2-3 Nelken und etwas Sternanis.

Die Quitten werden zuerst sorgfältig abgerieben und anschließend fein in eine Schüssel gehobelt. Die Schale bleibt dabei an den Früchten. Zugedeckt läßt man die Quitten in ihrem Saft über Nacht ruhen und preßt sie danach durch ein Tuch. Dies sollte einen halben Liter Saft ergeben. Der Quittensaft wird mit dem Zucker erhitzt und solange geköchelt, bis der Zucker vergangen ist. Danach abkühlen lassen. Zum Schluß wird der Saft mit dem Cognac und den Gewürzen vermischt und in eine saubere Flasche abgefüllt. Gut verschlossen reift der Likör nun drei bis vier Monate. Letztendlich wird er nochmals durch ein feines Tuch filtriert und in passende Flaschen abgefüllt. Nach weiteren drei bis vier Monaten der Reife bei Zimmertemperatur ist die kleine Sünde fertig.

Quittengelee nach Schmitze Erna

Man nehme:
1,5 kg Quitten, 1/2 l trockener Weißwein, braunen Zucker im Verhältnis 1:1 zur Flüssigkeitsmenge.

Quitten gründlich säubern und danach in Spalten schneiden.Die Früchte mit demWeißwein und 1 l Wasser in einen Topf geben und alles zusammen 1/2 Stunde köcheln lassen. Ist die Masse abgekühlt, preßt man den Saft durch ein Tuch ab. Die gewonnene Flüssigkeit wird abgemessen und zu gleichen Teilen mit Zucker erneut aufgekocht. Die Geleeprobe auf einer Untertasse zeigt den Punkt an, wann das Gelee fertig ist.

Wer den braunen Zucker nicht nehmen möchte, kann natürlich auch Gelierzucker verwenden. Wir bleiben bei den Rezeptzutaten von Schmitze Erna.

Süßsaure Quitten „Frau Brühl"

Man nehme:
1/2 kg Quitten, 1 Zitrone, 300 g braunen Zucker, 1 l Wasser, 40 ml Weinessig, Stangenzimt, Vanilleschote und Gewürznelke.

Quitten säubern, schälen und in Spalten schneiden. In Zitronenwasser legen. So werden sie nicht braun. Zwischenzeitlich Zucker, 1 l Wasser, Essig und Gewürze aufkochen, Spalten hineinlegen und ca. 15 Minuten köcheln lassen. Früchte herausnehmen, in Gläser füllen und mit dem Sud begießen und drei Tage verschlossen aufbewahren. Am dritten Tag wird der Sud abgegossen, nochmals ein wenig eingekocht und noch heiß über die Quitten gegossen. Gläser gut verschließen und im kühlen, dunklen Keller aufbewahren. Ein Kühlschrank hat zwar nicht die Kelleratmosphäre aber den Zweck erfüllt dieser natürlich auch.

Und das mögen alle großen und kleinen Grazien:

Quittenbrot

Für die Herstellung von Quittengelee läßt sich auch ein Dampfentsafter einsetzen. Dabei entstehen natürlich die unschönen braunen Quittenrückstände. Nicht einfach wegwerfen, denn diese lassen sich zu einer süßen Nascherei weiterverarbeiten. Hierzu nimmt man eine Flotte Lotte und streicht die verbliebenen Fruchtstücke durch ein Sieb. Anschließend mischt man die Masse zu gleichen Teilen mit braunem Zucker und läßt die Masse bei mäßiger Hitze breiig einkochen. Ständiges Rühren ist dabei unerläßlich, da das Quittenmus gerne anbrennt. Später wird die Masse auf ein geöltes Backblech ca. 1 cm dick ausgestrichen und im leicht geöffneten Ofen mehrere Stunden bei milder Hitze getrocknet. Jetzt kommen die Plätzchenausstecher dran. Es werden Figuren ausgestochen oder die Masse einfach in Würfel geschnitten. Wer möchte kann das Quittenkonfekt noch in Kristallzucker wälzen. In Dosen gut verschlossen aufbewahren.

Äpfelgretchen

Sehr frei nach Schneewittchen

Es war einmal mitten im Herbst und die rotbackigen Äpfel fielen von den Bäumen herab in die vielen Körbe des herrschaftlichen Obstgartens. Da stand eine Königin an einem Fenster, das einen Rahmen von schwarzem Ebenholz hatte, und kochte königlich schmeckendes Apfelmus. Und wie sie das Mus vorbereitete, schnitt sie sich mit dem Messer beim Schälen in den Finger und es fielen drei Tropfen Blut auf die weißen Apfelscheiben. Und weil das so schön aussah, dachte sie bei sich: „Hätt´ich ein Kind, so rosig wie die Äpfel, so rot wie Blut und so schwarz wie das Holz in dem Rahmen!“ Bald darauf bekam sie ein Töchterlein, das war so wie sie es sich gewünscht hatte und darum ward es auch Apfelgretchen genannt. Bald darauf starb die Königin. Als ein Jahr vergangen war, nahm sich der König eine neue Frau. Diese war gelernte Apfelhändlerin auf dem städtischen Großmarkt. Ihre Äpfel waren einigermaßen in Ordnung, doch sie zeigte sich stolz und hochmütig von ihrer Ware überzeugt und konnte es partout nicht leiden, daß die Früchte eines anderen, ihre Äpfel an Geschmack und Schönheit übertreffen könnten. Sie hatte eine recht große Preistafel aus schwarzem Schiefer an ihrem Stand, und wenn sie vor diese trat und die Kilopreise nach oben korrigierte, sprach sie:

„Tafel, Tafel an der Wand,
Wer hat die Schönsten im ganzen Land?“

So antwortete die Tafel:

„Frau Großhändlerin, Ihr habt die Schönsten im Land.“

Da war sie zufrieden, denn sie nahm wohl an, daß ihre Tafel die Wahrheit sagte. Apfelgretchen wuchs heran und kümmerte sich intensiv um den königlichen Apfelgarten, der seit dem Tode ihrer Mutter keinen Schnitt mehr erfahren hatte. Die Äpfel dankten es ihr und wurden immer größer, saftiger und aromatischer. Als Apfelgretchen schon ein flotter Teenager war, hatte sie im Herbst so schöne Äpfel geerntet, die weit über dem Angebot ihrer Stiefmutter auf dem Großmarkt lagen. Als diese einmal wieder ihre Tafel fragte:

„Tafel, Tafel an der Wand,
Wer hat die Schönsten im ganzen Land?“

antwortete sie:

„Frau Grosistin, Ihr habt die Schönsten an dem Stand hier, aber Apfelgretchen hat tausendmal Schönere als Ihr.“

Da erschrak die Großhändlerin und wurde runzlig wie ihre Äpfel vor Neid. Von Stund an, wenn sie Apfelgretchen erblickte, haßte sie das Mädchen und Zorn und Hochmut wuchsen wie Mehltau und Schorf in ihrem Herzen immer höher, daß sie Tag und Nacht keine Ruhe mehr hatte.

Da rief sie einen Lagerangestellten und sprach: „Bring die junge Göre hinaus in das Gewerbegebiet vor den Toren der Stadt, ich will´s nicht mehr vor meinen Augen sehen. Die Apfelbäume kappst du aber mit der Motorsäge. Ihr totes Holz sollst du mir als Wahrzeichen bringen.“ Der Lagerangestellte gehorchte und beabsichtigte Apfelgretel auf eine Currywurst am Imbißstand im Gewerbegebiet einzuladen, wo er sie aussetzen wollte. Die Motorsäge, mit der er anschließend den Apfelbäumen den Garaus machen sollte, hatte er schon auf dem Rücksitz. Apfelgretel war jedoch nicht auf den Kopf gefallen und merkte schnell, was die böse Stiefmutter im Schilde führte. So bat sie den Lagerangestellten, sie nicht im Gewerbegebiet abzuladen und den Garten zu Kleinholz zu zersägen, sondern lieber an einem leerstehenden schnuckeligen Ladengeschäft in der 1B Lage der Fußgängerzone anzuhalten. Dort wollte sie der bösen Großhändlerin Konkurrenz machen. Den Apfelgarten sollte er verschonen. Als Beweis für die Stiefmutter gab sie ihm dafür einen Reisighaufen des letzten Baumschnitts mit auf den Weg. Der Lagerangestellte hatte eine Menge unbezahlter Überstunden und auch sein Lohn schien ihm seit langer Zeit zu niedrig. So hatte er Mitleid mit Apfelgretel und tat wie sie ihn gebeten hatte.

Nun hatte Apfelgretel keinen blassen Schimmer vom Verkaufen und sie stand recht hilflos in dem leeren Laden. Sie setzte eine Anzeige im örtlichen Anzeiger auf und prompt meldeten sich sieben Arbeitslose, die gerne im Laden und im Lager ihr zur Hand gehen wollten. Sie schruppten und pinselten tagelang, bauten Regale und Kisten auf und malten große Schilder für die Neueröffnung des Obst- und Gemüseladens. Apfelgretchen legte sehr viel Wert auf Frische und Qualität ihrer Ware. Sie bevorzugte Obst und Gemüse aus kontrolliertem Anbau und kaufte gerne bei ihr bekannten Bauern und Gärtnern ein. Ihre Äpfel kamen natürlich aus ihrem eigenen schönen Apfelgarten.

Die böse Stiefmutter hatte nichts mehr von Apfelgretel gehört und die Apfelreisige im Bollerofen ihres Obststandes verfeuert. Schließlich war es Ende Oktober und es konnte auf dem Großmarkt schon ungemütlich kalt werden. Im Wissen, daß ihre Früchte jetzt wieder die Besten sein müssen, trat sie erneut vor die Preistafel, radierte die 10 vor dem Komma weg und schrieb eine 15 davor. Eher beiläufig fragte sie die Tafel dabei:

„Tafel, Tafel an der Wand, die teuersten Äpfel hab´ ich, das weiß ich, aber wer hat die Schönsten im ganzen Land?“

Die Tafel antwortete:

„Frau Grosistin, Ihr habt die Schönsten an Eurem Stand hier, aber Apfelgretel, das clevere Mädchen hat in der Fußgängerzone ein Lädchen, das hat noch tausendmal bessere Äpfel als Ihr.“

Da erschrak sie, denn sie war eigentlich überzeugt, daß ihre Preistafel nie die Unwahrheit sprach. So ersann sie, wie sie dem Erfolg von Apfelgretchen endgültig Schaden zufügen könne. Da die jungen Mädchen von heute keine Mieder mehr tragen, die man hätte zuschnüren könnnen, auf daß die Luft wegbliebe, verwarf sie diesen Plan. Auch der ersonnene böse Kamm war nicht zu gebrauchen, denn als trendbewußtes Mädchen waren die Haare sowieso ratzekurz und leuchteten mitunter schon von selbst giftgrün und orange.

So verkleidete sie sich als Businessfrau, zog ein graues Kostüm an, lackierte sich die Fingernägel rot und ließ sich ein jugendliches Make Up verpassen. Aus ihrem Lager holte sie die frühreifen Äpfel, die zwar schön aussahen, im innern aber schon sehr mehlig waren. Damit wollte sie dem Apfelgretchen das Geschäft vermiesen. Mit ihrem silbernen Apfelmusterkoffer fuhr sie in einem schnittigen roten Sportwagen vor dem kleinen aber rappelvollen Obstgeschäft vor.

Gleich erkannte die böse Stiefmutter das Apfelgretchen, das gerade dabei war, einer Kundin fünf große schöne Tafeläpfel in die Tüte zu stecken.

„Verzeihung liebes Kind, ich habe hier einen ganzen Koffer voller schöner rotbackiger Äpfel. Willst Du diese nicht hier verkaufen?“ sprach die Großhändlerin das Apfelgretchen an.

„Also eigentlich habe ich im Moment alle Hände voll zu tun, aber zeigen sie mal die Äpfel her“, antwortete Apfelgretchen. „Den einzig knackigen unter all den mehligen Äpfeln streckte die Grosistin ihr entgegen. „Hier, Du kannst mal probieren.“ Darauf entgegnete Apfelgretchen bestimmt: „Wer beißt schon gleich in jeden Apfel! Wie sieht es denn mit den Spritzmitteln aus? Den Herkunftsnachweis hätte ich auch gerne. Halten sich die Äpfel gut? Und überhaupt müssen Ihre Äpfel erst einmal meine geernteten Äpfel aus dem königlichen Garten geschmacklich übertreffen!“

Die Großhändlerin war über Apfelgretchens Fachkenntnisse erst einmal geschockt und bevor sie etwas darauf entgegnen konnte, griff sich Apfelgretchen wahllos einen Apfel aus ihrem Koffersortiment. „Auweia, was haben sie mir denn da für einen weichen Stampf angeboten. Kein Biß, mehlige Konsistenz, kaum lagerfähig und noch nicht einmal ein gewöhnliches Apfelmus läßt sich daraus kochen. Packen sie gleich wieder zusammen. Vielleicht werden sie dieses Zeug bei meiner Stiefmutter los. Die verkauft nämlich solche Ware!“ Da merkte die Großhändlerin, daß Apfelgretchen nicht zu überrumpeln war und sie mußte sich wohl oder übel geschlagen geben. Während sie zurück in den Wagen stieg brach sie sich zu allem Übel noch einen rotlackierten Fingernagel ab und mit dem bösen Ausruf „verdammt nochmal“ flitzte sie davon, daß die Reifen rauchten und ward nicht mehr gesehen.

Und das Ende von der Geschichte? Die böse Stiefmutter mußte wenig später ihren Großhandelsstand aufgeben. Die Lagerarbeiter waren alle auf und davon und auch die Kunden wurden immer kritischer und qualitätsbewußter. Da konnte sie ihren Ramsch nicht mehr verkaufen. Apfelgretchen hingegen entwickelte sich zur erfolgreichen Apfelfachfrau. Jedem ihrer sieben Helfer übergab sie eine eigene Geschäftsfiliale. Vielleicht liegt auch eine in ihrer Nähe, denn wenn Apfelgretchen nicht gestorben ist, dann verkauft sie noch heute gutes Obst an viele, viele Kunden.

Der Apfelgarten

Der Apfel im Stundenglas

Eine literarische Obstreise durch Raum und Zeit

Das Zimmer riecht nach Zeit. Die Luft hat sich durch den eisernen Gußofen erwärmt und der letzte Herbstwind macht sich unten im Hof ein Spiel mit den gefallenen Blättern. Er wirbelt sie auf zum Tanz und ob sie wollen oder nicht, parieren sie nach seiner Flöte, die er ungestüm anstimmt. Die mittlerweile dürren Äste widersetzen sich seinem Rhythmus und versuchen einen ruhigeren Takt anzuschlagen. Aber es wäre nicht der rauhe Nordwind, der sich zu helfen weiß, die schlanken Baumarme greift und mit ihnen eine stürmische Polka tanzen will. Die Quadrille geht durch den ganzen Garten und die allerletzten Herbstrosen pflückt er sich ab, um damit seinen Frack aus grauem Friesennerz und dunklem Wolkentaft zu schmücken. Wenn er es gar zu arg treibt, bilden sich auch bei ihm Schweißtropfen auf der Stirn. Seine Hitze bleibt jedoch immer kühl und mit einem Einstecktuch aus leichtem Nebelschleier wischt er sich das Glitzern aus dem dahinwelkenden Gesicht.

Drinnen hinter klarem Fensterglas sinkt die Ruhe in den tiefen Ohrensessel und schmaucht die Pfeife der Zufriedenheit. Sinnend gleitet ihr Blick über die Wände, welche dem Raum das Gefühl von Zeit verleihen. Es sind nicht die Zeiger der Uhr, sondern die unzähligen Blätter, die einem Apfelbaum gleich am Holz hängen. Die Regale bilden dabei die Äste, die sich bis unter die Decke verzweigen und ebenso schwere Last tragen. Ein Glück, daß diese Blätter nicht in den Sturm geraten und wohl beschützt, trocken und warm, die Bibliothek schmücken. Wie im Innern eines großen Baumes fühlt man sich, von allen Seiten durch dunkles Holz umgeben. Einen Apfelbaum haben sie wohl nicht dafür fällen lassen, jedoch hat ein Riese von Eichenbaum den Wald verlassen müssen. Die grünen und gelben Äpfel in der Schüssel auf dem rundem Tisch seufzen erleichtert auf. Schließlich ist der dicke Stamm ihrer einstigen Kinderstube der alles beherrschende Mittelpunkt unten im Garten. Von oben aus dem ersten Stock können sie gerade noch einen Blick aus dem Fenster auf den alten Apfelhünen erhaschen.

Die Früchte in diesem Zimmer sind von anderer Natur. Saftigkeit wäre äußerst schädlich für sie und auch ein Wurm würde ihnen mit der Zeit den Garaus machen. Die Sonne blendet sie und bleicht sie aus, der Regen weicht sie auf und wellt ihnen jedes Blatt. So wachsen sie nicht in Größe und Geschmack, sondern der Geist, der sich mit ihnen beschäftigt, wächst über sie hinaus.

Unterschiedlich in Farbe und in Form ähneln sie in dieser Hinsicht jedoch wieder ihren Apfelbegleitern auf dem Tisch. Riesengroße mächtige Buchrükken wechseln sich ab mit zierlichen verspielten Deckeln in goldener Schrift. So wogt ein Band aus gebundenen Wellen über die Regale. In Leinen und in Leder ist ihre Haut, die der Äpfel glänzt glatt wie Samt und Seide.

Was die echten Äpfelchen nicht erahnen können, ist verborgen hinter den vielen, vielen Seiten, die sich still verhalten und nur bei Aufklappen plötzlich eifrig zu erzählen beginnen. Die ganze Welt steht in diesen Büchern und natürlich finden sich auch die Apfelfrüchte darin wieder. Sie gehen sogar eine ganz enge Verbindung mit der geschriebenen Zeit aus Papier ein, sind Thema und Grund für viele Geschichten, die nicht selten die Geschicke der Menschen beeinflussen.

Ein schweres altes Buch klappt aus dem Regal und wie durch einen plötzlich aufkommenden Wind, fliegen die Seiten und ein herrlicher Baum wächst aus den gotischen Lettern hervor. An dem Ast glitzert eine leuchtende Frucht. Verführerisch ist sie und man spürt die Versuchung, die von ihr ausgeht. Der Garten, in dem der Baum steht ist ein wahres Paradies. Tropisch grün und voller Farben, die Blumen, Gräser und Blätter malen. Aus dem Dickicht des Laubes hört man ein leichtes Züngeln, aber die Angst weicht dem Drang in diese besagte Frucht zu beißen. Schon greifen die Finger lüstern nach ihr, da klappt das Buch mit einem lauten Schlag zusammen, so daß der Schrecken in die Glieder fährt.

So etwas soll nicht noch einmal geschehen. Der Präzedenzfall von Adam und Eva ist Warnung für Wiederholungstäter. Doch hat das abrupte Schließen des Buches nur wenig Zweck. Das Paradies bleibt seit den ersten Tagen verloren und das Buch der Bücher steht wieder still auf seinem angestammten Platz in der Bibliothek.

Wer glaubt, daß damit die Ruhe wieder eingekehrt sei, irrt gewaltig, denn kaum hat das eine Buch seinen Platz wiedergefunden, stolpert ein weiteres Werk aus der Wand. Es gehört zu den großen Büchern der Weltliteratur und ist dabei schon so alt, daß die griechischen Buchstaben nur schwerlich den Namen *Homer* entziffern lassen. Der Buchdeckel ist in schönem Mäanderfries geschmückt und als die Seiten dahinblättern, hält das Rascheln der Blätter bei den Geschichten über Herakles, den griechischen Halbgott, inne. Wieder erscheint ein Garten, doch diesmal ist er wohl gepflegt. Auf taufrischem Gras steht ein weitverzweigter Apfelbaum, der so gesund und mächtig wirkt, als hätte ihn Gaia, die Erde, mit eigenen Händen gepflanzt. Er ist wahrhaftig göttliches Hochzeitsgeschenk für Zeus und Hera. Und da Götter sich nicht mit den gewöhnlichen irdischen Äpfeln zufrieden geben, trägt dieser Baum einen ganz besonderen Schatz,

den ein hundertköpfiger Drache und vier schöne Jungfrauen, die Hesperiden, bewachen werden. Äpfel aus purem Gold sind die wertvolle Fracht des heiligen Gartens und niemand soll dessen Frieden stören. Einer wagt es doch und mit Klugheit und Kraft schafft Herakles es, die Äpfel in seine Hände zu bekommen. Später werden sie jedoch wieder an ihren zugedachten Ort zurückkehren und die Göttin Athene wird es selbst sein, die dem heiligen Garten und seinen Wächtern der Hesperiden, die goldenen Früchte zurückbringen wird.

Die Mythen- und Sagenwelt des antiken Hellas wäre ärmer ohne den Apfel, die Stadt Troja hingegen wohl reicher geblieben. Bevor das Trojanische Pferd die Mauern der Stadt im Galopp genommen hatte, war es der Apfel, der die Zwietracht und damit den Krieg über Helden und Völker brachte.

Im Buch blättern sich Kapitel um Kapitel und erst auf einer blühenden Wiese, im Schatten hoher Zypressen, halten die Seiten an. Es ist eine Kulisse, die dem Hirtengott Pan aus seiner Flöte entsprungen sein könnte. Liebliche Stille, die nur durch die Glöckchen und Rufe der Ziegen unterbrochen wird. Auf dieser Lichtung wacht der Hirtensohn Paris über seine Herde. Sein wahrhaftiger Ursprung liegt nicht in einer Hütte, sondern in Herrscherhallen.

Als Sohn des Königs Priamos erblickt er das Licht der Welt. Sein Schicksal läßt ihn jedoch unwissend als Hirtenjunge aufwachsen. Die Jahre vergehen und aus dem Knaben wird ein stattlicher junger Mann, der plötzlich in das wohl schwierigste Richteramt durch Zeus höchstpersönlich gestellt wird. Den Apfel mit der Aufschrift „der Schönsten“ soll er vergeben.

Wären es nur irdische Mädchen gewesen! So aber hat er drei Göttinen des Olymp vor sich, die alle durch Schönheit und Ausstrahlung glänzen. Hera, Schwester und Gattin des Zeus, verspricht ihm die Herrschaft über das schönste Reich der Erde, Pallas Athene den höchsten Ruhm an Weisheit und Männertugend. Doch was sind diese Schätze gegenüber dem Angebot der Liebesgöttin Aphrodite. Das schönste Weib der Erde verspricht sie ihm. Da antwortet Paris mit dem Herz und nicht mit dem Verstand. Aphrodite gewinnt den Apfel, und Troja, sein Heimatland verliert das Glück. Die schöne Helena wird Paris rauben und damit den Krieg heraufbeschwören, den Hera und Pallas Athene ihm prophezeien.

So verdüstert sich der Himmel über der sonnigen Hirtenwiese und gerade noch kann das Hellenenbuch vor den Flammen des Ofens in der Bibliothek gerettet werden. Wie magisch zieht das Feuer die Blattseiten an und wie Troja wäre es fast in Rauch aufgegangen. Da zeigt sich, was ein Zankapfel anrichten kann.

Bis jetzt hat sich der Apfel in der Geschichte der Bücher noch nicht von seiner schönsten Charakterseite gezeigt. Sünde, Krieg und Versuchung kleben an ihm für lange Zeit, geben ihm sogar den botanischen Namen *malus*, das gleichbedeutend Übel und Schlechtigkeit ausdrückt. Der arme Apfel muß dafür herhalten und die Kulturgeschichte wird ihm so manches Mal nicht gerecht.

Ein wenig tröstet ihn die Tatsache, daß er seit dem frühen Mittelalter auch die Macht des Herrschenden demonstriert.

Kostbar und deshalb in einem schützenden Schrank der Bibliothek, ruhen die schönen Pergamentseiten, die sich klösterlicher Miniaturmalerei bedienen. Blau wie Lapislazuli und Kobalt, grün wie Kupfer und rot wie Zinnober knospen die Ranken- und Blattwerke um die großen goldenen Initialen. Text und Bild erzählen von frommer Geistigkeit und Gottgefallen, zeigen aber auch hohe Minne, Tafelfreuden und Falknerei in höfischer Weltlichkeit. Da fehlen weder Kaiser, König, Edelmann noch Ritter, Tod und Teufel - Schachfiguren auf dem Spielfeld des mystischen Mittelalters. Und wer die weltliche Macht hatte, der hatte den Apfel. Eine schimmernde Kugel, die den Erdkreis beschreibt, Meisterwerk der Goldschmiedekunst, mit dem Anspruch auf Macht im Reich. Reich auch der Schmuck des Apfels. Juwelenglänzend ruht er auf Purpur und Hermelin, wenn er mal nicht regieren und repräsentieren muß. Er dreht sich nicht, obgleich er rund ist, denn alles dreht sich um ihn. Ihn zu besitzen bedeutet Besitz zu haben, sich ihm zu bemächtigen bedeutet Macht in den Händen zu halten.

Vorsichtig klappen sich die dicken Buchdeckel wieder zu und wie ein fallender Vorhang, wölbt sich ein weiches Tuch schützend um den kostbaren Einband.

Gold und Apfel scheinen wohl eine innige Beziehung einzugehen, obwohl nicht immer goldene Zeiten damit verbunden sind. Heile Welten sind auch in den Regalen der Bibliothek nicht an der Tagesordnung. Die Welt zeigt sich oftmals schwieriger und vielschichtiger und läßt sich nicht so einfach in schwarz und weiß einteilen. Bei den Märchen sieht das schon anders aus. Gut und Böse sind zumeist schön voneinader getrennt und letztendlich geht die Geschichte auch fast immer gut aus.

Während das Feuer im Ofen mehr zusammenfällt und aus den verbrannten Holzscheiten glühende Funken sprühen, ruft eine Stimme „Zieh mich raus, zieh mich raus, ich bin längst ausgebacken!“

Die feine Stimme kommt aus dem obersten Regal, dort wo schon lange keine Hand mehr ein Buch vom Brett geholt hat. Die Kinderzeiten sind lange vorbei und seitdem fristen die vielen Märchenbücher ein untergeordnetes Dasein im 3. Rang der Literaturbühne. Ohne eine kleine Leiter ist kein Drankommen aber mit einem an Akrobatik grenzenden Strecken fällt das große dicke Märchenbuch in die Hände. Und wieder haben die Seiten mit Gold zu tun. Die Goldmarie zieht gerade die ausgebackenen Brote aus dem Ofen. Frischer Duft von Mehl und Brotteig strömt aus dem Buch in die Nase. Kaum hat sie diese Arbeit verrichtet, blättern die Seiten weiter auf eine Wolkenwiese, auf der ein Apfelbaum steht, der seine rotbackige Last kaum tragen kann. Er fleht sie an „ach rüttel mich und schüttel mich, meine Äpfel sind alle

reif!“ Die fleißige Marie hilft ihm und dafür erhält sie auch von Frau Holle den goldenen Lohn. „Was die kann, kann ich auch“, denkt sich die faule Stiefschwester, verhält sich wie Goldmarie, um zu Frau Holle zu kommen. Auf dem Weg dorthin verachtet sie jegliches Bitten und Flehen von Apfelbaum und Backofen. Die Betten von Frau Holle schüttelt sie auch nicht auf und die Quittung kommt auf dem Fuße. Pech statt Gold fließen als Lohn. „Da hat sie eben Pech gehabt“, sagt man heute so einfach, aber ein anderes Märchen erzählt auch, wie sich das Schicksal wenden kann und am Ende schließlich alles gut wird. Während Frau Holle oben im Himmel die Betten nun selbst wieder schüttelt, erhält unten auf der Erde eine kleine Prinzessin den Namen Schneewittchen. Übel spielt ihr das Leben in Form der bösen Stiefmutter mit und wären da nicht die sieben bärtigen Zwergenmänner gewesen, wer weiß...

So aber kann auch der vergiftete Apfel dem Schneewittchen letztendlich nichts anhaben. Es fällt in tiefen Schlaf und erst als ein Prinz es küßt, löst sich das verwunschene Apfelstück in der Kehle und Schneewittchen erwacht rosig inmitten von Prinz und Zwergen.

Ende gut - alles gut, läßt sich hier ruhig sagen. So wendet sich das Blatt des Apfels und er erhält seine rechte Rehabilitation. Als Symbol des Lebens und der Fruchtbarkeit bleibt er lieber den Menschen im Gedächtnis haften.

Da fangen plötzlich viele weitere Bücher in den Regalen zu wackeln an. Die Wellen aus Buchrücken wogen über die Etagen. Gedichte und Romane von Rilke und Fontane, Morgenstern und von Fallersleben, Uhland und Heine melden sich zu Wort. Alle erzählen sie von ihren literarischen Begegnungen mit dem Apfel. Es braucht wohl Wochen und Monate, sich ihrer Zeilen zu widmen.

Morgen ist die private Bibliothek wieder Treff- und Ruhepunkt, dann geht es weiter. Für heute dürfen die Bände wieder ihre Buchrücken zurücklehnen. Das Feuer im Ofen ist aus und ein letztes Glimmen bleibt als Erinnerung zurück. Der Herbstwind im Garten hat sich gelegt und die Türe zum Bücherzimmer schließt sich von außen.

Ruhe herrscht wieder in dem Raum, der die Zeit haucht. Nur in einem Buch ist noch ein Leuchten spürbar. Mit einem Mal schnellt ein winziger Pfeil aus dem Innern hervor und verfehlt nur um Haaresbreite die Schale mit den Äpfeln. Erschrocken rutschen die Früchte dichter zusammen und ihre Farbe wird rot vor Anspannung. Oben im Regal schließt sich aber fast lautlos ein winziger Buchspalt und eine feine Stimme wispert „Morgen, ja Morgen, da treff ich dich Apfel!“

Zu literarisch-kulinarischen Genüssen laden wir Sie herzlich ein in unsere „neue Kehrein-Bücherwelt“ in Neuwied.

Herbsttag

Herr: Es ist Zeit.
Der Sommer war sehr groß.
Leg deinen Schatten auf die Sonnenuhren,
und auf den Fluren laß die Winde los.

Befiehl den letzten Früchten voll zu sein;
gib ihnen noch zwei südlichere Tage,
dränge sie zur Vollendung hin und jage
die letzte Süße in den schweren Wein.

Wer jetzt kein Haus hat, baut sich keines mehr.
Wer jetzt allein ist, wird es lange bleiben,
wird wachen, lesen, lange Briefe schreiben
und wird in den Alleen hin und her
unruhig wandern
wenn die Blätter treiben.

Rainer Maria Rilke

Ilse backt den Kuchen Gel

Von Kindertagen im Apfelgarten

Heut´ Abend auf dem Ball
Tanzt Herr von Zwiebel
Mit der Frau von Pimpernell,
Das ist gar nicht übel.

Einen schönen lila Frack
Trägt der Herr von Zwiebel,
Und die Frau von Pimpernell,
Die ist auch nicht übel.

Trägt den großen Rosenhut
Und das Tuch mit Fransen.
Musikanten spielet gut,
Wenn die beiden tanzen. Clara Möller

Der große Apfelbaum im Garten ist der Freund aus Kindertagen. Um ihn herum liefen so manche Kinderreigen und beim Versteckspiel mußte er oft mit seinem dicken Stamm für´s Abklatschen herhalten. „...acht, neun, zehn, ich komme!“ hört es der Baum noch immer auf der Wiese hallen und es erscheint ihm, als wäre es erst gestern gewesen. Zu gerne lauschte er den Kinderliedern und Abzählreimen. Schlecht erging es der armen Ilse, wenn die Kinder riefen:

Ilse Bilse
Keiner willse
Kam ein Koch
nahm sie doch
stopft sie in das Ofenloch

Ins Ofenloch wurde Ilse dann doch nie gesteckt. Dafür schob die Köchin lieber ihren guten Kuchen ins Rohr. War er dann duftig und goldgelb und zum Auftragen bereit, konnten es die Kinder gar nicht erwarten, ein dickes Stück Apfelkuchen auf die Hand nehmen zu dürfen. Ungeduldig versuchten sie die Backzeit mit folgenden Versen zu verkürzen:

Backe, backe Kuchen
der Bäcker hat gerufen.
Wer will guten Kuchen backen
der muß haben sieben Sachen:
Eier und Schmalz,
Zucker und Salz,
Milch und Mehl,
Safran macht den Kuchen gel.

Bei dem allseits beliebten Zwetschgenkuchen vom Blech bedurfte es jedoch eines ganz anderen Zauberspruchs, um das große Herz der Köchin zum schmelzen zu bringen. Schnell waren die fünf Finger der kleinen Kinderhand erhoben und dann wurde Finger für Finger abgezählt:

Das ist der Daumen.
Der schüttelt die Pflaumen.
Der liest sie alle auf.
Der trägt sie nach Haus
und der kleine,
der ißt sie ganz alleine.

Für den Apfelbaum waren diese Verse immer der Beweis für unbeschwertes Kinderglück im sommerlichen Garten. In und um diesen Garten wurden deshalb Kinderphantasien wahr. Pflanzen und Tiere, die sich auf Wiesen und im Wald aufhielten, erhielten eigene Namen aus diesem Reich der Phantasie. Wenn jemand Hexentrauben pflückte, dann verbargen sich dahinter die sauerreifen Früchte der Johannisbeere. Stachelbeeren waren Krickel und Heidelbeeren Wolbern. Im Herbst loderten die Erwesfeuer, Kappes und Rummele kamen auf hohen Erntewagen vom Feld heim. Als Kartoffeln, Kohl und Runkelrüben sind sie jedem Leser auch bekannt.

War es oft überlieferte Mundart, so konnte sich wirklich Kindermund im allgemeinen Sprachgebrauch weitertragen. Das Farnkraut nannte sich Hexenleiterchen, während ein Heer gelber Dotterblumen als Butterblumenwiese weithin leuchtete. Der Löwenzahn konnte auch Milchdistel heißen. Jedes Kind kannte den weißen Saft, der aus den Stengeln tropfen konnte, wenn Blumenketten aus den gelben Blüten geflochten wurden. Waren die vielen kleinen Fallschirmspringer reif, so brauchte es nur einen kräftigen Atem, um die Pusteblume ihrer runden Silberkugel zu berauben. Hunderte von mutigen Samenschirmchen machten sich auf den Weg ins Blaue.

Nur wenige wissen noch, daß die Anmeichesblume nichts weiter als das blaue Vergißmeinnicht ist und die rote Eberesche als Quitschbaum bekannt war. Im Tierreich verhielt es sich nicht anders. Die Kröte hieß Hutsch, der Iltis war eine Ratz und wenn ein grüner Grashippert gesprungen kam, konnte das doch nur eine Heuschrecke gewesen sein. Eichhörnchen huschten als Tannkätzchen über die schlanken Zweige, während die Atz wohl froh über ihren geheimnisvollen Namen sein konnte. Als diebische Elster war ihr der gute Ruf schon des längeren abhanden gekommen.

Der Apfelbaum kannte alle diese Bewohner aus Feld und Wald sehr gut, und jedesmal, wenn er einen Sonnenkäfer heranfliegen sah, erinnerte er sich mit diesem Herrgottstierchen an die Ringelreihen, die unter seinem grünen Dach getanzt worden waren:

Ringel, ringel Reihe
sind der Kinder dreie
tanzen unterm Hollerbusch
schreien alle: husch, husch, husch.

Ringel, rangel Rosen
schöne Aprikosen
Veilchen und Vergißmeinnich`
alle Kinder setzen sich.

Lange schon ist der Reigen unter dem Apfelbaum verstummt. Die Kinder sind groß geworden und der Garten wildert mehr und mehr vor sich hin. Dem Tor fehlt schon lange der Tropfen Öl und nur die rostige Gartenbank erinnert noch an das Kinderlachen, wenn die Köchin mit dem Kuchen unter dem Apfelbaum saß und die quengelnde Schar mit „Backe, backe Kuchen" ihren süßen Teil beanspruchte. Der Baum wird es nicht vergessen.

Bienchen's Apfeltorte

Zutaten für den Teig:

100 g Butter, 150 g Honig, 2 Eier, 150 g Weizenvollkornmehl, 1 Msp. Vanille, 1 TL Backpulver

Zutaten für den Belag:

500 g Äpfel, Saft 1/2 Zitrone, 30 g Butter, 50 g Honig, 75 g grob gehackte Walnußkerne, 1 EL Milch, 1 Msp. Zimt.

Zubereitung:

Butter, Honig und Eier schaumig rühren, Mehl und die mit dem Backpulver vermischte Vanille unterheben. Den Teig in eine gefettete Springform streichen.

Die Äpfel schälen, achteln und mit Zitronensaft beträufeln. Äpfel kreisförmig auf den Teig legen. Butter, Honig, Walnußkerne und Milch kurz aufkochen, mit Zimt würzen und etwas abgekühlt auf den Äpfeln verteilen. Im 175°C vorgeheizten Backofen ca. 45 Min. backen. Springformrand vorsichtig entfernen und den Kuchen auf einem Gitter abkühlen lassen. Mit geschlagener Sahne verzieren.

Apfelwaffeln

Zutaten:

250 g Butter, 75 g Zucker, 4 Eier, 250 g Mehl, 1 TL Backpulver, 1/2 TL Zimt, 50 g gemahlene Mandeln, 125-250 ml Milch, 300 g Äpfel.

Zubereitung:

Butter, Zucker und Eier schaumig rühren. Mehl mit Backpulver mischen und dazugeben. Zimt, Mandeln und Milch unterrühren. Äpfel schälen und entkernen. In den Teig reiben und unterrühren. Im Waffeleisen backen und anschließend mit Puderzucker bestreuen.

Blätterteig-Apfel-Törtchen

Zutaten:

3 Scheiben Tiefkühlblätterteig, 3 Äpfel (Cox Orange), 1 TL abgeriebene Zitronenschale, 1 EL Zitronensaft, etwas Mehl zum Ausrollen, 1 Eigelb, 20 g Mandelblättchen, 4 EL Apfelgelee.

Zubereitung:

Den Blätterteig auftauen lassen. Äpfel waschen, schälen und in Viertel schneiden. Das Kerngehäuse entfernen und in dünne Spalten schneiden. Die abgeriebene Zitronenschale über die Apfelspalten streuen und mit Zitronensaft beträufeln.

Das Mehl auf eine Arbeitsplatte streuen, Teigscheiben übereinander legen und zu einem Quadrat (25 cm) ausrollen. Mit einem Kreisausstecher (Ø 11 cm) 4 Böden ausstechen und auf ein mit Backpapier ausgelegtes Blech legen. Teigreste übereinander legen und zu einem Streifen (30x10 cm) ausrollen. Streifen längs halbieren und übereinander legen. In 4 Streifen schneiden. Die jeweils beiden übereinander liegenden Streifen gegeneinander drehen, so daß eine Kordel entsteht.

Das Eigelb mit etwas Wasser verquirlen und den Rand der Blätterteigböden damit bestreichen. Kordel rundherum auf den Rand legen und ebenfalls mit Eigelb bestreichen. Böden mehrmals mit einer Gabel einstechen. Mandelblättchen darauf verteilen und die Apfelspalten darauf legen. Im vorgeheizten Backofen bei 225°C ca. 15-17 Min. backen.

Das Apfelgelee kurz erhitzen und die gebackenen Törtchen damit bestreichen.

Oma's Apfelkuchen

Zutaten für den Teig:

200 g Mehl, 200 g Zucker, 200 g Butter, 4 Eier, 2 TL Backpulver.

Zutaten für den Belag:

800 g säuerliche Äpfel, Saft einer Zitrone, 100 g Aprikosenmarmelade, 100 g Mandelblättchen, Puderzucker.

Zubereitung:

Butter und Zucker sehr schaumig rühren. Eier dazugeben und nochmals gut rühren. Nach und nach Mehl und Backpulver unterrühren. Die Hälfte des Teiges in eine Springform (Ø 24 cm) geben.

Äpfel schälen, entkernen und achteln. Mit Zitronensaft beträufeln und auf den Teig legen. Mit dem restlichen Teig bedecken. Im vorgeheizten Backofen bei 180°C etwa 40-45 Min. backen.

Aprikosenmarmelade erhitzen und über den gebackenen Kuchen streichen. Mandelblättchen rösten, auf dem Kuchen verteilen und mit Puderzucker bestreuen.

Apfeltorte „Gartenfest“

Zutaten für den Teig:

100 g Butter, 50 g Zucker, 200 g Mehl.

Zubereitung:

Aus Butter, Zucker und Mehl einen Mürbeteig herstellen. Den Boden einer gefetteten Springform damit auslegen und bei Mittelhitze backen. Anschließend abkühlen lassen.

Zutaten für die Füllung:

800 g Äpfel, 125 ml Wasser, 60 g Zucker, 1 Nelke, 1 Schuß Weinbrand, 5 Blatt weiße Gelatine.

Zubereitung:

Äpfel schälen, entkernen und in Stücke schneiden. Wasser, Zucker, Nelke und Weinbrand in einen Topf geben und die Apfelstücke darin dünsten. Gelatine nach Anweisung einweichen und unter das Apfelkompott rühren. Kurz vor dem Erkalten auf den fertigen Boden streichen.

Zutaten für den Belag:

125 ml Weißwein, 2 Eigelb, 100 g Zucker, abgeriebene Schale einer Zitrone, 4 Blatt weiße Gelatine, 250 ml Schlagsahne.

Zubereitung:

Weißwein mit Eigelb, Zucker und Zitronenschale verrühren und unter ständigem Rühren aufkochen. Gelatine nach Anweisung einweichen und unterrühren. Abkühlen lassen. Sahne steifschlagen und unterheben. Die Creme auf das Kompott streichen und die Torte im Kühlschrank fest werden lassen.

Gemüse aus Großmutters Garten

Vom Guten Heinrich, Römisch Kohl und Co.

Im Garten herrscht Aufruhr. Da hat doch das große Rhabarberblatt von dem Fund eines alten Kochbuches, oben auf dem Speicher des Hauses, gehört. Über einhundert Jahre soll es wohl alt sein. Zuerst dachten die Bewohner, das Buch dem Antiquariat im Ort anzubieten, doch dann bekam es die betagte Köchin in die Hand und mit dem Vorhaben wurde nichts. So manchen Nachmittag verbrachte sie auf der Bank vor dem Eingang zur Küche, die kleine runde Brille auf der Nase und dieselbe wiederum tief in das Buch vergraben. Heute war sie allerdings nicht alleine, sondern der Gärtner leistete ihr Gesellschaft. Dem zeigte sie auch das Kochbuch und das Rhabarberblatt konnte mitunter einen Teil ihrer Unterhaltung aufschnappen.

Da war von einem *Guten Heinrich* die Rede, auch vom *Römischen Kohl* und der *Erdbirne*. Alles Namen, welche die vielen Gartenbewohner wie Möhre und Kartoffel, Radieschen und Rettich noch nie gehört hatten. Was hatten diese mit ihrem schönen heimatlichen Garten zu schaffen? Und wieso interessierte sich dafür nicht nur die Köchin, sondern auch der Gärtner? Fragen über Fragen, auf welche die vielen kleinen und großen

Gemüse keine Antwort fanden. So herrschte Aufregung in den Beeten. Für´s Erste entschieden sich die gelben Rüben, ihr Wachstum einzustellen, bis Klarheit in die Sache kommen würde. Dem schlossen sich die Radieschen an. Der Gärtner würde schon sehen, was er davon hätte, sollte er ihnen untreu werden. „Wartet nur ab“ warnten die festkochenden Salatkartoffeln. „Wir machen uns so mehlig, daß wir nur noch für Kartoffelbrei zu gebrauchen sind. Das ist die Strafe für den Verrat!“ So verbreitete sich der Unmut gegenüber dem alten Kochbuch und seinen obskuren Gemüsen, von denen niemand je gehört hatte.

„So haltet doch ein und beruhigt Euch!“ mahnte plötzlich mit kräftiger Stimme der alte große Apfelbaum, der sich schon einige Zeit lang den ganzen Zwist angehört hatte. „Ihr ein- und zweijährigen grünen Gemüse, ihr habt doch gar keine Ahnung, wovon ihr sprecht. Die Gartenwelt ist älter als ihr euch in euren Knollen und Wurzeln vorstellen könnt“, setzte er von neuem an, während er seine starken Äste in den Hüften am Stamm anwinkelte. So sah er für die kleinen Beetpflanzen noch mächtiger aus und schnell verstummte respektvoll das Gezeter und Murren.

„Ich habe weit über hundert Jahre auf dem Buckel“, fuhr der alte Apfelbaum fort „und kenne den *Guten Heinrich*, den *Spanischen Spinat* oder die *Pastinake* noch aus jugendlichen Tagen.“

Erstaunt murmelte nun die grüne Erde unter seinem großen Laubdach. Ohne die überrascht wirkenden Gartenbewohner zu fragen, begann der große Apfelbaum von seinen Jugendtagen zu erzählen, als die Obstwiesen noch bis an den Holzzaun reichten und der brüchig gewordene Gartenpavillon noch seine intakten Brillengläser in den weißgestrichenen Rahmen trug.

Damals, ja damals lebten noch viele Gemüsepflanzen im grünen Gartenreich, die so wohlklingende Bezeichnungen hatten. Da gab es die *Topinambur*, deren Titel mindestens so geheimnisvoll war, wie ihr Beiname der *Jerusalemartischoke*. *Erdbeerspinat* und *Guter Heinrich* vertraten die Gänsefußgewächse, während die *Gartenmelde* als Dritte im Bunde immer auch als *spanischer Spinat* bekannt war. Gerne dachte der Apfelbaum an ihre

Apfelrotkohl mit Johannisbeergelee

Zutaten:

1 Rotkohl (ca. 1 kg), 1 Zwiebel, 2 säuerliche Äpfel, 1 EL Zitronensaft, 50 g Butter, 125 ml Wasser, 3 EL Apfelessig, 125 g Johannisbeergelee, 2 Nelken, 1 EL Zucker, Salz, etwas Piment.

Zubereitung:

Aussenblätter vom Kohl entfernen. Kopf vierteln, Strunk herausschneiden und den Kohl vierteln. Die Zwiebel schälen und kleinhacken. Äpfel schälen, Kerngehäuse entfernen und in schmale Scheiben schneiden. Mit Zitronensaft beträufeln.

Butter in einem Topf zerlassen. Zwiebel und Äpfel kurz andünsten und den Rotkohl dazugeben. Wasser, Essig und Gelee darübergießen. Gewürze zufügen und bei niedriger Temperatur zugedeckt in ca. 60 Min. weichkochen. Nochmals abschmecken.

Eigenart, immer ein leises „hasta la vista“ den anderen Gemüsen zuzurufen, wenn die Köchin sie aus dem Garten mit in die Küche nahm. Natürlich sah keiner sie später wieder, aber ihr Gruß blieb doch allen in Erinnerung.

„Erzähl uns mehr“ forderte ein vorwitziges kleines Radieschen und so kramte der Apfelbaum in der Erinnerung seiner Jahresringe und folgte dem Wunsch aus der Erde.

Manche alten Gemüsearten zählen zu den regionalen Spezialitäten, wie z.B. hier im Rheinland das Stielmus. In anderen Gegenden heißt es auch Rübstielgemüse. Gemeint sind damit aber immer die gezackten, leicht säuerlich schmeckenden Blätter der Speiserübe. Die jungen Triebe eignen sich für Salat, können aber auch gedünstet und gekocht werden und schmecken in einer leichten Bechamelsauce mit einem Schuß Sahne sehr gut.

Zu den feinen Rübchen gehören in erster Linie die kleinen bauchigen, violett-weißen Sorten, die ursprünglich in der Gegend um Berlin und in der Mark Brandenburg gezogen wurden. Bekannt als Teltower Rübchen, kamen sie als eine der Leibspeisen des Johann Wolfgang von Goethe zu kulinarisch-literarischen Ehren. Die Steckrübe verbindet sich weniger mit dichterischen Tafelfreuden, sondern ist vielen älteren Menschen noch als Erinnerung an Nachkriegszeiten im Gedächtnis. Die Kreuzung zwischen Herbstrübe und Kohlrabi ist aus Ernährungssicht ein äußerst wertvolles Wurzelgemüse und sollte aus dem Speiseplan nicht verschwinden. Die kleineren Exemplare sind übrigens die Besseren.

Die Petersilienwurzel findet allmählich wieder in die Küchentöpfe. Gegenüber der krausen und glatten Blattpetersilie führt sie jedoch noch immer ein gewisses Schattendasein, obwohl schon die Kochstellen der Antike und auch der Küchengarten Karls des Großen die Wurzel zu schätzen wußten. Das gärtnerische Schachspiel hat eine weitere Wurzel im Wandel der Zeit verloren. Schwarz schlägt weiß und so hat die Schwarzwurzel der Weißwurzel den Rang schon längst abgelaufen.

Die heutige Kartoffel ist selbst ein Kind aus der neuen Welt und damit erst seit wenigen hundert Jahren bei uns heimisch. In dieser Zeit hat sie es aber geschafft, eine Andenverwandte aus dem Gartenbeet zu verdrängen. Die Topinambur, auch Erdbirne oder Jerusalemartischocke genannt, ist eine mehrjährige Sonnenblume, die aber nur kleine Blüten hervorbringt. Unter der Erde gleicht sie aber der Kartoffelknolle. Ihr oberirdischer Wuchs ist stark und sie schafft es auf eine Länge von bis zu vier Metern. Ihr Name kommt von dem südamerikanischen Indianerstamm der Tupis. Durch Seefahrer gelangte sie nach Frankreich, wo sie sich ihren Weg auch schnell nach Deutschland bahnte. Mitte des 17. Jh. wird sie bei uns eingeführt und schafft es um die Jahrhundertwende auf rund 100.000 ha Anbaufläche.

Die Zeiten sind allerdings vorbei. Von der Kartoffel mehr und mehr verdrängt, ist sie als „Wildkartoffel" für die Wildfütterung interessant. Allerdings bedient man sich ihr auch zur Schnapsherstellung und sogar die neue deutsche Küche hat sich der alten Kulturpflanze wieder vereinzelt angenommen.

Ihr Anbau ist vergleichsweise einfach. Sie bevorzugt warme Böden, ist kalk- und nährstoffliebend, mag aber auf keinen Fall eine Überdüngung mit Stickstoff. Sie wird als Knolle ähnlich zu den Bedingungen der Kartoffel gesetzt. Ab Oktober kann geerntet werden. Die Knollen sind je nach Sorte birnen- oder apfelförmig, erinnern aber auch an Ingwerknollen. Da sie frosthart sind, kann je nach Bedarf geerntet werden.

Topinambur-Knollen sind nicht als „Kartoffelersatz" anzusehen und somit auch nicht in der Küche zu behandeln. Die Zubereitung erfolgt vielmehr in der Weise wie Blumenkohl oder Spargel. Die Haut kann, muß aber nicht abgezogen werden. Die Schale läßt sich auch nach dem Kochen wie bei Pellkartoffeln entfernen. Ihr Geschmack ist leicht süß und zurückhaltend. Frisch verwendet und geraspelt, besitzt sie ein fast nußartiges Aroma. Von den Ernährunsgwerten liefert die Topinambur ein wertvolles und variationsreiches Wintergemüse, das gedünstet, gebacken oder gebraten (erinnert dann an den Geschmack von Artischocken), alleine oder mit anderen Zutaten genossen werden kann.

Als weiterer Urahn im Gemüsebeet erscheint die Pastinake, auch Hammelmöhre genannt, auf dem Küchentisch. Sie zählt zu den ältesten Wurzelgemüsen, wurde aber schon vor etwa 150 Jahren von den damals neuen Möhrenzüchtungen weitgehend verdrängt. In den europäischen Nachbar-

Himmel und Erde

Zutaten:

1 kg Äpfel, 20 g Zucker, 1 kg Kartoffeln, Salz, 125 ml warme Milch, 1 Eigelb, 80 g Butter, Muskatnuß, 500 g Blutwurst, 1 EL Öl, 300 g Zwiebeln.

Zubereitung:

Äpfel schälen, in Viertel schneiden und Kerngehäuse entfernen. Apfelviertel in feine Spalten schneiden, mit etwas Wasser und dem Zucker zu einem Apfelbrei dünsten.

Die Kartoffeln schälen und in Salzwasser gar kochen. Anschließend das Kochwasser abgießen und die Kartoffeln mit Salz, warmer Milch, Eigelb und 50 g Butter zu einem Brei zerstampfen. Mit geriebener Muskatnuß abschmecken.

Eine Auflaufform mit der restlichen Butter ausbuttern. Den Apfelbrei und dann den Kartoffelbrei hineinfüllen. Die Blutwurst in Scheiben schneiden, in dem Öl von beiden Seiten anbraten und auf den Kartoffelbrei legen. Zwiebeln in Ringe schneiden, andünsten und über der Wurst verteilen. Im vorgeheizten Backofen bei 180°C etwa 15 Minuten backen.

Heiß servieren.

Äpfel-Fenchel-Möhrensalat

Zutaten:

2 Äpfel, 2 Möhren, 1 kleine Fenchelknolle, 1/2 Becher saure Sahne, 1/2 Becher Schlagsahne, 1 EL Tomatenmark, 1 TL Honig, 1 TL frische Pfefferkörner, Salz, Zitronensaft, evtl. etwas Sherry, Sonnenblumenkerne.

Zubereitung:

Äpfel, Möhren und Fenchel waschen und in dünne Scheiben schneiden. Mit Zitronensaft beträufeln. Schlagsahne steifschlagen, mit saurer Sahne, Tomatenmark und Honig verrühren. Die Pfefferkörner unterheben und mit Salz und evtl. etwas Sherry abschmecken. Sauce über den Salat gießen. Sonnenblumenkerne in der Pfanne anrösten und über den Salat streuen.

Äpfel-Sauerkraut-Salat

Zutaten:

2 große würzige Äpfel, 350 g Sauerkraut, 200 g gekochten Schinken, 200 g Crème Fraîche, 1 EL gehackte Petersilie, Salz, Zucker, weißer Pfeffer, 2 EL feingehackte Haselnüsse.

Zubereitung:

Sauerkraut abtropfen lassen, grob zerschneiden und in eine Schüssel geben. Die Äpfel waschen, vierteln, entkernen und in Stifte schneiden. Sofort unter das Sauerkraut mischen. Den gekochten Schinken in kurze Streifen schneiden und unterheben.

Crème Fraîche mit der Petersilie und den Nüssen verrühren, mit Salz, Zucker und Pfeffer abschmecken. Die Sauce mit den Salatzutaten vermischen und 30 Min. durchziehen lassen.

ländern ist sie hingegen eine geschätzte Delikatesse. Gegenüber ihrer orangeroten Verwandten, besitzt sie höhere Ernährungswerte. Ihr Vitamin C-, Kalium- und Calcium-Gehalt sind stärker als bei der Möhre, ihr Nitritgehalt dagegen wesentlich geringer ausgelegt. Von den verschiedenen im Handel erhältlichen Sorten hat sich in Versuchen die Rübe „Gladiator" (Züchter: Firma Carl Sperling in Lüneburg) am Besten bewährt. Sie hat eine gutgeformte glatte Frucht mit geringen Seitenwurzeln.

Der Anbau erfolgt im März, wobei ruhig mehr Saatgut in die Erde darf. Die Keimfähigkeit ist nicht besonderlich gut ausgeprägt und mit einer Keimdauer von ca. 4-6 Wochen auch relativ lang. Dann aber bleibt die Pastinake recht robust.

Ab August bis in den Frost hinein kann geerntet werden. Sie schmecken sogar nach einer ersten Frosteinwirkung noch besser. Als winterharte Rüben ergeben sie ein ausgezeichnetes Wintergemüse. Alleine die Gefahr des Mäusefraßes kann der Ausdauer im winterlichen Gartenbeet gefährlich werden.

Sie werden gerne mit Möhren, Kartoffeln und anderen Gemüsen gekocht. Ihr äteherisches Öl verleiht der Pastinake einen würzigen Geschmack. Sie ist jedoch auch in Rohkostsalaten verwendbar und liefert sogar mit ihren jungen Blättern und dillähnlichen Samen eine würzige Bereicherung. Kleine Wurzeln sind zu bevorzugen, da Große leichter holzig sein können.

Sind es unter der Erde die Wurzeln und Knollen, so fordern im Tageslicht die alten Blattgemüse ihre Renaissance in der Küche. Da wartet z.B. der Portulak auf das Ende seines langen Dornröschenschlafs. Als Bürzelkraut geriet das eigenwillig salzig-säuerlich schmeckende Gemüse bereits nach dem Mittelalter in Vergessenheit. Es strotzt nur so von gesunden Eigenschaften. Hat blutreinigende Wirkung, besitzt viel Mineralstoffe, hat einen besonders hohen Anteil an ungesättigten Fettsäuren und hilft damit zur Vorbeu gung gegen Arteriosklerose.

Portulak gibt es sowohl als Sommer- wie Wintersorte. Da genießt man die schüsselförmi-

gen Blätter roh im Salat und Quark oder kurz geschmort wie Spinat. Nur nicht zuviel salzen, denn der Portulak bringt viel Eigengeschmack mit sich.

Die Gartenmelde hat sich schon lange Zeit nicht mehr im Garten zu Wort gemeldet. Als Spinatersatz wurde sie vom Kulturspinat fast völlig zurückgesetzt. Ganz zu Unrecht, denn schon den Griechen und Römern war sie bekannt und im Mittelalter durften ihre grünen Blätter in keinem Garten fehlen. Ihre Aussaat und Verwendung ähnelt dem Spinat. So gibt es die „grüne Gartenmelde" und die „Gelbe Rheinische". In einer Höhe von 10-25 cm wird wie bei Spinat, die ganze Pflanze oder später einzelne Blätter gepflückt. Ihren milden Geschmack bringt sie neben dem Dünsten auch mit ihren jungen Blättern in den Salat. Wird sie angepfanzt, dann will sie ausreichend gegossen werden. Wer ißt schon gerne faserige Blätter? Gegenüber der Vertreibung aus Hof und Garten, wirkt der Name der folgenden Gemüsestaude sehr versöhnlich. Der Gute Heinrich hat so alle guten Eigenschaften in sich vereint. Er ist widerstandsfähig, pflegeleicht, besitzt hohen Nährstoffgehalt, ist vielfach verwendbar und kann bis zu sechs Jahren hintereinander genutzt werden. In früheren Zeiten wurde die Staude als Salatpflanze angebaut. Allerdings bietet sie auch Spargelersatz. Geerntet wird vorrangig ab dem zweiten Standjahr nur im zeitigen Frühjahr bis zur Knospenbildung. Ähnlich dem Spargel können die jungen Schößlinge durch Anhäufeln und Lichtabschluß bis Juni auf 10 cm Länge gebleicht, herangezogen und geerntet werden. Die jungen Blätter ergeben den bereits erwähnten Salat und die Blütenknospen können roh oder gekocht als Zugabe dienen. Sogar Brot wurde aus den zu Mehl gemahlenen Samen des Guten Heinrichs einst hergestellt.

Der Erdbeerspinat hat im Geschmack zwar nichts mit den saftigaromatischen roten Sommerfrüchten gemein, aber die kleinen roten Früchte ähneln

im Aussehen sehr der Erdbeere. Sie sind eßbar, schmecken leicht süßlich, sind aber eher fade und darum konzentriert sich die Nutzung auf die grünen Blätter. Klein sind die Blättchen und dementsprechend mühsam ist die Ernte. So hat der großblättrige Spinat die alte Kulturpflanze fast verdrängt. Aufgrund ihres dekorativen Aussehens besitzt sie heute mehr Zier- als Nutzwert. Ihre Verwendung gleicht der des Spinats.

Zum guten Schluß kommt der Römische Kohl zu alten Ehren. Als Mangold hat er sich die Gemüseregale wiedererobert und hat seine Renaissance wirklich geschafft. Schließlich ist auch er von Blatt bis Stiel zu verwenden. Er ist ein Verwandter der Zucker- oder Runkelrübe und der Roten Beete. Zumeist wird er mit seinen glatten, etwas ledrig wirkenden schlanken Blättern und dicken weißen Stielen als Spinatersatz angesehen. Er hat jedoch die Vorzüge, daß er über einen längeren Zeitraum geernet werden kann und darüberhinaus so gut wie keinen Putzabfall produziert. Schnitt- und Rippenmangold gibt es auf dem Markt. Während der Rippenmangold seine ganze Pflanze samt Stiel und Blätter zur Verwendung anbietet, ist Schnittmangold wiederum robuster gegenüber niedrigen Temperaturen in der Anpflanzung. Beide schmecken sie ab Juni/Juli, wenn sie geerntet werden. Werden nur die Außenblätter abgeschnitten, so sorgt der Herzkegel für ein weiteres Wachstum über den Winter hinweg bis ins nächste Frühjahr.

Mangold sollte frisch verwendet werden, da er leicht welkt. Wie Spinat gedünstet und als weißes Stielgemüse wie Spargel gekocht, schmecken beide Teile äußerst fein. Eine beachtliche Portion an Mineralstoffen und Vitaminen machen auch ihn zu einem sehr gesunden Gemüse.

Der große alte Apfelbaum war sichtlich ins Schwärmen geraten und mußte sich nach den vielen schönen Erinnerungen erst einmal die leichten Tränen mit seinen Blättern aus dem Wipfel wischen. „Ja so war es“ beendete er seine Ausführungen an die vielen kleinen Gartengemüse tief unten an seinen Wurzeln. „Also hört auf zu zanken und freut Euch, daß es den Guten Heinrich, die Gartenmelde und die vielen anderen noch gibt!“

Sellerie-Äpfel

Zutaten:

250 g Sellerieknolle, 5 mittelgroße säuerliche Äpfel, 1 Zitrone, 50 g gehackte Nüsse, 4 EL Joghurt, 4 EL Dickmilch, Kräutersalz, weißer Pfeffer, frische Kresse.

Zubereitung:

Die Äpfel waschen, vier Äpfel großzügig aushöhlen, innen mit Zitronensaft beträufeln und zur Seite stellen. Den anderen Apfel und den Sellerie schälen und fein in Streifen raspeln. Apfel- und Selleriestreifen mit den gehackten Haselnüssen vermischen. Aus Joghurt, Dickmilch, Salz und Pfeffer eine Salatsauce bereiten und unter den Salat mischen. Den Salat in die ausgehöhlten Äpfel füllen, auf einem Teller mit Kresse garniert servieren.

Äpfel-Rettich-Salat

Zutaten:

2 mittelgroße säuerliche Äpfel, 1 weißer Rettich, 2 EL Zitronensaft, 125 ml Schlagsahne, 1 TL Senf, 2 TL geriebener Meerrettich (aus dem Glas), 50 g grob gehackte Walnußkerne, Salz, weißer Pfeffer.

Zubereitung:

Die Äpfel waschen, vierteln, entkernen und quer in Scheiben schneiden. Sofort mit 1 EL Zitronensaft beträufeln. Den Rettich schälen und in dünne Scheiben schneiden. Für die Marinade die Schlagsahne mit Senf und Meerrettich verrühren und mit 1 EL Zitronensaft, Salz und Pfeffer abschmecken. Sie über die Apfel- und Rettichscheiben geben, leicht vermischen und 10 Min. durchziehen lassen.

Äpfelrohkost

Nicht nur als Schlankmacher eine hervorragende Zwischenmahlzeit.

Zutaten pro Person:

1 Apfel, 1 EL Zitronensaft, 2 EL Orangensaft, 1 EL Honig, 100 g körniger Frischkäse.

Zubereitung:

Den Apfel gründlich waschen (nicht schälen), vierteln, Kerngehäuse entfernen und nicht zu fein raspeln. Mit Zitronensaft beträufeln. In einem kleinen Topf Orangensaft und Honig unter ständigem Rühren erwärmen bis eine glatte Sauce entsteht.

Äpfel und Frischkäse auf einem Teller anrichten und mit der Sauce beträufeln.

Äpfel-Joghurt-Chutney

Zutaten:

200 g Naturjoghurt, 1 EL Zitronensaft, 1 EL feingehackte Minze, 1 EL feingehackter grüner Koriander, 1 Apfel (säuerlich, z.B. Glockenapfel), Salz und gemahlenen Pfeffer.

Zubereitung:

Apfel schälen, entkernen und fein raspeln. Zusammen mit Joghurt, Zitronensaft, Minze und Koriander in einer Schüssel mischen. Mit Salz und Pfeffer würzen.

Das Chutney in ein Gefäß mit festschließendem Deckel füllen. Kann bis zu 1 Woche im Kühlschrank gelagert werden.

Gesundheit die schmeckt

Der Apfel als kleine Hausapotheke

Wer die Geschichte kennt, der weiß um Evas folgenschweren Fauxpas. Schließlich ist sie es gewesen, die ihre Finger nicht von den Früchten des Baumes der Erkenntnis lassen konnte und damit sich selbst und den Adam gleich mit aus dem Paradiesgarten katapultierte. Glaubt man den vielen weisen Geschichtenerzählern, die diesen Sündenfall viel später dem Volk nähergebracht haben, dann soll es wohl der Apfel gewesen sein, der über den Baum an die Schlange, durch diese weiter an Eva und damit schließlich an Adam gereicht wurde. Betrachtet man jedoch das Geschehen nicht aus der Perspektive der verbotenen Tat, sondern aus dem Blickwinkel des offerierten Produkts, dann läßt sich der Biß in den Apfel weniger als Sünde, aber vielmehr als Glücksfall bezeichnen. Was hätte Eva ihrem Adam Besseres antun können, als ihm die geballte Ladung an Gesundheit in Form des unschuldigen Apfels zu überreichen. Da erscheint die arme Eva in weitaus günstigerem Licht. Der Genuß des Apfels bleibt aber aufgrund seiner hohen inneren Werte immer eine kleine Sünde wert.

Schönheit und Gesundheit verbinden sich in Schale, Kernhaus und Fruchtfleisch. Absolut umweltverträglich, denn der Apfel hat eine perfekte Verpackung, die zum Schluß nur noch den Stiel übrig läßt.

Der Apfel gehört zu den erfolgreichen ABC-Schützen, denn mit seiner ausgewählten Vitaminkombination baut er die Fitneß für den Tag auf. A und C stärken das Immunsystem, sind Baustein für Augen, Knochen und gesunde Zähne und Schlüssel für die Aufnahme weiterer lebenswichtiger Substanzen im Körper. Der Vitamin C-Gehalt schwankt je nach Sorte, Anbauklima, Alter der Äpfel, Sonnen- und Schattenwachstum und dem Reifezustand. Die Sorte Braeburn ist der Spitzenreiter unter den Top Ten der Vitamin C-haltigen Äpfel. Er enthält rund 30 mg je 100 g

Frucht. Gefolgt wird er vom Berlepsch. Die Schlußlichter bilden in dieser Hinsicht die Früchte von Gloster, James Grieve und Granny Smith. Wenn möglich sollte die Schale mitverzehrt werden, denn auch hier sitzt die Mehrheit der guten Stoffe direkt an der Oberfläche.

Vitamin A schützt die Zellen vor freien Radikalen, hält sie jung und die Haut glatt. Auch die Sehkraft der Augen unterstützt das A-Vitamin. Da denkt man gleich an die orangeroten Karotten. Nicht zu Unrecht, denn wie sie enthält auch der Apfel Carotine in der Schale, die zum Teil als Vitamin A- Vorstufe gelten.

Wer A sagt, der muß auch B sagen und das geschieht im Apfel durch seinen Vitamin B-Komplex. B1, B2, B6 und B12 sorgen für Ausgeglichenheit und Nervenstärke, arbeiten aber auch gegen Haarausfall, vorzeitiges Ergrauen und Hautprobleme. Vitamin-B-Killer sind Zucker, Alkohol, Kaffee und Schwarztee. Auch hier gilt wie so oft: nicht der Verzicht auf Genuß, sondern der Genuß in Maßen.

Die Vitamine E und K sollen in der Betrachtung nicht zurückstehen. Schließlich gilt das E-Vitamin als Schönheitsvitamin. In ihm liegen Schutzfunktionen. Es wirkt als Antioxidanz und hält die Zellen jung. Ein Mangel kann sich in Sehschwäche, Altersflecken, Müdigkeit, Nervosität und Herz-Kreislauf-Erkrankungen anzeigen.

Das Vitamin K ist im Apfel nur verhältnismäßig gering ausgeprägt. Der Grünkohl ist in dieser Hinsicht ein K-Kraftpaket. Es sorgt für die Blutgerinnung und liefert lebenswichtige Stoffe für Nieren, Knochen und das Bindegewebe. Auch wenn es nicht in hohem Maße im Apfel vorliegt, so heißt es auch hier „die gesunde Mischung macht's".

Neben den Vitaminen liefert der Apfel natürlich auch eine Reihe von wichtigen Spurenelementen und Mineralstoffen. Das Kalium stellt er mit 100-180 mg auf 100 g Fruchtsubstanz in größter Menge gegenüber allen anderen Apfelsubstanzen zur Verfügung. Zusammen mit dem Natrium regelt es den Wasserhaushalt des Körpers, unterstützt die Ausscheidung von Flüssigkeit durch die Nieren und ist somit für ein gesundes Wohlbefinden verantwortlich. Mit dem Genuß eines Apfels täglich deckt man ein Vielfaches des menschlichen Tagesbedarfs. Magnesium, Phosphor und Calcium gehören in den weiteren Kreis der Mineralstoffe. Die Knochen und das Nervensystem profitieren in besonderer Weise davon, aber auch Muskelkrämpfe, Herzbeschwerden und sogar Infarkte werden auf eine Unterversorgung von Magnesium zurückgeführt. Durch den Genuß eines Apfels deckt man zwar nicht den Tagesbedarf aber er gehört mit zu einer ausgewogenen und gesunden Versorgung mit den lebenswichtigen Stoffen.

Der Genuß in Essen und Trinken bedeutet in unserer heutigen konsumorientierten Lebensweise nicht mehr ein Genießen ohne Reue. Maß halten und eine bewußte Auswahl in der Ernährung sind essentielle Ausrufezeichen für eine gesunde Lebensweise. Ein erhöhter Cholesterinspiegel begünstigt die Entstehung von Fetteinlagerungen an den Innenwänden der Blutgefäße. Solche Arteriosklerose kann dann schnell zu einem gefährlichen Auslösefaktor für Herzschwäche und Herzinfarkt werden. Der Apfel kann in diesem Hinblick zwar eine ungesunde Lebensweise nicht kompensieren, übermäßigen Alkohol- und Nikotinkonsum nicht abmildern, aber durchaus zu einer Vorbeugung eines erhöhten Cholesterinspiegels beitragen. Dazu verhilft der Inhaltsstoff Pektin. Als natürliches Geliermittel demjenigen längst bekannt, der sich mit Einkochen von Gelees und Konfitüren beschäftigt. Das Pektin bindet aber nicht nur die süßen Konserven, sondern auch die Cholesterine und Fette im Magen, die dann leichter ausgeschieden werden. Der erhöhte Spiegel sinkt mit der Zeit und belastet somit nicht mehr den Organismus. Im Apfel ist der Pektingehalt im Vergleich zu anderen Obstarten sehr hoch.

Das Pektin ist es auch, das in der Verdauung eine wichtige Rolle spielt. Die zerkauten Apfelfasern stärken und trainieren die Darmmuskulatur während das Pektin im Darm quillt, Bakterien und giftige Zersetzungsprodukte bindet und somit zu einer gesunden Darmflora beiträgt. Der Apfel ist somit auch bei Durchfallerkrankungen ein hilfreiches Produkt. Mittels fein geraffelter Äpfel, ohne Schale und Kerngehäuse über den Tag verteilt gegessen, und natürlich ohne sonstige Mahlzeiten verzehrt, ist meist die durchschlagende Ursache binnen ein bis zwei Tagen sanft behoben. Genügend Flüssigkeitszufuhr aber nicht vergessen, um den Mineralhaushalt wieder aufzufrischen.

Es gibt noch eine Fülle von positiven Inhaltsstoffen und damit gesunde Auswirkungen des Apfelgenusses. Er unterstützt ein besseres Einschlafen und weckt am Morgen gleichzeitig den Organismus durch seinen Muntermachereffekt. Der Blutzuckerspiegel kommt auf Touren und das Vitamin C besorgt das Übrige. Vergessen sollte man auch nicht die gesunden Wirkungen des Apfels in Essigform.

Die kleine Hausapotheke Apfel sollte man deshalb immer im Hause haben. Auf Reisen wird sie schnell zur mobilen und leicht transportierbaren Reiseapotheke. „An apple a day keeps the doctor away“ - Ein Apfel pro Tag hält den Doktor fern. Das englische Sprichwort ehrt den Apfel in besonderer Weise und macht auf sein gesundes Allroundtalent aufmerksam. Auch mit dem Apfel werden die Ärzte nicht arbeitslos werden, im Gegenteil wäre wohl so mancher Doktor froh, wenn seine Patienten den Apfel etwas regelmäßiger genießen würden. Fangen Sie doch heute einfach damit an!

Spinatsalat mit Apfelwürfeln

Zutaten:

125 g frischer Spinat, 100 g frische Champignons, 2 Äpfel, 1/2 Zwiebel, 1 Zitrone, 3 EL Joghurt, 1 Msp. Senf, Pfeffer, Kräutersalz.

Zubereitung:

Den Spinat putzen und in kleine Blättchen zupfen. Die Äpfel waschen, vierteln, entkernen und feinwürfeln. Zwiebel feinhacken. Die Zitrone auspressen, etwas Saft zur Seite stellen und mit dem Rest die Apfelwürfel beträufeln. Die Champignons putzen und feinblättrig aufschneiden. Aus Joghurt, Senf, Zitronensaft, der gehackten Zwiebel und den Gewürzen eine Salatsauce zubereiten. Spinat, Äpfel, und Champignons mit der Salatsauce locker vermischen.

Scharfer Entkleidungskünstler

Die Zwiebel als beliebtes Küchengemüse

Etwas Schlimmes ist geschehen. So muß es sein, denn dicke Tränen kullern über die weichen roten Wangen der Köchin. Eben noch war sie im Garten, hat Schnittlauch geschnitten und Möhren aus der sandigen Erde gezogen. „Vielleicht hat sie sich geschnitten?", denkt sich der kleine Max. „Ach was!" meint sein Bruder Moritz. „Das ist bestimmt der Hexenschuß. Immer trägt sie zu schwer an den Kartoffelkörben, wenn sie Erdäpfel aus dem Keller holt", gibt er mit doktorengleicher Miene von sich. „Sie wird doch wohl nicht den Rechen übersehen haben?" entgegnet daraufhin der kleine Max und ein verschmitztes Blitzen huscht über seine Augen. „Keine Angst! Der steckt noch im Heu der gemähten Wiese. Mir tut jetzt noch der Rücken weh", moniert Moritz. Aber irgendetwas hat sie. Ihre Augen sind ganz rot geschwollen und ständig greift sie nach dem Küchentuch. „Hoffentlich kann sie noch kochen!" erwidert der andere und es wird ihm ein wenig flau im Magen, als er sich das Ausmaß einer solchen Tragödie ausmalt. „Nie wieder Kartoffelsalat und nie mehr den guten Apfelkuchen", klagt Max. „Nie wieder den ekligen Spinat und nie wieder die dicken Saubohnen", freut sich hingegen Moritz.

Sie schleichen aus ihrem Versteck und pirschen sich dicht an der Hauswand entlang, um der Heulerei der Köchin genauer auf den Grund gehen zu können. „Am Ende bleiben sie halt doch alle Heulsusen, egal wie alt sie sind" brüstet sich der Frechere von beiden und seine Haarlocke schaut steil in die Luft. „Trienen, die bei jedem kleinen Kratzer zu flennen anfangen, bah!"

Max und Moritz merken im Eifer ihrer Beschimpfungen nicht, wie die Köchin näher kommt. Sie hat genug gehört, um den beiden gehörig an den Ohren zu ziehen. In dieser Haltung und mit schmerzenden Minen nimmt sie beide mit an den großen Küchentisch, wo links und rechts zwei Struwwelpeter gegenüber hingesetzt werden. Die Beine baumeln noch in der Luft, während die dicke Frau jedem der beiden eine Handvoll runder Knollen zuschiebt. „Schalen abpellen!" ruft sie Max und Moritz zu. „Da werden wir ja mal sehen, wer hier die Heulsuse ist", setzt sie gleich hinterher. Unwillig aber die kräftige Hand der Köchin fürchtend, fangen sie an, die Zwiebeln Schale für Schale auszuziehen, bis sie nackt und weiß in die Schüssel rollen. Ungeschnitten reichen die Knollen schon für die beiden vorlauten Burschen aus, ihnen das Wasser in die Augen zu treiben. Schniefend läuft ihnen die Nase und der einzige Trost den sie haben, liegt als weiche Hefekugel auf dem Teigbrett. Die Köchin wird weiterhin kochen, denn heute Abend gibt es Zwiebelkuchen!

„Hat sieben Häut´, beißt alle Leut´" - dieses Sprichwort ist wohl Devise für die Familie der scharfen Zwiebelgewächse, denn die schwefelhaltigen Säureverbindungen in ihrem Innern sind es, mit denen sie sich ein letztes Mal ihrer aufgezwungenen Entkleidung widersetzen wollen. Obwohl sie jedem Koch und jeder Köchin Tränen als Antwort auf dieses ungebührliche Begehren des Ausziehens in die Augen treiben, bleibt den Zwiebeln am Ende doch nichts anderes übrig, als sich geschlagen zu geben. Die Küche gewinnt durch die scharfriechende Knolle im wahrsten Sinne des Wortes.

Sie ist unverzichtbares Würzmittel, vielseitig verwendbares Gemüse und Generationen schwören auf die Heilkräfte und positiven Eigenschaften ihres Verzehrs. Deshalb ist sie auch mit der Tomate der deutschen liebster Gemüseartikel. Glaubt man den Statistikern, so verwenden rund 90% der Bundesbürger die Zwiebel regelmäßig, um ihr

Essen damit geschmacklich abzurunden. Die Zwiebelwurzeln liegen geographisch im Mittelmeerraum und dem vorderen Orient. Seit mindestens 4000 Jahren wird sie gezielt angebaut und so dürften schon die Hochkulturen an Nil und im Zweistromland ihren Nutzen geschätzt haben. Zwiebeln geben Kraft - das zumindest darf man glauben, wenn man den Papyrusberichten des alten Ägypten folgt. Schon beim Bau der Cheopspyramide wurde den Arbeitern neben Knoblauch und Rettichen die Zwiebel verordnet.

Auch Alexander der Große verließ sich auf die scharfe Knolle. Ihr Biß sollte sich auch auf die Streitlust seiner Krieger übertragen. Alleine der Grieche Sokrates ließ kein gutes Haar an ihr und beschimpfte die Zwiebel geringschätzig als widerwärtige Stinkpflanze.

Für die hiesigen Breiten gelang der große Durchbruch der Zwiebel erst im Mittelalter. Ab dem 19. Jahrhundert war die Knolle endgültig nicht mehr aus deutschen Küchengärten wegzudenken. Sortennamen wie Stuttgarter Riesen, Braunschweiger Dunkelrote oder die Zittauer Gelbe gehen auf diese Zeit zurück.

Als gut zu lagerndes Gemüse sind Zwiebeln heute das ganze Jahr auf dem Küchenzettel und ein fester Bestandteil in der deutschen Küche.

Botanisch ist die Zwiebel der Familie der Liliengewächse zugehörig und damit auch mit den Tulpen und Narzissen ebenso verwandt, wie mit dem Lauch und Spargel.

Die Sortenvielfalt ist weit gefächert, wobei in der Küche eindeutig die Speisezwiebel in ihrer hellgelben bis braunen Schale zur Verwendung kommt. Aber auch ihre milderen roten und weißen Varianten erfreuen sich einer großen Beliebtheit. Sie kommen als Frühlingszwiebeln frisch und zumeist mit ihrem Grün im April/Mai auf den Markt. Von Juli bis März erhalten dann die Trockenzwiebeln lose oder im Netz ihren Auftritt. Die großen Gemüsezwiebeln sind im Geschmack wesentlich milder als die kleineren Varianten und eignen sich für Rohkostsalate genauso wie für Aufläufe und Überbackenes. Wer es gerne sauer mag, der kennt auch die kleinen weißen Perlzwiebeln. Diese haben lediglich für die süßsauren Mixed Pickles Bedeutung. Ansonsten beschränken sich die Küchenerlebnisse auf die Vorgenannten.

Als Gourmetausgabe der gängigen Speisezwiebel liegt die Schalotte voll im Küchentrend. Wegen ihres auffallend feinen Aromas ist sie in der gehobenen Gastronomie nicht mehr wegzudenken. Im Gegensatz zu den sonstigen Sorten, bildet die Schalotte bis zu 15 ovale Nebenzwiebeln.

Im Hausgarten bleiben die Zwiebeln je nach Sorte zwischen vier und elf Monaten in der Erde. Wenn der Zwiebelhals welk wird und mit der Zeit abknickt, ist die Zwiebel zum Ernten reif. Oftmals bleibt sie nach dem Pflücken noch eine Weile auf dem Feld liegen. Durch das Nachtrocknen erhöht sich ihre Haltbarkeit. Nach der Ernte sollte die Zwiebel möglichst kühl, schattig und trocken liegen.

In der Hausapotheke ist die Zwiebel auch schon seit langer Zeit ein effizientes Hilfsmittel. Die hohe antibiotische Wirkung verdankt sie dem Allicin, das sich erst beim Anschneiden aus dem recht geruchlosen Alliin bildet. Weitere chemische Verbindungen zeigen ihre nahe Verwandtschaft zum Knoblauch. Weiterhin zeigen Forschungen ihre positive Wirkung auf den Blutzuckerspiegel, Bakterienhemmung und die natürliche Darmdesinfektion. Eine Anzahl wichtiger Mineralien und Vitamine runden die Zwiebelpower ab. Wen Husten und Erkältungskrankheiten der oberen Luftwege plagen, erhält Linderung durch ein Hustensirup aus Zwiebelsaft und Honig.

Empfindliche Menschen reagieren mitunter etwas ablehnend auf die Zwiebel und scheinen sie nicht zu vertragen. Ansonsten ist die gesunde Knolle ein wahres Allroundgewürz in der Küche und hat so mancher Speise schon den notwendigen letzten Pfiff gegeben.

Westerwälder Äpfel-Speckkuchen

Halb süß und halb pikant sind diese Pfannkuchen. Man serviert sie mit Zimtzucker und Zwetschgenkraut.

Zutaten:

2 Tassen Milch, 1 Tasse Wasser, 6-8 EL Mehl, 1 Msp. Backpulver, 4 Eier, 1 Prise Salz, 3 EL Zucker, 3 säuerliche Äpfel, 50 g Butter, 125 g dünne Scheiben Frühstücksspeck, Zimtzucker zum Bestreuen.

Zubereitung:

Milch und Wasser in eine Rührschüssel geben. Mehl mit dem Backpulver mischen und langsam einrühren, so daß es keine Klümpchen gibt. Eier, Salz und Zucker dazugeben und gut verrühren. Den Teig 15 Min. ausquellen lassen.

Die Äpfel schälen, vierteln, Kerngehäuse entfernen und in dünne Scheiben schneiden. Etwas Butter in der Pfanne erhitzen. Ein Viertel des Teiges hineingeben und Apfel- und Speckscheiben auf den Pfannkuchen legen. Wenn die Unterseite schön braun gebacken ist, den Pfannkuchen wenden und von der anderen Seite knusprig backen. Aus dem Teig noch drei weitere Pfannkuchen backen. Vor dem Servieren mit Zimtzucker bestreuen.

Äpfel-Zwiebelkuchen

Zutaten für den Teig:

400 g Mehl, 40 g Hefe, 6 EL Öl, 200 ml lauwarmes Wasser, 1 TL Zucker, 1 gestr. TL Salz, etwas Mehl zum Bearbeiten.

Zutaten für den Belag:

2 kg Gemüsezwiebeln, 125 ml Öl, 1 Bund frischen Thymian, Salz, Pfeffer aus der Mühle, 200 g durchwachsenen Speck (in dünnen Scheiben), 1 kg mittelgroße Äpfel (Boskop), 1-2 TL Kümmel.

Zubereitung:

Die Zwiebeln schälen, halbieren und in dünne Scheiben schneiden. 125 ml Öl in einer großen Pfanne erhitzen und die Zwiebeln darin bei mittlerer Hitze weichdünsten. Mit Thymian, Salz und Pfeffer würzen und auskühlen lassen.

Mehl in eine Schüssel geben und eine Mulde hineindrücken. Die Hefe in die Mulde krümeln, Salz, Zucker und Öl auf den Mehlrand geben.

Lauwarmes Wasser auf die Hefe gießen und auflösen. Die Zutaten von der Mitte aus zu einem Teig kneten.

Den Teig auf einer bemehlten Arbeitsfläche kräftig durchkneten, bis er glatt und geschmeidig ist. Zu einer Kugel formen, leicht mit Mehl bestäuben und zugedeckt ca. 30 Min. gehen lassen.

Die Äpfel schälen, Kerngehäuse ausstechen und in 1/2 cm dicke Ringe schneiden.

Den Teig auf der bemehlten Arbeitsfläche ausrollen, auf ein mit Öl bepinseltes hohes Backblech legen und die Ränder hochdrücken.

1/3 der Zwiebel auf dem Teig verteilen, Apfelringe darauf legen und die restlichen Zwiebel darüber verteilen. Die Speckstreifen obenauf legen und gleichmäßig mit Kümmel bestreuen.

Den Kuchen im vorgeheizten Backofen bei 225°C auf der zweiten Einschubleiste von unten ca. 25 Min. backen, weitere 5-10 Min. auf der obersten Einschubleiste.

Warm servieren.

Heringsgratin

Zutaten:
400 g mehlig kochende Kartoffeln, 400 g Äpfel (Boskoop), Zitronensaft, 2 Zwiebeln, 1 EL Butter, 8 halbe Matjesheringe, ca. 300 ml Schlagsahne, ca. 250 g Crème Fraîche, Pfeffer.

Zubereitung:

Kartoffeln, Zwiebeln und Äpfel schälen. Äpfel vom Kerngehäuse befreien, in Scheiben schneiden und mit Zitronensaft beträufeln. Kartoffeln und Zwiebeln in hauchdünne Scheiben schneiden oder hobeln.

Gebutterte, feuerfeste Auflaufform oder vier Portionsförmchen abwechselnd mit Kartoffel-, Zwiebel- und Apfelscheiben schichten und mit je zwei Hälften der gut gewässerten Heringsfilets belegen. Sahne, Crème Fraîche und Pfeffer mischen und darüber gießen. Im vorgeheizten Backofen bei ca. 180°C knapp 40 Min. überbacken.

Äpfelpizza „Vegetaria"

Zutaten für den Teig:

300 g Mehl, 20 g Hefe, 2 EL kaltgepreßtes Olivenöl, ca. 200 ml lauwarmes Wassser, Salz, etwas Öl für das Blech;

Zutaten für den Belag:

300 g Tomatenpüree, frisch gemahlenen Pfeffer, getrockneten Thymian, Salz, 1 Gemüsezwiebel, 1-2 EL Mehl, 2 EL Butterschmalz, 200 g Äpfel (z.B. Cox Orange), 200 g kleine Champignons, 3 EL neutrales Öl, 250 g Mozzarella, 50 g Sonnenblumenkerne

Zubereitung:

Mehl in eine Schüssel sieben und die Hefe darauf zerbröseln. Öl, Wasser und Salz dazugeben und mit der Hand zu einem geschmeidigen Hefeteig kneten. 30 Min. an einem warmen Ort zugedeckt gehen lassen. Ein Backblech ölen, den Teig zu einer runden Form ausrollen und nochmals 10 Min. gehen lassen.

Tomatenpüree mit Salz, Pfeffer und Thymian würzen und auf dem Teig verstreichen. Gemüsezwiebel schälen, in Ringe schneiden und mit dem Mehl bestäuben. Schmalz in einer Pfanne erhitzen und die Zwiebelringe darin knusprig braten. Auf der Pizza verteilen. Pilze putzen und in Scheiben schneiden. Äpfel waschen, Kerngehäuse ausstechen und in 1/2 cm dicke Scheiben schneiden. Champignons und Äpfel auf der Pizza verteilen. Mozzarella in Würfel schneiden und mit dem Öl und den Sonnenblumenkernen auf die Pizza geben.

Im 200°C vorgeheizten Backofen ca. 15 Min. backen, danach die Hitze auf 180°C reduzieren und weitere 15 Min. backen.

Westerwälder Äpfeltopf

Zutaten:

500 g Schweinegulasch, 30 g Butterschmalz, 3 Zwiebeln, 3 Äpfel, 3 EL Rosinen, 250 ml Bier, Salz, Pfeffer, 1 TL Majoran, 1 TL gekörnte Brühe, 1 EL Speisestärke.

Zubereitung:

Gulasch in dem heißen Butterschmalz scharf anbraten. Zwiebel schälen und grob würfeln. Äpfel schälen, entkernen und ebenfalls in Würfel schneiden. Beides zu dem Fleisch geben und kurz anbräunen. Mit Salz, Pfeffer und Majoran würzen und mit dem Bier auffüllen. Die gekörnte Brühe und die Rosinen dazugeben und ca. 30 Min. schmoren lassen.

Die Speisestärke mit Wasser anrühren und die Sauce damit binden. Nochmals abschmecken.

Matjestatar auf Apfelscheiben mit Kräuterschmand

Zutaten:

8 Matjesfilets, 2 Gewürzgurken, 1 mittelgroße Zwiebel, 2 Äpfel, 300 g Schmand oder Sauerrahm, Petersilie, Schnittlauch und Dill, Salz, Pfeffer aus der Mühle, Saft einer Zitrone.

Zubereitung:

Die Matjesfilets in kaltem Wasser waschen und mit Küchenkrepp abtrocknen. Die Filets, Gurken und Zwiebel in feine Würfel schneiden, in einer Schüssel mischen und mit Zitronensaft und Pfeffer marinieren.

Schmand in eine Schüssel geben und mit den feingehackten Kräutern, Salz und Pfeffer gut verrühren.

Die Äpfel schälen, das Kerngehäuse mit einem Ausstecher ausstechen und in Scheiben schneiden. Die Apfelscheiben mit Zitronensaft beträufeln und auf vier Teller gleichmäßig anrichten.

Mit zwei Eßlöffeln den Tatar in kleine Häufchen auf die Apfelscheiben setzen. Mit Kräuterschmand überziehen und mit einem Dillsträußchen garnieren. Dazu Bauerbrot oder Toastbrot reichen.

Apfel-Pilz-Sauce

Zutaten:
600 g Wiesenchampignons, 1 Zwiebel, 1 mehliger Apfel, 40 g Butter, 3 EL Calvados, Salz, Pfeffer, Worcestersauce, 3 EL Crème Fraîche.

Zubereitung:

Die Champignons putzen und waschen. Stiele herausdrehen und in Scheiben schneiden. Champignonköpfe je nach Größe in Viertel oder Achtel schneiden. Zwiebel schälen und in feine Würfel schneiden. Apfel schälen, vierteln, Kerngehäuse entfernen und grob raspeln.

Butter in einer Pfanne zerlassen und die Zwiebelwürfel darin andünsten. Pilze und Apfel dazu geben, kurz andünsten und mit Calvados ablöschen. Mit Salz und Pfeffer würzen und zugedeckt 8 Min. dünsten. Mit Worcestersauce und Crème Fraîche abschmecken.

Als Sauce zu Nudeln, Reis oder zum Braten reichen.

Apfelreis mit Oliven

Zutaten:

2 Äpfel, 1 kleine Zwiebel, 2 EL Öl, 3 EL Rosinen, 2 EL geschälte Mandeln, 2 mittelgroße frische Champignons, je 2 EL schwarze und grüne gefüllte Oliven, Salz, Zucker und Curry, 250 g Reis.

Zubereitung:

Äpfel und Zwiebel schälen und in kleine Würfel schneiden. Öl in einer Pfanne erhitzen und die Würfel darin anschmoren. Champignons putzen und waschen. Champignons und Oliven in Scheiben schneiden und zusammen mit den Rosinen und Mandeln in die Pfanne geben. Kurz mitschmoren und mit Salz, Zucker und Curry abschmecken. Anschließend warmstellen.

Den Reis nach Vorschrift kochen, abgießen und mit dem warmgestellten Pfannengemüse vorsichtig vermischen.

Leber mit Äpfelringen

Zutaten:

4 Scheiben Kalbsleber (oder Rinderleber), evtl. etwas Milch, 3 Äpfel, 2 Zwiebeln, 1 EL Öl, Salz, Pfeffer.

Zubereitung:

Von der Leber Haut und Sehnen entfernen und evtl. über Nacht in Milch einlegen, damit sie sehr zart wird.

Äpfel schälen, Kerngehäuse ausstechen und in Ringe schneiden. Zwiebeln ebenfalls schälen und in Ringe schneiden. Öl in einer Pfanne erhitzen und die Leber darin von beiden Seiten braun anbraten. Aus der Pfanne nehmen und warm stellen.

Zwiebelringe in die Pfanne geben, kurz anbraten. Anschließend die Apfelringe dazugeben und etwa 10 Minuten bei mittlerer Hitze dünsten. Kurz vorher die Leberscheiben nochmals in die Pfanne geben. Mit Salz und Pfeffer würzen.

Dazu Kartoffelpüree servieren.

Gratiniertes Frühlingsgemüse mit Äpfelsaft

Zutaten:

500 g Broccoli, 400 g Bundmöhren, 2 Bund Frühlingszwiebeln, 20 g Butter, 250 ml Apfelsaft, Salz, Pfeffer, 80 g milder Edelpilzkäse.

Zubereitung:

Gemüse waschen und putzen. Broccoli in Röschen teilen, die Stiele schälen und in Scheiben schneiden. Das Möhrenkraut bis auf ca. 1 cm abschneiden, dickere Möhren evtl. längs halbieren. Frühlingszwiebeln in 5 cm lange Stücke schneiden. Butter in einem Topf erhitzen. Möhren, Broccoli und Zwiebeln hineingeben, kurz anbraten. Apfelsaft zugeben und 10 Min. dünsten. Große, flache Auflaufform fetten und das Gemüse hineinlegen. Mit Salz und Pfeffer würzen. Edelpilzkäse fein würfeln und über das Gemüse streuen. Im 200°C vorgeheizten Backofen 10 Min. gratinieren.

Dazu schmecken Pellkartoffeln.

Hähnchenkeulen in Äpfelwein

Zutaten:

4 Hähnchenkeulen, Salz, Pfeffer, 1 Knoblauchzehe, 2 Zwiebeln, 75 g Butter, 200 g frische Champignons, 1 Lorbeerblatt, 1 TL oder Zweig Thymian, 500 ml Apfelwein, 200 ml Schlagsahne.

Zubereitung:

Hähnchenkeulen kalt abwaschen, trockentupfen, salzen und pfeffern. Knoblauch schälen, durchpressen und die Keulen damit einreiben. Zwiebeln schälen und feinhacken. Champignons putzen und in Scheiben schneiden. Keulen in Butter von beiden Seiten anbraten. Zwiebeln zum Hähnchen geben und 2 Min. mitbraten, anschließend die Champignons zugeben und nochmals 2 Min. garen. Lorbeerblatt, Thymian und Apfelwein beifügen, mit Salz und Pfeffer würzen und zugedeckt bei geringer Hitze ca. 25 Min. schmoren.

Keulen herausnehmen, Sahne zufügen und um 1/3 einkochen, dadurch entwickelt sich der Geschmack. Hähnchenkeulen in die Sauce geben und abschmecken.

Dazu Butternudeln und grünen Salat servieren.

Apfel-Porree-Suppe

Zutaten:

500 g Porree, 2 EL Butterschmalz, 1 EL mildes Currypulver, 1 TL Edelsüßpaprika, 1 l Gemüsebrühe, 2 Äpfel, 2 EL Zitronensaft, 1-2 EL ungeschälte Sesamsaat, Salz, frisch gemahlenen Pfeffer.

Zubereitung:

Den Porree putzen, der Länge nach einschneiden und gründlich abspülen. Die Stangen schräg in 1 cm breite Ringe schneiden. Die Porreeringe in einem Eßlöffel heißem Butterschmalz andünsten. Curry- und Paprikapulver darüberstäuben und kurz mitdünsten. Die Gemüsebrühe zugeben und alles einmal aufkochen lassen.

Einen Apfel waschen, vierteln und das Kerngehäuse entfernen. Die Apfelviertel grob reiben und zur Suppe geben. Alles bei kleiner Hitze 7-10 Min. kochen lassen.

In der Zwischenzeit den anderen Apfel schälen, vierteln und das Kerngehäuse entfernen. Die Viertel jeweils in vier Spalten schneiden und mit dem Zitronensaft mischen. Die Apfel-spalten im restlichen Butterschmalz auf beiden Seiten 1 Min. braten und mit Sesam bestreuen. Die Suppe mit Salz und Pfeffer abschmecken, auf vorgewärmte Teller verteilen und mit den gebratenen Apfel-Sesam-Spalten garnieren.

Die Nachricht verbreitete sich wie ein Lauffeuer im Garten. Noch bevor es die Brombeerhecken ahnen konnten, hatte schon der große Walnußbaum den Neuankömmling erspäht. Bereits vor Tagen war es den vielen Obstgehölzen und Gemüsepflanzen aufgefallen, daß zwischen den Reihen der Lauchstangen und dem kleinen Wiesenstück ein frisches Loch im Boden klaffte. Der Spaten steckte noch als *Corpus delicti* neben dem Erdhaufen und ein Raunen ging durch die Gemüsebeete, was das wohl zu bedeuten habe. Schließlich hatten sich alle - ganz gleich, ob sie einjährigen Aufenthalt genossen oder für mehrere Jahre ihren Gartenplatz an der Sonne gebucht hatten - zusammengefunden und waren zu einer eingeschworenen Gartengemeinschaft gewachsen. Wer den Ankerplatz gleich neben der großen alten Regentonne für sich beanspruchen konnte, hatte gewisse Privilegien im grünen Gartenreich, konnte sich immer einer genügend großen Wasserration gewiß sein und stand deshalb in besonders viel Saft und Kraft. Ansonsten gab es aber keine großen Unterschiede. Jeder blieb auf seiner Parzelle und nur die buschige Pfefferminze mußte man ab und zu wieder zurecht stutzen, damit sie ihre Ausläufer nicht im ganzen Garten verteilte.
So standen alle Pflanzen einig beieinander und die Spannung war im ganzen Garten spürbar. Der Walnußbaum war aufgrund seines hohen Wipfels der erste, der den Grund des ausgehobenen Erdloches verstand. „ Wir erhalten Zuwachs", war seine Antwort, als ihn die Zwiebeln am Boden in einem wirren Durcheinander der Stimmen nach den neuesten Neuigkeiten befragten. „Wird doch wohl kein Knöterich sein" ereiferten sich die schnurgeraden Reihen von Kartoffelpflanzen. „Mit dem werden wir noch unseren Spaß erleben. So ein Schlingel wie er, wird sich doch nie an seine Parzelle halten", gaben sie beleidigt zu Bedenken. „Dem werden wir dann schon zeigen wo es lang geht!", brüstete sich daraufhin die Brombeerhecke, die selbst schon des öfteren in Verdacht geraten war, heimlich, still und leise ihre Triebe in der Dunkelheit, wenn es keiner sah, über den hölzernen Geräteschuppen ziehen zu wollen. „Ach was!" schimpfte der Walnußbaum, genervt von soviel Kleinkrämerei seiner Gartennachbarn. „Es ist weder ein Knöterich noch sonst ein Zuzügler, den wir fürchten müßten." Mit einem

Mal wurde es mäuschenstill zwischen den Beeten, denn durch das Gartentor erschien von Gärtnerhand getragen, eine schlanke Gestalt mit einem Wurzelballen. Junge starke Triebe zeugten von einer Erscheinung mit festem Willen zum Anwachsen und der kleine Personalausweis in Form einer Sortenbeschreibung hing lose an dem hohen Mittelzweig. „Ein echter James Grieve" kam es den Gartenbewohnern anerkennend aus aller Munde. Das Erdloch war sein neues Zuhause, ganz in der Nähe zu den buschigen Gartenkräutern und den schwarzen Johannisbeersträuchern. Erleichtert nahm man den kleinen neuen Apfelbaum zur Kenntnis und wenn er in seinen ersten Tagen besonders viel Wasser benötigte, nahm so mancher seiner neuen Gartennachbarn die Wurzeln dezent zurück und überließ ihm gerne eine Extraportion. So streckte der Neuankömmling wohlig seine jungen Zweige und fühlte sich im Garten rundum zufrieden. Nicht jeder wird gleich ein Apfelbäumchen pflanzen wollen, aber für diejenigen, die es doch mit dem Ausspruch Martin Luthers bezüglich der Obstbaumpflanzung halten, seien im Folgenden einige Tips und Hinweise gegeben.

Die außerordentlich große Sortenfülle des Apfels erlaubt es, für viele Standorte, Reifezeiten und Verwendungszwecke etwas Passendes für den Obstgarten und die Streuobstwiese zu finden. Neben einer guten Bodenstruktur, die sowohl humusreich, tiefgründig, gut durchlüftet ist und ein gutes Wasserhaltevermögen aufweist, sind auch Niederschläge von jährlich mindestens 700 mm vorteilhaft. Bei großer Trockenheit oder auch deutlich geringeren Niederschlägen muß entsprechend Wasser zugeführt werden. Dies ist gerade in den ersten Jahren von Wichtigkeit. Bei Wintertemperaturen von unter -20°C besteht die Gefahr, daß Frostschäden am Holz auftreten. Frosteinbrüche nach Blühbeginn im Frühjahr führen schon bei niedrigen Minusgraden zu Ertragsausfällen.

Die einzelnen Apfelsorten sind selbst unfruchtbar. Aus diesem Grunde ist es unerläßlich mindestens zwei verschiedene Sorten anzubauen. Befruchtungszeiten der beiden Sorten sollten im gleichen Zeitraum liegen. So macht es wenig Sinn früh- und spätblühende Sorten nebeneinander zu pflanzen. Wie bereits aus der kleinen Apfelhistorie bekannt, besitzen unterschiedliche Apfelsorten auch unterschiedlich gute Qualitäten, was den Pollenspender angeht. Die triploiden Sorten (mit drei Chromosomensätzen) sind als Befruchter unbrauchbar. Am Besten läßt man sich in einer Baumschule beraten, welche Sorten füreinander geeignet sind und mit welchen Standortansprüchen und Verwendungszwecken zu rechnen ist.

Um den Ertrag der Apfelbäume zu gewährleisten, sind unterschiedliche Gesichtspunkte zu berücksichtigen. Zu Beginn stehen die Fragen nach:

Verwendungszweck
(Tafelapfel, Koch- oder Wirtschaftsapfel)

Geschmack
(eher süß oder eher säuerlich)

Krankheitsresistenz
(welcher Pflanzschutz soll betrieben werden? will man durch die Wahl robuster Sorten mögliche Geschmacksnachteile in Kauf nehmen?)

Standort
(Klima, Bodengüte, Befruchtung)

Baumform
(Hochstamm, Spalier etc.)

Qualität der Pflanzware

Hochstämme der Kern- und Steinobstanlagen werden als mehrjährige Veredelungen gehandelt, die auf dem Wege der Okulation oder Kopulation veredelt wurden. Aus der Okulation hervorgegangene Bäume entwickeln schneller breitere Kronen mit einem günstigeren, d.h. größeren Astabgangswinkel, der frühere Erträge mit weniger korrigierenden Schnitteingriffen und darum gesündere Kronen ermöglicht. Die Triebe, aus denen sich die Kronenleitäste entwickeln, sollten mindestens eine Länge von 30 cm aufweisen. Der Stamm darf keine größeren Rindenverletzungen haben. Das wichtigste Qualitätsmerkmal für ein erfolgreiches Weiterwachsen ist der Wurzelkörper. Er sollte möglichst gut verzweigt und gut mit feinen Saugwurzeln besetzt sein. Es ist normal, daß die Spitzen der stärkeren Pfahl- und Seitenwurzeln beim Rodevorgang in der Baumschule abgestochen werden. Wichtig ist jedoch die Erhaltung der Funktionsfähigkeit des gesamten verbliebenen Wurzelkörpers mit Pfahl-, Seiten-, und insbesondere den feinen Saugwurzeln. Die Wurzeln dürfen niemals austrocknen.

Transport und Lagerung

Die Wurzeln müssen bei Transport und kurzfristiger Lagerung immer feucht gehalten und durch Abdeckung gegen Austrocknung von Wind und Sonne geschützt werden. Am Besten ist eine unverzügliche Pflanzung nach dem Kauf des jungen Apfelbaums.

Pflanzvorbereitung

Die Nährstoffansprüche von vielen Apfelsorten sind im Vergleich zu anderen Kulturen gering. Frisch gepflanzte Bäume erreichen ihr optimales Wurzelwachstum nur in einem gut durchlüfteten Boden. Bei Einzelpflanzung muß eine Pflanzgrube gegraben werden, die um ein Vielfaches größer als der Wurzelkörper des zu pflanzenden Baumes sein sollte.

Pflanztermin

Herbstpflanzung führt zu besseren Anwachsergebnissen als Frühjahrspflanzung. Bei Temperaturen oberhalb des Gefrierpunktes findet auch im Winter ein Wurzelwachstum statt. Ebenso gewährleistet eine frühe Pflanzung einen besseren Bodenschluß um den Wurzelkörper. Solange der Boden nicht gefroren ist und keine Staunässe herrscht, kann im Verlauf des gesamten Winters gepflanzt werden. Viele Baumausfälle sind auf eine Pflanzung im späten Frühjahr mit anschließenden vorsommerlichen hohen Temperaturen (Trockenheit) zurückzuführen.

Pflanzung

Zum Schutz vor Wühlmäusen und Mäusen hat sich die Pflanzung in einem etwa 60 cm breiten und 30 cm tiefen Korb aus kleinmaschigem Sechseck-Drahtgeflecht (keine Plastikummantelung) bewährt. Frisch gepflanzte Hochstammbäumchen benötigen, da sie noch nicht fest im Boden verwurzelt sind, einen Baumpfahl. Dieser muß vor der Pflanzung 50 cm tief in den Boden eingeschlagen werden, so daß bei einer Stammhöhe von 200 cm, Pfähle von 250 cm mit einem Durchmesser von 5-6 cm erforderlich werden. Der Pflanzpfahl sollte auf der Seite der Hauptwindrichtung - in der Regel auf der Westseite des Baumes - stehen, damit keine Scheuerstellen entstehen. Um dies zu verhindern, wird der Baum mit einer achtförmigen Schlinge am Pfahl festgebunden. Nach erfolgter Pflanzung tritt man die Erde um den Stamm herum zur Verbesserung des Bodenabschlusses leicht an. Das vielgenannte Einschlämmen während der Pflanzung wird nicht empfohlen. Es führt - gar noch in Verbindung mit einem Antreten der Erde - zu einem „Einbetonieren" der Bäume, das ein gesundes Wurzelwachstum erschwert.

Pflanzschnitt

Der Pflanzschnitt dient der Herstellung eines neuen Wachstumsgleichgewichts zwischen dem durch Rodung gestörten Wurzelkörper und dem oberirdischen Teil des in der Baumschule gerodeten Jungbaums. Der Rückschnitt richtet sich nach dem Grad der Schädigung des Wurzelkörpers. Je mehr der Wurzelkörper verletzt ist, desto mehr werden die Triebe in der Krone zurückgeschnitten. An den Wurzeln werden im Regelfall verletzte Teile sauber abgeschnitten. Auch sollten überlange Wurzeln zur Verbesserung der Jungwurzelbildung eingekürzt werden. Im übrigen gilt für ein sicheres Anwachsen der Obstbäume die Regel: „Wurzelvolumen gleich Kronenvolumen". Bei der Krone werden die Seitenäste auf einer Höhe gleichmäßig eingekürzt, während der Leittrieb (Mitteltrieb) eine Scherenlänge oberhalb der gekürzten Seitentriebe geschnitten wird. Besonders steilstehende Seitentriebe im oberen Bereich der Krone sind zu entfernen, da diese zur Konkurrenz zum eigenen Leittrieb werden und eine günstige Kronenbildung verhindern. Desweiteren können bei schlechten Baumqualitäten zur Wiederherstellung eines kräftigen Wachstums stärkere Schnitteingriffe erforderlich werden.

In den Folgejahren wird nun der richtige Obstbaumschnitt und der entsprechende Pflanzenschutz die Menge und Qualität des Obstes positiv beeinflussen. Schnitt wie auch notwendige Schutzmaßnahmen sollten erst nach einer genauen Information über Art und Weise der Durchführung geschehen. Die Baumschule, wo der Apfelbaum erstanden wurde, wird diesbezüglich gerne fachliche Auskunft geben. Darüberhinaus gibt es vermehrt Schnittkurse, die durch unterschiedliche Stellen wie Streuobstinitiativen oder Staatliche Lehr- und Versuchsanstalten angeboten werden. Eine Übersicht der Stellen, die weitere Informationen zu Apfelanbau und Pflanzenschutz anbieten, findet sich am Ende des Buches.

Wiesenfee im rosa Kleid

Die giftigschöne Herbstzeitlose

Die hauchdünnen Netze der Spinnen glitzern noch vom nächtlichen Tau in den tausend Farben geschliffener Diamanten. Tropfen an Tropfen reiht sich an den silbrigen Schnüren, die sich der Apfelbaum zum Schmuck um seinen Stamm windet. Während sich der Altweibersommer schon proklamiert hat, scheinen die mehr und mehr werdenden Wiesenbesucher feengleich über Nacht gekommen zu sein. Lautlos haben sie die Wiesen und Bachfluren besiedelt und breiten rosige Teppiche über das welkende Gras. Seltener werden plötzlich die sommerlichen Freuden und die herbstliche Fülle bäumt sich mit der Ernte ein letztes Mal kraftvoll auf, bevor der Winter aus dem Norden sein weißes Leintuch über die Erde streicht. Noch sind es die warmen Farbtöne, die auf den Feldern und Wiesen vorherrschen. Die Luft riecht nach reifen Früchten. Wie gebrannter Safran hängen die Blätter in gelb und orange am Baum und die braunen Felder gleichen Zimt und Schokolade. Davon träumen jedenfalls die vielen kleinen Äpfel, deren höchstes Glück in der Veredelung zum winterlichen Bratapfel liegt. Bis dahin ist es glücklicherweise noch eine Zeit lang hin, doch bleiben aus dem sommerlichen Blütenmeer nur noch wenige Blumen auf der Wiese zurück, die den bereits gepurzelten Äpfeln Gesellschaft leisten. Frühlingsgefühle erwecken dabei die Blütenfeen aus zartem Stoff. Grazil und edel in ihrer Schlichtheit verbreiten sie rosafarbige herbstzeitlose Schönheit. Sie sind ein zerbrechlich wirkendes Liliengewächs, das in alten Botanikbüchern unter dem Namen *colchicum autumnale* vergilbte Blattseiten zum Blühen bringt.

Als Herbstzeitlose streckt sie ihre sternförmigen Blüten der tiefer stehenden Sonne entgegen und scheint in ihrer krokusgleichen Art Herbst und Winter einfach zu überspringen. Als wolle sie die welkenden Landschaften ad absurdum führen, zeigt sie sich in ihrer frühlingshaften Frische. Als Lichtblume ebenfalls bekannt, erstreckt sich ihr Vorkommen in über 30 Unterarten von unseren Breiten über die südlichen Länder Europas bis hinein in den geheimnisvollen Orient. Auf unseren Wiesen ist sie ein später Jahresgast, der allerdings dadurch besondere Beachtung erfährt.

Tief im Boden befindet sich eine von dunkelbrauner, kräftiger Haut umhüllte Knollenzwiebel. Seitlich anschließend wächst der Blütenstengel dem Lichte empor, gleichfalls umschützt von der zarten Haut der Knolle. Zwiebel und Sproß überwintern samt Fruchtknoten, bis im Frühjahr das Leben wieder in die Herbstzeitlose zurückkehrt. Zuerst erscheint die Sproßspitze an der Oberfläche und entwickelt sich allmählich einer der Tulpe gleichenden Pflanze mit drei großen breiten Blättern. Zwischen diesen Blättern erscheint dann die Fruchtkapsel, die aus dem letzten Jahr kommend bereits den Winter unbeschadet gesehen hat. Die dreiteilige Kapsel wird im Sommer aufplatzen und die Verbreitung des Samens vorantreiben. Zumeist sind es Weidetiere, die der Herbstzeitlose dabei behilflich sind. Hat die Kapsel ihr Werk getan, sterben alle oberirdischen Pflanzenteile ab. Im Herbst erscheint dann lediglich ein dünner weißer Blüstenstengel, an dem sich die Herbstkrokusblüten entfalten. Ihre Farbe reicht von weiß bis zu einem kräftigen pink.

Auch der Safran gehört zu der Familie der Herbstkrokus, dessen orangefarbene Staubblätter die safrangelbe Tönung von Speisen und Stoffen vollführen. Teuer und wertvoll wie Gold, so wurde Safran in allen Teilen zwischen Orient und Okzident gehandelt. Unzähliger fast schwereloser Staubfäden bedurfte es, ein Kilo des begehrten Gewürz- und Färbemittels zu erlangen. Die Herbstzeitlose gleicht ihm sehr im Aussehen.

Während ihrer Blütezeit besuchen viele Bienen und Hummeln die Herbstzeitlose aber auch Schnecken können es durchaus einmal sein, welche die Bestäubung bei feuchtem Wetter vornehmen. Kommt es für die Lichtblume ganz arg, besinnt sie sich auf ihre sogenannte Autogamie und greift damit zur Selbstbestäubung. Im nächsten Jahr wird dann der Fruchtknoten wieder zur Vermehrung dienen.

Soviel Schönheit im Detail hat auch ihre Tücken und der harmlos aussehende Küchensafran hat somit plötzlich gar nichts mehr mit der giftig schönen Herbstzeitlose zu tun. „Hände weg!" hieß es früher für Kinder, wenn die kleinen Hände nach den Blüten greifen wollten, um daraus einen Blumenstrauß zu pflücken.

Die Gifte der Pflanze sind wahrhaftig nicht zu unterschätzen und verteilen sich unterschiedlich auf Blüten, Knollen und Samen. Während die rosafarbenen Blätter relativ geringe Mengen des Giftes Colchicin aufweisen, beherbergen die beiden Zuletztgenannten in verstärktem Maße das gefährliche Alkaloid.

So sollte sich das Interesse an der Schönen des Herbstes auf ihren Anblick beschränken. Sie ist es, die uns daran erinnern will, das auf jedes Jahr, das sich zur Neige vorbereitet auch ein Frühling auf den verschneiten Stufen wartet.

Apfel

RHEIN-WESTERWALD

Obstwiesen – Lebensraum für Mensch und Tier

STREUOBST PRÄGT(E) DIE DÖRFLICHE LANDSCHAFT

Wie kaum eine andere Kulturform haben Streuobstwiesen das Bild der Mittelgebirgslandschaft besonders im nördlichen Rheinland-Pfalz über Jahrhunderte hin geprägt. In den Tälern des Rheins und seiner Nebenflüsse begrenzen sie die Bebauung meist zu den ansteigenden Talhängen hin. Die dörflichen Gemeinden der Hochflächen von Westerwald und Taunus, Eifel und Hunsrück umgeben sie mehr oder weniger als geschlossener Ring. Besonders auf alten Fotos und Postkarten erkennt man noch gut die typische Abfolge: Höfe und Häuser an den zentralen Dorfplätzen und Straßen, nach außen hin Nutzgärten und ein Gürtel von Obstbäumen, der zur freien Agrarlandschaft überleitet. In Zeiten, da Südfrüchte bestenfalls auf dem weihnachtlichen Gabentisch lagen, kam den heimischen Obstarten wie Apfel, Birne, Zwetschge, Kirsche, Walnuß - in den wärmeren Tallagen auch Mirabelle und Aprikose - eine große Bedeutung zu. Die schmackhaften Früchte, selbst im Keller gelagert oder zu Produkten wie Mus, Marmelade, Gelee, Most, Schnitze oder Einmachobst verarbeitet, sorgten für einen süßen Genuß über das ganze Jahr.

Wer kennt noch die Namen der alten heimischen Sorten: verschiedene Renetten, Klarapfel, Goldparmäne, Gravensteiner, Boskoop, Jakob Lebel und Ontario, Rheinsicher Bohnapfel für die Saftgewinnung, unter den Birnen die gute Graue, die gute Luise oder Gellerts Butterbirne und Griesbirne.

Doch nicht nur die Obstbäume selbst, auch die darunterliegenden kräuterreichen Wiesen wurden als schattige Viehweiden oder Mähwiesen genutzt. Nicht zuletzt hatten wir Kinder hier unsere liebsten Spielplätze. Herrliche Baumhäuser konnte man in vielen breitkronigen Apfelbäumen finden. Doch nicht nur für die Menschen, auch für viele

Tiere und Pflanzen haben Streuobstwiesen große Bedeutung, bieten sie doch wichtige Lebensräume. Groß ist die Vielfalt an ökologischen Nischen, die von spezialisierten Lebewesen genutzt werden.

So bilden die alten großkronigen Obstgehölze Brut- und Nahrungsstätten für viele selten gewordene Vogelarten, wie Wendehals und Gartenrotschwanz, Grün- und Kleinspecht, Neuntöter und Raubwürger. Der vom Aussterben bedrohte Steinkauz nutzt Baumhöhlen als Brutstätte, ebenso wie Garten- und Siebenschläfer oder Bart- und Zwergfledermaus.

Zahlreiche Insektenarten ernähren sich als Larven vom Laub der Obstgehölze, so z.B. viele Schmetterlingsraupen. Neben „Schädlingen" wie dem Frostspanner, sind Großer Fuchs, der Kirschen bevorzugt, und unter den Nachtfaltern Abendpfauenauge, Ringelspinner, Obsthain-Blütenspanner und in wärmeren Gegenden Pflaumenglucke zu beobachten.

Im Holz und unter der Rinde alter und abgestorbener Obstbäume leben die Larven vom seltenen Bock- und Prachtkäfer, Holzbienen und die Raupen des Apfelbaum-Glasflüglers, sowie des Blausiebs, zweier Nachtschmetterlinge.

Die Obstblüten bieten Nektar für blütenbesuchende Insekten aller Art, besonders für Honigbienen und Hummeln. Abgefallene und faulende Früchte locken Schmetterlinge wie Admiral- und

C-Falter, aber auch Wespen oft in Scharen herbei. Werden die Wiesen unter den Obstbäumen (=unterständiges Grünland) extensiv bewirtschaftet, so gedeihen neben den Gräsern solche im Intensiv-Grünland selten gewordene Pflanzen wie Wiesensalbei, Milchstern oder Klappertopf. Besonders auf kalkreichem Untergrund findet man auch Orchideen wie das geflockte Knabenkraut. Deren Blüten bilden wiederum Nahrung für Insekten.

Schachbrettfalter und Rotbraunes Ochsenauge charakterisieren neben Heuschrecken und Hummeln solche Streuobstwiesen. Im Boden selbst finden sich schließlich verschiedene Rasenameisen, die ihrerseits auf dem Speiseplan von Wendehals und Spechten stehen - womit sich die Nahrungskette schließt.

Die beschriebene kulturhistorische und ökologische Bedeutung darf uns jedoch nicht darüber hinwegtäuschen, daß es heute um unsere Streuobstwiesen nicht gut bestellt ist. Die Ursachen sind vielfältig. Im Zuge des europäischen Marktes, der Frischobst zu jeder Jahreszeit bereitstellt, entfällt zunehmend die Notwendigkeit des Einkellerns und Haltbarmachens.

Die Bewirtschaftung von Streuobstflächen ist in Zeiten von Billigimporten - auch aus dem Blickwinkel hoher Arbeitsbelastungen, geänderter Familienstrukturen und teurer Arbeitskräfte - kaum noch rentabel. Die Intensivierung der Landwirtschaft verlangt nach großflächigen orts- und betriebsnahen Nutzflächen und nach effektiver Bodenbearbeitung durch Großmaschinen. Obstgehölze sind allzuoft Hindernisse und verschwinden Zug um Zug aus unserer Landschaft. Man betrachte nochmals alte Fotos und vergleiche...! Schließlich greifen neue Wohn- und Gewerbegebiete - „ortsnah und gut erreichbar" - wie auch die Verkehrswege immer stärker in Streuobstflächen ein.

So stellt sich die Frage, ob wir in einigen Jahrzehnten noch Streuobstflächen um unsere Dörfer finden und ob dort heimische Tiere wie der Steinkauz eine Chance zum Überleben haben werden. Die Antwort heißt: Nein, wenn wir nicht bald etwas für den Erhalt unserer Kulturlandschaft tun! Konkret bedeutet dies: Erhaltung der noch vorhandenen Streuobstbestände durch Nutzung und Anlage einzelner aber großflächiger neuer Areale.

Erste Initiativen belegen, daß eine gemeinsame Bewirtschaftung von Streuobst sich lohnen kann. Heimische Saftherstеller suchen verstärkt nach den aromatischen „säuerlichen" Obstsorten, um sie mit der süßen Importware aus Südeuropa zu verschneiden. Als gemeinschaftliche Aufgabe von Initiativgruppen läßt sich hier eine langfristige Nutzung etablieren. Wichtig bei der „Wieder in Nutzungsnahme" ist ein intensiver Pflegeschnitt alter Bäume, um einen entsprechenden Fruchtansatz zu gewährleisten. Grobes Totholz und abgestorbene Stämme sollen als Lebensraum und Nahrung liegengelassen werden. Spritzungen der Bäume mit chemischen Mitteln müssen unterbleiben. Schließlich handelt es sich beim Streuobst um eine extensive Kulturform, nicht um Plantagenwirtschaft.

Nachpflanzungen junger Hochstämme sind sinnvoll, jedoch sollte ein Abstand zwischen den Bäumen von 10-15 Metern eingehalten werden, um eine maschinelle Grünlandbewirtschaftung zuzulassen. Neben der Bewirtschaftung der Bäume selbst ist die Nutzung des unterständigen Grünlandes unabdingbar, da sonst schnell eine „Verbrachung" durch das Hochwachsen von Gebüschen eintritt. An dieser Stelle muß auch eine gezielte Vermarktung der Erzeugnisse als regionaltypische, gesunde und umweltschonend erzeugte Produkte stattfinden. Nur wenn sich eine solche Bewirtschaftung durchsetzt, können Streuobstbestände und mit ihnen ein Stück heimatliches Kultur- und Naturerbe überleben.

Dr. Axel Schmidt
Referent für Biotop- und Artenschutz, Heiligenroth/Ww.

Der Steckbrief am Apfelbaum

Von Lumpenhund und Galgenstrick

Die alte Poststraße liegt im hochsommerlichen Mittagsschatten. Die Allee grüner Apfelbäume wirft Lichtsplitter durch das Laub auf eine Person, die mit dem Rücken gegen den Stamm gelehnt im kniehohen Gras sitzt. Ein schmucker grüner Wams liegt daneben. Das weiße Hemd hochgekrempelt, spielt der junge Mann mit der Klinge des Messers und wartet geduldig in der flirrenden Hitze des Julitages. Nur das Summen der Insekten ist zu hören, während hoch oben der rote Milan seine Kreise dreht. Die Augen des jungen Mannes ruhen auf dem Stahl, der in der Sonne blitzt. Es ist eine drückende Ruhe, die auf der Straße lastet. Nur das Gurren einiger Ringeltauben im Apfelbaum unterbricht die Stille, in der sich nicht ein Lufthauch regt. Der junge Mann blickt nach oben, den Baumstamm im Auge und es scheint ein leichtes Lächeln über sein Gesicht zu huschen. Über ihm hängt ein Stück Papier am Baum. Das Konterfei der abgebildeten Person ähnelt auf wundersame Weise dem Mann im Gras. Es ist eine Federzeichnung, die seine Züge erkennen läßt und darunter steht in großen schwarzen Lettern gedruckt: Gesucht wird der

SCHINDERHANNES!

Der Robin Hood der Täler und Höhen um den Mittelrhein ist in manchen Liedern und Moritaten zum Feind der Reichen und Freund der Armen aufgestiegen und so zu einem gewissen volkstümlichen Helden zwischen Westerwald, Taunus und Hunsrück geworden. Vieles wurde hinzugedichtet, anderes romantisch verklärt. Sogar die Literaten wie Reuter und Zuckmayer haben sich dem Schinderhannesthema angenommen. Tatsache ist, daß er schon in jungen Jahren zum Räuberhauptmann erhoben, die Gegenden unsicher machte und dadurch einen zwar fraglichen aber durchaus legendären Ruf erhielt.

Wir schreiben das Jahr 1783. In Miehlen im Taunus kommt am 25. Mai ein Junge zur Welt. Johannes Bückler wird er im Dorf gerufen aber es soll nicht lange dauern bis der Name Schinderhannes den eigentlichen Geburtsnamen ersetzt. Wenn auch manche später in seinem Räubertum einen Schinder gerne sehen, so ist der Beruf von Vater und Großvater der wahre Grund, dem Bückler den Namen Schinderhannes verdankt. Beide waren Abdecker, kein angesehener Beruf. In diesem Bereich wächst Johannes auf. Der Vater wird Soldat, er desertiert und nimmt den Jungen mit in den Hunsrück, wo er sich zumeist aufhält. Schinderhannes gerät schon früh auf die schiefe Bahn, als er für einen Gastwirt Branntwein holen soll. Mit einem gleichaltrigen Jungen verpraßt er einen Teil der Taler, die für den Einkauf bestimmt sind. Aus Furcht vor Strafe beginnt schon da ein erstes Herumvagabundieren und Betteln. Der Vater will, daß er das alte Familiengewerbe auch erlerne und gibt ihn zum Wasenmeister Nagel in die Lehre. Aber auch das geht nicht lange gut. Schinderhannes entwendet einige Kalbfelle, verkauft sie und behält den Erlös für sich. Sein Lehrherr jagt ihn davon und damit beginnt die kriminelle Karriere.

Im zarten Alter von 20 Jahren wird er schon das Oberhaupt eines äußerst harten Gewerbes. Er steigt auf zum Räuberhauptmann einer ganzen Bande von Lumpenhunden und Galgenstricken. Die damaligen Zeiten zeichnen sich durch ein Gewirr von deutschen Klein- und Kleinststaaten aus. Vorteil für den Schinderhannes und seine Kumpane, denn im Wechseln der linken und rechten Rheinseite erschweren sie mit schnellem Grenzübertritt die Nachstellungen durch die Obrigkeit.

Oft schickt er seinen Überfällen Drohbriefe voran. Manchmal fruchten sie und er begnügt sich damit, das gewünschte Geld in Empfang zu nehmen. Nicht jeder gibt jedoch so schnell klein bei und wer nicht willig ist, dem wird mit Gewalt nachgeholfen. So entwickelt sich Schinderhannes zur Persona non Gratia, der unbeliebten und gefürchtetsten Räubergestalt am Mittelrhein. Schwierig wird es für seine Häscher nicht nur durch die bestehenden Grenzverhältnisse. Schinderhannes ist vom Aussehen eher der schmucke Kerl, den die jungen Mädchen gerne sehen, als der verlumpte Inbegriff des Wegelagerers. Meist trägt er grüne Jägerkleidung und ein Periskop an der Seite. So charmant wie er Frauenherzen umgarnen kann so streng und unnachgiebig hält er die Räuberbande zusammen, die ihrerseits ihm auf Gedeih´ und Verderb ergeben ist. In den rauhen Männerhaufen findet nur sein Julchen Einlaß. Sie wird seine Geliebte und Weggefährtin. Bald wehen landauf, landab die Steckbriefe an Zäunen und Baumstämmen. Doch immer wieder entzieht sich Schinderhannes den Zugriffen. Am 31. Mai 1802 wird er dann doch gestellt. Nicht in Ausübung seiner räuberischen Tätigkeiten, sondern nach dem morgendlichen Erwachen in einem Kornfeld. Der Limburger Amtmann Fuchs sieht bei Wolfenhausen ein verdächtiges Individuum aus dem Feld treten und alarmiert Recht und Gesetz. Begleitende Soldaten bringen Schinderhannes nach Runkel, ohne Wissen daß sie einen dicken Fisch an Land gezogen haben. Nach langen Vernehmungen wird der Unbekannte wieder auf freien Fuß gesetzt aber zur Anwerbung bei den kaiserlichen Truppen verpflichtet. Ein Rekrut ist es letztendlich, der ihn verraten wird. Am 16. Juni 1802 wird er zusammen mit einigen Spießgesellen unter starker Bewachung nach Mainz gebracht.

Dort beginnt am 24. Oktober 1803 endlich das öffentliche Prozeßverfahren. Schinderhannes ist ein bekannter Mann und so strömen von weit her die Schaulustigen heran, um das Urteil mitzuerleben. 53 Verbrechen aber kein einziger Mord und Totschlag werden ihm zur Last gelegt. Mit ihm erscheinen 67 weitere Kumpane vor der Anklagebank. Das traurige Ende ist schnell erzählt. Am 21. November geht es für Schinderhannes und 20 weitere Spießgesellen auf den Richtpatz auf dem Weisenauer Berg. Gegen 1 Uhr mittags vollendet sich das Räuberleben von Schinderhannes unter dem Beisein vieler Gaffer. Weitere Angeklagte werden zu langjährigen Haftstrafen verurteilt. Darunter auch sein Vater und Julchen, seine Geliebte. Sie wird später einen Polizeidiener heiraten und hochbetagt in Trier sterben.

So endet nun die Moritat von Schinderhannes, dem Lumpenhund und Galgenstrick, und Ihr, verehrtes Publikum nehmet es zur Unterhaltung und zur Lehr.

Apfelstrudel

Zutaten für den Teig:

250 g Mehl, Salz, 30 g zerlassene Butter, 1 Ei, 6-8 EL Wasser.

Zutaten für die Füllung:

50 g Butter, 50 g Paniermehl, 1-1 1/2 kg Äpfel (Boskoop), 80 g Zucker, 1/2 TL Zimt, 50 g gehackte Mandeln, 100 g Sultaninen.

Zubereitung:

Für den Strudelteig Mehl, Salz, Ei, Wasser und 2/3 der zerlassenen Butter in eine Schüssel geben und zu einem glatten, geschmeidigen und glänzenden Teig kneten.

Den Teig glatt formen und mit der restlichen zerlassenen Butter bestreichen. Anschließend einen angewärmten Kochtopf über den Teig stülpen und darunter 30 Min. ruhen lassen.

50 g Butter erhitzen und das Paniermehl darin rösten. Die Äpfel waschen, schälen, das Kerngehäuse entfernen und in dünne Scheiben schneiden. Mit Zucker, Zimt, Mandeln und Sultaninen vermischen und 15 Min. ziehen lassen.

Backofen auf 220°C vorheizen.
Ein großes Küchentuch mit Mehl bestäuben. Den Strudelteig darauf dünn ausrollen und dünn ausziehen. Geröstetes Paniermehl daraufstreichen und die Apfelmischung darauf verteilen.

Teigränder einschlagen und mit Hilfe des Tuches zu einer Rolle formen. Die Teigrolle auf ein eingefettetes Blech legen und mit Butter bestreichen. Sofort im vorgeheizten Backofen ca. 35-40 Min. backen.

Noch warm mit einer Vanillesauce servieren.

Feiner Apfelkuchen mit Sahne-Mandel-Eierguß

Zutaten:

170 g Butter, 150 g Quark, 200 g Dinkelvollkornmehl, 1 Prise Salz, 3-4 Äpfel, 1 Becher Crème Fraîche, 1 Becher saure Sahne, 2 Eier, 1 Vanilleschote, Honig, Mandelblättchen.

Zubereitung:

Aus Butter, Quark, Mehl und 1 Prise Salz einen geschmeidigen Teig kneten. 30 Min. ruhen lassen. Anschließend eine Springform ganz dünn mit dem Teig auslegen und am Rand hochziehen.

Äpfel waschen, schälen, vierteln oder achteln und auf dem Teig verteilen.

Crème Fraîche, saure Sahne, Eier und die ausgekratzte Vanilleschote gut verrühren. Mit Honig abschmecken. Den Guß über den Äpfeln verteilen und mit Mandelblättchen bestreuen. Im vorgeheizten Backofen bei 190°C ca. 35 - 40 Min. backen.

Warm serviert, schmeckt der Apfelkuchen besonders gut.

Herzhafte Äpfelsuppe

Zutaten:

4 Äpfel, 2 Zwiebeln, 1 Knoblauchzehe, 3 rote Paprikaschoten, 1/2 Salatgurke, 40 g Butter, 500 ml Brühe, 3 Scheiben Weißbrot, 1/2 Tasse saure Sahne, Salz, Pfeffer, reichlich Edelsüßpaprika, 1 Prise Zucker, 1 Bund Schnittlauch.

Zubereitung:

Äpfel schälen, vierteln, vom Kerngehäuse befreien und in grobe Würfel schneiden. Zwiebel und Knoblauchzehe schälen und kleinhacken. Gurke schälen und zusammen mit den Paprikaschoten ebenfalls in grobe Würfel schneiden. Butter in einem großen Topf zerlassen, Zwiebel und Knoblauch darin andünsten. Die restlichen kleingeschnittenen Zutaten darin anschmoren. Mit der Brühe aufgießen und 20 Min. dünsten.

Die Sahne hineinrühren und mit den Gewürzen abschmecken. Brotscheiben zerpflücken und in die Suppe geben.

Mit gehacktem Schnittlauch servieren.

Um die Suppe noch herzhafter zu machen, kann man ein Stück Dörrfleisch mitkochen.

Kasseler in Kartoffel-Äpfel-Kruste

Zutaten:

3-4 mittelgroße Kartoffeln, 1 großer Apfel, 1 Ei, 1 EL gemahlenen Kümmel, 4 Scheiben gekochte Kasseler-Koteletts (ohne Knochen), 1 EL Öl, 50 g geriebenen Käse.

Zubereitung:

Kartoffeln waschen, schälen und grob raspeln. Äpfel schälen, vom Kerngehäuse befreien und ebenfalls grob raspeln. Kartoffel- und Apfelraspel in einem Geschirrtuch ausdrücken. Ei und Kümmel unter die Masse mengen.

Koteletts waschen, trockentupfen und in der Kartoffelmasse panieren. Öl in einer Pfanne erhitzen und das Fleisch darin von beiden Seiten ca. 5 Min. braten. Kurz vor Ende der Bratzeit mit geriebenem Käse bestreuen.

Dazu paßt Rosenkohl oder Feldsalat.

Bohnen und Äpfel

1500 g Brechbohnen abziehen und in Stücke brechen. In Salzwasser fast garkochen, abgießen und in Bouillon völlig garkochen.

750 g Äpfel schälen, entkernen und in Achtel schneiden. Mit etwas Wasser, Zucker und Essig kochen bis sie fast zerfallen.

Mit den Bohnen vermischen. In Butter oder ausgebratenen Speckwürfeln durchschwenken mit mit Salz und Pfeffer abschmecken.

Der Goldschatz im Fockenbachtal

Keine Gutenacht-Geschichte

Der große alte Apfelbaum ist wie geschaffen für sonnige Geschichten unter schattigem Laub. Tagsüber, wenn das Licht wie Mosaiksteinchen durch die grünen Zweige leuchtet, läßt es sich gut verweilen. Im Gras sucht man sich ein weiches Plätzchen, legt sich die Arme hinter den Kopf und schaut lauschend den knorrigen alten Stamm hinauf. Kein Gedanke daran, daß dunkle Wolken aufziehen könnten. Schließlich handeln die Geschichten von unbeschwerten Sommerabenteuern an kühlen Bachläufen und in sonnendurchfluteten Wäldern, wo im Gegenlicht Hummeln, Käfer und Falter geschäftig die Luft durchreisen.

Was aber, wenn das Licht sich gegen Abend verabschiedet und statt dessen die Schatten des alten Apfelbaumes länger und länger werden. Da kann einem die Phantasie schon böse mitspielen. Das hellgrüne Laubdach wird dann zum dunklen Riesen. Sieht das dicke Astloch nicht wie eine große Nase aus? Und die Äste, als wollten sie nach dir greifen. Keine Spur mehr von sommerleichten Histörchen und nichts für diejenigen, die einen leichten Schauer nicht gut vertragen können. So rücken wir alle noch ein wenig enger zusammen und haben zum Glück eine Kerze dabei, die sich der hereinbrechenden Dunkelheit mutig entgegenstellt. Nur Angsthasen verlassen jetzt den verwilderten Garten und suchen die schützenden Wände des nahen Wohnhauses auf. Um die Kerze bleiben die restlichen Sommerfrischler versammelt. Zeit für die Art von Geschichten, die keine Lachfalten erzeugen, sondern vielmehr Gänsehaut fördern. Auch das gibt es im sonst so lebensfrohen Wiedtal. Wer die Sage vom Goldschatz im Fockenbachtal kennt, weiß, wovon ich spreche. Halten Sie sich also an Ihrem Mut fest und rücken Sie alle noch ein wenig enger um das flackernde Kerzenlicht. Der Kerzenschein nämlich ist es, der damals im Fockenbachtal bei Niederbreitbach um Mitternacht plötzlich aufflammte und jeder wußte, daß an dieser Stelle wohl ein Schatz vergraben sein mußte. Das Gold hat viele mutig werden lassen, doch so manchen hat das Grauen gepackt, wenn die Kirchturmuhr in Niederbreitbach auf Mitternacht schlug und schnurgerade lief er mit Gänsehaut auf dem Rücken aus dem Fockenbachtal wieder nach Hause.

Die Zeit rinnt durch das Stundenglas und hoch oben auf steiler Burg harrt eine alte Frau von adliger Herkunft den Jahren, die ihr noch verbleiben. Wild wie der Rhein, der unten an die Felsen bricht, ist ihre zugige Wohnstatt und gewaltig die Mauern und Zinnen, die sie umgeben. Ihren alten Diener hat sie nur noch auf der Burg und ihr Entschluß steht fest. Sie verkauft die alten Mauern und will ihre letzten Tage auf der entfernten Neuerburg im Wiedtal, im Kreise ihrer dortigen Verwandten verbringen. Außer einer großen, kunstvoll geschnitzten Holzschüssel behält sie nichts als Hab und Gut zurück. Das viele Gold- und Silbergeld aus dem Erlös der Burg packt sie hinein und mit ihrem Diener begibt sie sich in der Kutsche auf den Weg.

Dunkel ist der Weg durch das Fockenbachtal und die Bäume lassen kein Sternenlicht auf den Kutschweg fallen. Nicht mehr weit ist es zum Ziel aber da springen drei Räuber aus dem Dickicht hervor und halten die Pferde an. Die Tiere scheuen, den Diener packt die Angst, er verläßt seine Herrin und flieht in den Wald. Das Gold und Silber wird der alten Frau zum Verderben. Rot klafft die todbringende Wunde an ihrem Kopf, während die Schurken den Goldschatz ganz in der Nähe im Boden vergraben. Später wollen sie den Schatz holen, sobald sie ein gutes Versteck dafür gefunden haben. Die Alte werfen sie aus der Kutsche und die große Holzschüssel hinterher. Den Pferden geben sie die Zügel und in scharfem Galopp verschwindet die Kutsche in der Dunkelheit. Eine Kerze aber war aus der Kutschlaterne gefallen und bleibt am Ort der ruchlosen Tat stecken.

Die Räuber werden den Schatz nie abholen. Schon kurze Zeit später werden sie gefangen genommen und auf dem Richtplatz zum Strick geführt.

So scheint die Tat und der Schatz in Vergessenheit zu geraten. Nur zwei Männern aus Niederbreitbach läßt der vergrabene Schatz keine Ruhe. Im Fockenbachtal soll er versteckt sein und jeden, der ihn findet, zum reichen Mann machen. Im Schatten der Dunkelheit verlassen sie ihr Dorf und ziehen mit Schaufel und Hacke beladen in das nur durch den Mond schwach erhellte Tal. Es geht schon auf zwölf, als sie an der Stelle ankommen, wo die Freveltat einst geschah. Da hören sie Räder und das Wiehern von Pferden, und aus dem Dunkel kommt eine Kutsche ohne Licht in schneller Fahrt das Fockenbachtal herunter. Im Innern sehen sie drei Männer mit Stricken um den Hals sitzen. Es stockt ihnen der Atem aber das Wissen um das Gold läßt sie ihr Vorhaben weiterführen. Da schlägt es aus Niederbreitbach Mitternacht und plötzlich flammt die Kerze auf. Im Näherkommen entdecken sie eine alte Frau. Sie sitzt in einer großen Holzschüssel und ihre Beine hängen heraus. Hastig ruft sie die beiden an: „Habt ihr die Kutsche gesehen? Sie fuhren wohl sehr schnell? Aber ich werde sie wohl noch einholen!“ Und sogleich beginnt sie mit Händen und Beinen rudernd, sich in der Schüssel sitzend vorwärts zu schieben.

So rutscht sie dem Lauf der Kutsche nach und schlittert den Talweg hinunter. Vor Entsetzen lassen die beiden Männer Schaufel und Hacke fallen und rennen, was ihre Beine hergeben zurück in ihr Dorf.

So wird der Schatz noch heute dort im Fockenbachtal liegen. Wer also auf den verborgenen Schatz mehr hofft, als auf den Fleiß seiner eigenen Hände, der mag sein Glück dort versuchen. Wir aber blasen unsere Kerze unter dem Apfelbaum aus, flüchten ins nahe Haus und lassen den Garten im weißen Mondlicht zurück.

Sonne, Mond und Sterne

Von Westerwälder Bauernregeln

Damals, als Ochsengespanne und Pferdefuhrwerk das Dorfbild bestimmten, im Kolonialwarenladen sich bunte Bonbons in großen Gläsern vor Kinderaugen aufbauten und die Kirche noch im Dorf gelassen wurde, da waren auch die kalendarischen Regeln und bäuerlichen Bräuche fester Bestandteil des jahreszeitlichen Dorflebens. Kirchenjahr und Naturjahr fügten sich zusammen und gaben die alten Erfahrungen von Generation zu Generation weiter. Im Anbau von Frucht auf Feld und im Garten, zeigte sich die ländliche Frömmigkeit und ihr tiefer Respekt vor der Natur.

Bauernregeln ersetzten Wetterkarten und Gartenbücher. Mit schärferen Sinnen nahmen die Menschen die Zeichen der Erde und des Himmels wahr und richteten ihren Arbeitstag danach ein. Wie vielerorts, so galten auch im Westerwald ganz bestimmte Gartenregeln, ohne die eine erfolgreiche Ernte nur schwierig zu bewerkstelligen war. Also folgen Sie uns in den Garten und lesen Sie im Schatten des großen Apfelbaums von den alten Regeln zum Säen und Pflanzen.

Gertrud ist die erste Gärtnerin (17. März). *Wer Säibohne* (Puffbohnen) *will äße, därf de März net vergäße.*

Ärwese (Erbsen) *muß mer setze off de hunnertste Da´* (am hundertsten Tag des Jahres), *dann givt et Ärwese!*

Am *Jerjeda* (Georgstag, 23. April) sät man die Futterkohlraben: *dann krien se kei´Knäisjer,* (d.h. sie bleiben von der Wurzelkrankheit, den Gallen und Maden des Kohlgassenrüßlers verschont).

Riwe (Rüben) *säe off Sankt Kilian* (8. Juli), *fährst de se heim off´m Wo´n. Riwe säe off Sankt Goar* (6. Juli), *fährst de se heim mit der Kaar´.*

Blumen sät man am Gründonnerstag: dann werden sie alle bunte schöne Farben haben. *Wenn´t om irschte Mai rä´nt, kammer die Gärscht* (Gerste) *off Felse säe.*

Blühe die Äppel wie en Rous, träit mer se heim in der Schouß.

Wenn de Wald is hübsch un fein, säet man Hanf un Lein (1.-15. Mai).

Bohnen legt man *on de Bohneda*, 12., 13., 14. Mai. Sieben oder neun Bohnen in eine *Kaul* und nur so tief, *dat se Midda´ läire hire kunne* (daß sie Mittag läuten hören können).

Am *Gehansomend* (Vorabend des Sankt Johannestages) sät man die *Winterandiwisch* (Winterendivie): sie wird nicht schießen.

Am Abend vor Fronleichnam setzt man die Futterpflanzen ins Feld aus, *die wose* (wachsen), *un wemmer se off Felse setzt*.

So wie der richtige Tag den Erntereigen bestimmen kann, so spielt auch der Mond eine ganz gewichtige Rolle im westerwälder Gartenfirmament. Ist Neumond, so wird sich kein Bauer mit dem Saatgut aufs Feld wagen. Bei *jung Licht soll mer net säe*, heißt es hierzulande. *Die Muhre* (Möhren), *Rummele* (Runkeln) *un Kohlrave* (Kohlrüben) *schieße, wemmer se bei jung Licht sät, et krie´t sonst Knäisjer* (die schon zuvor angedeutete Wurzelkrankheit). *Ärwese, die mer bei jung Licht sät, blühe reich, bringe awer kei Frucht*, weiß der Volksglaube zu berichten. Man sät und pflanzt nach altem Herkommen in der Vollmondzeit.

Mögen manche darüber schmunzeln, so haben Pflanzenforschungen gezeigt, daß solche alten Überlieferungen durchaus Berechtigung genießen. Die kosmische Einwirkung der Sonne auf die Erde und die gewichtige Rolle, die der Mond in gewissen Stellungen (Neu- und Vollmond) als Verstärker des Sonneneinflusses spielt, lassen sich belegen. So wurde es klar, warum schon frühere Generationen bestimmte Mondstellungen für Aussaat, Pflanzung und Ernte vorschreiben. Statt wissenschaftlicher Forschungen waren es in damaligen Zeiten die Verbundenheit mit der Natur und ihr genaues Wissen über die Zusammenhänge und Geheimnisse. Fähigkeiten, die in unserer immer schneller drehenden Welt fast gänzlich aus dem Blickfeld geschleudert wurden. In den Wetter- und Saatregeln lebt dieses oft unbewußte Wissen um die kosmischen und irdischen Beziehungen weiter. Die landmännischen Monderfahrungen knüpfen sich daran an.

Zur Zeit des wachsenden Mondes steigt der Saft in den oberen Pflanzenteilen, während er bei abnehmenden Licht zur Wurzel zieht. Daraus wird abgeleitet, daß alle Pflanzen, die sich unter der Erde entwickeln, also hauptsächlich die Knollengewächse, zur Vollmondzeit gesät und gepflanzt werden müssen, da der Mond bald abzunehmen

beginnt. Alles andere soll zur Neumondzeit gepflanzt werden. Lediglich Erbsen und Bohnen bilden hier eine Ausnahme.

Sogar die Sternbilder wirken auf ein besseres Gelingen der Saat und Pflanzung ein. In früheren Zeiten haben westerwälder Frauen streng darauf geachtet, keine Aussaaten in *de Krebsda* zu machen. Es sind die Tage gemeint, in denen der Mond durch das Sternbild des Krebses geht. In alten Bauernkalendern fand sich der Lauf des Mondes durch die Sternzeichen genau verzeichnet. Im Sternbild des Krebses hütete man sich auch vor der Pflanzung von Futter- und Gemüsepflanzen, da sie sonst *krebsig* (Kohlhernie) werden konnten. Im Zeichen von Wassermann und Fisch hingegen sind nach alten Bauernregeln günstige Tage für Aussaat. *Bei de Fische hot mer die Kummere gesatzt* (Gurkenkerne gelegt).

Auch diese astronomischen Einflüsse sind später auf ihren Wahrheitscharakter hin eingehend untersucht worden und haben sich als richtig erwiesen. Nicht nur die Mondphasen, sondern auch das Tierkreiszeichen, indem der Begleiter der Erde jeweils steht, wirken sich auf besseres Wachstum und höhere Ernten aus.

Auch wenn wir uns heute nur zu gerne auf die täglichen Wettervorhersagen verlassen wollen, sollten die Zeichen, welche die Natur uns weiter hin bietet nicht in Vergessenheit geraten, denn Sonne, Mond und Sterne strahlen sicher auch über Ihrem Garten.

Paradies für Äpfelträume

Von Menschen und Äpfeln und einer alten Liebe

Wie aus einem grünen Obstbaumkissen reckt sich der Turm der Rengsdorfer Kirche den himmelsblauen Weiten entgegen. Weich und dennoch gut gefüllt sind die Polster aus grünen Blattfedern. Den warmen Sommerregen saugen sie genauso in sich auf wie die leisen Schneeflocken, die lautlos Stern für Stern auf den dürren Zweigen Platz nehmen. Jetzt ist jedoch Erntezeit und rings um Rengsdorf leuchten die gelben Felder und bunten Streuobstwiesen. Da nehmen sich die kleinen und großen Orte von Melsbach bis Oberhonnefeld an die Hand, versammeln sich im Kreis des tanzenden Apfelreigens und pflücken die roten, gelben und grünen Früchte. Sonne und Herbstlaub wirbeln und alle Gemeinden feiern den Erntesegen. Der fruchtige Streuobstgürtel fängt leicht zu spannen an, die Parade süßer Apfelkuchen marschiert den Gaumen hinunter und hinterher schwappt ein Glas des frischen Saftes. Krönender Jahresabschluß einer alten Liebe zur Natur.

Naturliebhaber sind sie alle, die behutsamen Aktivisten der Streuobstinitiative in der rheinwesterwälder Verbandsgemeinde Rengsdorf. Ihren Ursprung haben sie in den gut erhaltenen Streuobstgürteln, die sich rings um die schönen Westerwaldorte der VG Rengsdorf ranken. „Sie sollen wieder gepflegt und genutzt werden". Dies ist das Ziel der „Projektgruppe Streuobstwiesen", die aus 60 Mitgliedern besteht und die sich seit 1996 in allen 14 Ortsgemeinden der VG Rengsdorf engagiert.

Eine wichtige Aufgabe sieht die Projektgruppe beispielsweise darin, daß die seit mehr als 2 Jahrzehnten nicht mehr gepflegten Obstbäume einen kräftigen Rückschnitt zur Verjüngung des Astwerks erhalten. Dies ist für das gesunde Heranreifen der Früchte und für eine über die Jahre ausgewogene Ernte dringend notwendig. Die beschriebenen Aktivitäten stehen im Zusammenhang mit dem Modellvorhaben, welches das Institut für Umweltplanung Dr. Kübler in Rengsdorf ins Leben gerufen hat. Als „echtes Rengsdorfer Mädchen" hat Karin Kübler eine enge Beziehung zu den Streuobstwiesen. Sind sie doch ihr aber auch vielen Anderen Spielplatz und Baumhaus in Kindertagen gewesen.

Der Streuobstinitiative geht es aber auch um die Erhaltung und Pflege der heimischen Kulturlandschaft mit den Landschaftselementen Obstwiesen, Bachtäler, Waldbestände und Feldfluren. Für die vielen darin lebenden Tier- und Pflanzenarten wird versucht, ein ausreichendes Netz an verschiedenen Lebensräumen zu schaffen oder wiederherzustellen, so daß die jeweiligen Tierarten (z.B. Käfer, Schmetterlinge, Fledermäuse, Vögel) zwischen den einzelnen Lebensräumen hin- und herwandern können. Damit wird die Schönheit, Eigenart und Vielfalt der Landschaft samt ihrer „Bewohner" erhalten und verbessert.

In der Erkenntnis, daß die Erhaltung und Förderung der Streuobstwiesen nachhaltig nur dann funktionieren kann, wenn den Obstbäumen wieder ein wirtschaftlicher Nutzen zukommt, wurde mit einem Vermarktungsmodell für Mostäpfel begonnen. 1996 sammelten erstmals Bürger, Landwirte und viele Kinder- und Jugendgruppen Äpfel, um sie an bestimmten Tagen bei einer ortsansässigen Kelterei abzuliefern. Dort wurden diese Äpfel gesondert zu einem „Naturtrüben Apfelsaft" gepreßt und in Flaschen mit eigens entworfenem Etikett abgefüllt. Dieser Apfelsaft findet allgemein großen Absatz, da er einen hervorragenden Geschmack und eine ausgezeichnete Qualität besitzt. So konnte ein regionales Produkt neu eingeführt werden, das den geernteten Früchten über einen qualitätsbezogenen Aufpreis wieder zu einem angemessenen Preis verhilft.
Um möglichst vielen Mitbürgern und Gästen der Region die Bedeutung der Streuobstwiesen näherzubringen, wird im Herbst - gleichzeitig zur Obsternte - ein Apfelfest gefeiert. Von historischen Geräten der Obstverwertung bis hin zu selbst gebackenem Apfelkuchen - mehr als 60 verschiedene Rezepte kamen anläßlich des ersten Apfelfestes aus den „Backstuben" heimischer Kuchenbäckerinnen (Rezeptbüchlein liegt vor) - gibt es viel zu erleben. Auch das sogenannte Apfeltheater für Kinder - darin kämpft eine Gruppe verschiedener Tiere um das Überleben eines alten Apfelbaumes - beeindruckte die großen und kleinen Besucher.

Aber nicht nur im Herbst haben die Obstwiesen eine besondere Anziehungskraft. Ganz besonders schön stellt sich die Obstwiesenlandschaft im Frühjahr dar, wenn sie in voller Blüte steht. Die landschaftlichen Reize mit allen Sinnen zu genießen, steht als Idee hinter dem Obstblütenfest, das in einem Dorf der VG Rengsdorf stattfindet und zu dem aus allen 14 umliegenden Orten hin gewandert werden kann. Diese „Sternwanderung" findet großen Anklang, weil man am Ende mit Musik, Puppenspiel und heimischen Spezialitäten empfangen und verwöhnt wird.

Die zunächst als reine naturschutzorientierte Maßnahme begonnene Arbeit hat über die Neueinführung eines regionalen Produktes hingeführt zu besonderen kulturellen Ereignissen, wobei insbesondere die Einbindung von Kindern und Jugendlichen im Sinne einer nachhaltigen Umweltbildung und -erziehung ein stetes Anliegen darstellt. Insofern können die Aktivitäten der Projektgruppe Streuobstwiesen als ein klassisches und gelungenes Beispiel für Aktionen rund um den Erhalt von Natur- und Kulturlandschaft bezeichnet werden.

Tante Anna's Äpfelsoufflé

Zutaten:

150 g Quark, 1 Becher Sauerrahm, 3 EL Honig, 2 Eigelb, 1 EL Weizenmehl, 1/2 Zitrone (Saft und abgeriebene Schale), 1 Msp. Zimt, 1 Msp. Naturvanille (Schote), 1 Handvoll Rosinen, 100 g gemahlene Mandeln, 2 Äpfel, 2 Eiweiß.

Zubereitung:

Quark, Sauerrahm und Eigelb gut verrühren. Nacheinander Honig, Mehl, Zitrone, Zimt und Vanille dazugeben und gut verrühren. Rosinen und Mandeln zufügen. Äpfel raffeln und ebenfalls zufügen. Eiweiß zu Schnee schlagen und unterheben. Masse in 4 gefettete Auflaufförmchen füllen und sofort im vorgeheizten Backofen (unterste Schiene) bei 200°C ca. 20 Min. backen.

Das Soufflé kann auch in nur einer Form gebacken werden, dabei beträgt die Backzeit ca. 15 - 20 Min. länger!

Äpfel–Brombeer–Marmelade

Zutaten:

800 g Brombeeren, 600 g geschälte und entkernte Äpfel, 1000 g Gelierzucker 1:2, 1 P. Zitronensäure, 1 P. Vanillezucker.

Zubereitung:

Die Äpfel kleinschneiden und in einem Topf mit wenig Wasser halb garkochen. Brombeeren zugeben und alles kurz aufkochen lassen. Den Gelierzucker, Vanillezucker und Zitronensäure hineingeben und zum Kochen bringen. Unter ständigem Rühren 3 Min. kochen lassen. Vom Herd nehmen und noch 1 Min. weiterrühren. Die Marmelade in die vorbereiteten Gläser füllen, zuschrauben und 5 Min. auf den Deckel stellen.

Mohntorte mit Äpfeln

Zutaten:

8 Eiweiß, 8 EL kaltes Wasser, 300 g Zucker, abgeriebene Schale einer ungespritzten Zitrone, 1 P. Vanillezucker, 8 Eigelb, 6 dicke Äpfel, 250 g gemahlenen Mohn, 200 g geriebene Nüsse, 50 g Mehl, Puderzucker.

Zubereitung:

Eiweiß und Wasser zu einem sehr steifen Schnee schlagen. Langsam Zucker, Zitronenschale und Vanillezucker unterrühren. Eigelb verquirlen und unter den Teig rühren. Äpfel schälen, entkernen, in Würfel schneiden und ebenfalls unter den Teig rühren. Vorsichtig Mohn, Nüsse und Mehl unterziehen.

Eine Springform (Ø 26 cm) einfetten, den Rand mit Backpapier auslegen und den Teig einfüllen. Im vorgeheizten Backofen bei 180°C ca. 50-60 Min. backen.

Nach Abkühlung mit Puderzucker besieben.

Tip: als Weihnachtstorte Schablonen aus Papier schneiden, z.B. Weihnachtssterne, auf den Kuchen legen und mit Puderzucker besieben.

Apfelsorbet mit Zimtsahne

Zutaten:

500 ml Apfelsaft, Saft 1 Zitrone, 4 EL Apfelkorn, 4-5 EL Honig, 1 Ei, 1 Becher Schlagsahne, 1 P. Sahnesteif, 2 gehäufte TL Zucker, 1 gehäufter TL Zimt, 4 Amarenakirschen.

Zubereitung:

Apfelsaft mit Zitronensaft und Apfelkorn verrühren, Honig untermischen. Die Flüssigkeit in eine Eiswürfelform füllen und etwa 3 Stunden frosten. Den gefrorenen Apfelsaft mit einem Holzstößel zerdrücken, geschlagenen Eischnee untermischen und ins Gefrierfach stellen.

Sahne mit Zucker und Sahnesteif halbsteif schlagen, so daß die Sahne noch cremig ist. Zuerst den Zimt, anschließend das Eigelb unterrühren. Sorbet in vorgekühlte Dessertgläser füllen und mit Sahne überziehen. Jedes Glas mit einer Amarenakirsche garnieren.

Apfel-Rahm-Eis

Zutaten:

1 kg säuerliche Äpfel, 125 ml Weißwein, 250 ml Wasser, 6 Eigelb, 150 g Zucker, 300 ml Sauerrahm, Salz.

Zubereitung:

Die Äpfel waschen, achteln und das Kerngehäuse entfernen. Mit Wein und Wasser in einen Topf geben und zugedeckt 20 Min. kochen. Anschließend durch ein feines Sieb drücken. Den Saft auffangen, 300 ml abmessen und warmhalten. Restliche Äpfel zu Mus verarbeiten oder anderweitig verwenden.

Eigelb mit Zucker und einer Prise Salz cremig aufschlagen. Den Apfelsaft nach und nach unterrühren. Im Wasserbad bis knapp vor dem Siedepunkt weiterschlagen. Den Topf in Eiswasser stellen und die Masse weiterschlagen, bis sie kalt ist.

Den Sauerrahm unterrühren. Anschließend in kleine Förmchen oder in eine Schüssel geben. In den Gefrierschrank stellen und mindestens 4 Std. gefrieren lassen.

Vor dem Servieren für eine halbe Stunde zum Antauen in den Kühlschrank stellen. Die Schüssel bzw. Förmchen kurz in heißes Wasser tauchen und das Eis auf Dessertteller stürzen.

Mit Rumzwetschgen oder Birnen in Rotwein servieren.

Drei Männer läuten den Winter ein

Von St. Martin, Nikolaus und dem glühnigen Mann

Der Herbst hat sich dankbar gezeigt und Scheune wie Keller gefüllt. Die Felder und Äcker sind verarmt und leer liegen sie im auffrischenden Novemberwind. Die Holegäns (Wildgänse) sind bereits über den Westerwald in südlichere Gefilde geflogen und ihre klagenden Schreie kündigen unmißverständlich den nahenden Winter an.

In jenen Tagen reitet ein Mann auf seinem Schimmel durch Dörfer und Ortschaften. Rot liegt sein weiter Mantel auf Roß und Reiter und die Rüstung läßt ihn als Römer erkennen. Er ist es, der dem nackten Bettler am Wegesrand seinen wärmenden Umhang übergibt, dessen roten Stoff er mit seinem Schwert geteilt hat. Aus dem Römer ist St. Martin geworden und er reitet am Märtsomend (Martinsabend) im Schein von vielen hundert leuchtenden Laternen und Fackeln der Schar von Kindern voran. Sonne, Mond und Sterne sind aus Mädchen- und Jungenhand gezimmerte Symbole für die Kraft des Lichts, das die hereinbrechende Winterdunkelheit bezwingen soll. Mit Martinsliedern geht es durch die Straßen, in der stillen Gewißheit am Ende eine Zuckerbrezel oder andere süße Naschereien von St. Martin zu erhalten.

An Martini galt auch so manch anderes Brauchtum. Der 11. November war oft Zahltag für Landpacht und manches Schlachtfest kündigte sich mit diesem Datum an.

Martini war und ist bis heute aber auch untrennbar mit dem weißen Gänsefedervieh verbunden. Das Jahr hatten sie auf bunten Streuobstwiesen verbracht. Der Sommer war ein Fest. Auslauf über die grünblühende Weite, den blauen Himmel und weiße Schäfchenwolken über dem Schnabel. Die Sonne meinte es gut und oftmals waren die dichten Blätter der Apfelbäume ein willkommener Schattenspender. Schutzbietend auch bei plötzlichen Gewitterschauern; wenn der Regen ein wahres Trommelfeuer auf die Krone der alten Holzriesen prasseln ließ. Dampfende Erde mit dem unbeschreiblichen Wohlgeruch nach Gräsern, feuchtem Grund und zigtausend blitzender Wasserperlen, in denen sich die verschreckte Sonne tropfendnaß spiegelte und sich langsam hinter rabenschwarzem Himmel wieder hervorwagte.

Der Sommer der unbeschwerten Tage ging, die Gänse wurden größer und fester im Fleisch. Dem leichten Gang graziler Jugendzeiten folgte der behäbige Schritt gewichtiger Größe. So mancher Apfel, der in den ersten Herbsttagen gepflückt wurde, verabschiedete sich mit den Worten „Wir sehen uns wieder“ und verschwand in den Weidenkörben. Wer konnte es von der Gänseschar ahnen, daß sie alle dem einen ganz speziellen Tag entgegenwuchsen. Am Martinstag gaben sie ihr weißes Federkleid ab und wurden dafür mit flüssiger Butter entschädigt. Als Martinsgans fanden sie sich dann auf dem Tisch wieder, umrahmt von rotem Kohl und Erdäpfeln. Und natürlich gab es auch ein Wiedersehen mit den vorwitzigen Äpfeln vom Baum. Weich und duftig dampfend von Kräutern und Butter umgeben als schmückende Füllung der Gans auf leckerem Gabentisch.

Das alte Brauchtum des Martinsgänseessens soll seine Wurzeln im vorlauten Gemüt derselben haben. Durch das aufgeregte Schnattern des Federviehs hatten sie das Versteck des Heiligen Martin von Tours verraten. Vor lauter Bescheidenheit soll er sich den Bewohnern entzogen haben, die ihn zum Bischof machen wollten. Bis ins 6. Jh. zurück reicht der Brauch des Adventsfastens. Darum fanden am Vorabend noch einmal große Schmausereien statt. Der häufigste Festbraten war die Gans.

Am Martinstag schauten die älteren Dorfbewohner prüfend nach den Bäumen, ob sie ihr Laub bereits ganz abgeworfen hatten. Eine westerwälder Bauernregel prophezeite: hänge om Märtsda´ die Blärer noch on de Baam, da givt et en harde Winter.

So geht der Martinstag ins Land und mit ihm werden die Tage zusehend kürzer und ungemütlicher. Früher drängte sich alles und jeder in der Stube zusammen, wo der große Ofen eine behagliche Wärme ausstrahlte. Das Haus bekam manchmal richtig glühende Backen, wenn sich durch die Fenster die wohlige Helligkeit und Behaglichkeit spüren ließ. Draußen blieb es dunkel und es konnte schon vorkommen, daß sich dann plötzlich ein gespenstig rotglühendes Gesicht am Fenstersims zeigte. Die Kinder schreckten auf und nur ihre größeren Geschwister wußten um den glihnige Mann. Den haben die Pänz sich einfallen lassen. Haben eine Rummel (Runkelrübe) vom Hof geholt und daraus den glühenden Mann gemacht. Einer besonders schönen und großen Rummel wird der Deckel abgeschnitten und das Innere mit dem Messer ausgehölt. Mit der Zeit wird aus der Rübe ein Gesicht. Augen, Nase und ein breiter Mund mit schrägen Zähnen werden ausgeschnitten. Es muß auf jeden Fall recht fraiserlich (schrecklich, gruselig) aussehen, denn dann verfehlt der glihnige Mann seine Wirkung nicht. Ausgehölt erhält er eine brennende Kerze. Auf einen Stecken aufgespießt wird er so durch die Straßen getragen und vor die Fenster gehalten.

Unheimlich schaut er schon aus, dieser Gesell, wenn durch die Rummelwand das Licht rötlich schimmert, Augen sprühen und aus dem breiten Mund ein krummes Lachen scheint.

Die ersten glihnige Männer sieht man schon am Märtsomend, wenn zwischen den bunten Lampions auf einmal ein rotes Gespenst mit brennenden Augen auftaucht. Den Winter als Dämon symbolisierend, hat sich dieser Brauch in Teilen des Landes bis in die heutige Zeit erhalten.

Irgendwann ist die Kerze abgebrannt und dann wird es dunkel um den glihnige Mann. Der hitzigrote Kopf verschwindet und mit dem Dezember kommen vermehrt Schneeflocken ins Land. Die zarten Gebilde fliegen lautlos durch die Luft und kündigen den nächsten Tag an, der von den Kindern schon lange erwartet wird. „Hordig (bald) kimt de Nikelos“ heißt es dann geheimnisvoll und diese Wochen vor Weihnachten sind wirklich die Geheimnisvollsten des Jahres.

Der heilige Nikolaus, ursprünglich Bischof in Smyrna, der heutigen Türkei, ist aus dem Westerwälder Kalender nicht wegzudenken. Am Vorabend des 6. Dezember ist er unterwegs. Die Kinder erwarten ihn mit gemischten Gefühlen, denn die imposante Gestalt, der lange weiße Bart und die dunkle Stimme können sonstigen Vorwitz schon kleinlaut werden lassen. Mit Sack und Rute in der Hand geht er durch das Dorf. Mucksmäuschenstill wird es im Zimmer, wenn es draußen an die Türe klopft und die Kette des Belzebock rasselt. Dieser rauhe Begleiter hat keine Manieren. Ganz in Sackleinen gehüllt oder mit Stroh umkleidet ist er die Schreckgestalt des Winters. Brummend und mit seinen Ketten polternd bleibt er vor der Türe stehen, während der Nikolaus eintritt; oder er begleitet ihn sogar ins Innere des Hauses. Während St. Nikolaus sein großes Buch aufschlägt, wo alle guten und böse Taten des Jahres verzeichnet sind, läßt sich Belzebock auf allen Vieren nieder und brummt. Die bösen Buben will St. Nikolaus in den Sack stecken, den Belzebock dann mitnimmt. Meist kommt es schließlich anders, aber so mancher findet sich wirklich kurz im Sack wieder, bevor St. Nikolaus Gnade vor Recht walten läßt und den bösen Buben wieder der Familie übergibt. Die braven Kinder aber tragen ein Gedicht vor. St. Nikolaus mahnt mit seiner Rute noch einmal auch im kommenden Jahr recht brav zu sein, denn seinem großen Buch entgeht nichts. Endlich schüttet er dann die Gaben aus. Äpfel, Nuß und Mandelkern prasseln auf den Tisch und flinke Kinder sammeln, was die Hände halten können. Lebkuchen und die im Westerwald beheimateten Hefeteigpuppen und -hasen erhält jeder.

Schon ist der Nikolaus auf dem Weg nach draußen und schon werden manche Kinder, die zuvor noch ängstlich waren wieder kühn und rufen ihm hinterher: „Nikelos, Biereklоß, host mer noch kein Gritz geloß“. Der Alte achtet nicht mehr darauf, zu weit ist schon der Weg und er muß noch in viele Häuser. Seine Rute aus Haselnuß- oder Birkenreiser immer mit dabei. Letztendlich hat sie den Ursprung nicht in der Strafe, sondern auch im Symbol des Segnens, der Gesundheit und der Fruchtbarkeit. So kommt der Winter ins Land.

Gebratene Gans

Zutaten:

1 Gans (ca. 5 kg mit Innereien), 700 g Äpfel, 200 g eingeweichte entsteinte Backpflaumen, 50 g Rosinen, 4 EL Paniermehl, Beifuß, Salz, Pfeffer, 250 ml Wasser, 250 ml Brühe, 200 ml Rotwein, 125 ml Schlagsahne, 2 TL Stärkemehl, Majoran.

Zubereitung:

Küchenfertige Gans innen und außen mit Salz und Pfeffer einreiben. Herz, Leber und Magen in kleine Stücke, Äpfel und Backpflaumen in Scheiben schneiden und mit Rosinen und Paniermehl vermischen. Mit Beifuß und Salz abschmecken. Gans damit füllen und Öffnung zustecken. In der Fettpfanne im vorgeheizten Backofen bei 170°C knapp 3 Std. braten. Wasser in die Pfanne gießen, hin und wieder überprüfen, daß es nicht verdampft ist. In den letzten 20 Min. die Gans mit kaltem Wasser besprengen und die Temperatur auf 220°C erhöhen. Bratensaft entfetten, mit Brühe, Rotwein und Sahne einkochen. Mit Stärke binden und mit Salz, Pfeffer und Majoran abschmecken.

Als Füllung eignet sich auch eine Mischung aus Äpfeln und Maronen.

Äpfel-Gewürzkuchen

Zutaten:

7 kleine oder 4 große Äpfel, 250 g Butter, 200 g Zucker, 1 P. Vanillezucker, 4 Eier, 250 g Mehl, 1 P. Backpulver, 200 g gemahlene Haselnüsse, 1 EL Zimt, 1 Prise Nelken, 1-1½ EL Kakao, etwas Rum (nach Belieben)

Zubereitung:

Eine Springform (Ø 28 cm) einfetten oder mit Backpapier auslegen. Den Backofen auf 180 bis 200°C vorheizen.

Die Äpfel waschen, halbieren, das Kerngehäuse entfernen und die Hälften grob raspeln. Die Butter mit dem Zucker, dem Vanillezucker, und den Eiern schaumig rühren. Das Mehl sieben und mit dem Backpulver mischen. Die Nüsse und die Gewürze unter den Teig rühren. Das Mehl und die geraspelten Äpfel abwechselnd zugeben und unterheben. Den Teig in die vorbereitete Form füllen, glattstreichen und im vorgeheizten Backofen ca. 60 Min. backen. Den Kuchen auf einem Kuchengitter auskühlen lassen.

Mit Puderzucker bestreut servieren.

Westerwälder Äpfelkeilchen

Zutaten:

60 g Butter, 50 g Zucker, 3 Eier, 500 g Mehl, 3 EL Milch, 50 g gemahlene Mandeln, abgeriebene Schale einer Zitrone, 500 g säuerliche Äpfel, 80 g Butter, Zimtzucker.

Zubereitung:

60 g Butter, Zucker und Eier schaumig rühren. Nach und nach das Mehl und Milch dazugeben, so daß ein fester Kloßteig entsteht. Mandeln und abgeriebene Zitronenschale hineinarbeiten.

Äpfel schälen, vom Kerngehäuse befreien und in feine Würfel schneiden. Mit dem Teig vermengen. Den Teig 15 Minuten ruhen lassen.

Schwach gesalzenes Wasser zum Kochen bringen. Von dem Teig mit einem Eßlöffel Klöße abstechen, in das kochende Wasser geben und bei mittlerer Hitze garen. Die Keilchen abtropfen lassen.

Vor dem Servieren 80 g Butter zerlassen und etwas bräunen. Über die Keilchen geben und mit Zimtzucker bestreuen.

Äpfel-Zimt-Torte

Zutaten für den Teig:

200 g Butter, 220 g Zucker, 2 Eier, 300 g Mehl, 1/2 P. Backpulver.

Zutaten für den Belag:

80 g Mandelblättchen, Zimt, Zucker, 2 P. Tortenguß klar, 500 ml Weißwein, 5-6 Äpfel, 500 ml Sahne.

Zubereitung:

Butter, Zucker und Eier schaumig rühren, nach und nach Mehl und Backpulver unterrühren. Den Teig teilen und in zwei Springformen im vorgeheizten Backofen nacheinander bei 180°C etwa 15-20 Min. backen. Nach der Backzeit aus den Formen nehmen und abkühlen lassen.

Einen Boden mit der Hälfte der Mandelblättchen bestreuen. Äpfel schälen, achteln, das Kerngehäuse entfernen und mit der Hälfte (250 ml) des Weins in einem Topf etwa 3 Min. dünsten. Anschließend die Äpfel herausnehmen und die Flüssigkeit mit etwas Zucker, Zimt und einem Tortenguß andicken. Den Guß über die Mandelblättchen streichen und die Apfelstücke darauf verteilen.

Sahne steif schlagen und über die Äpfel streichen. Darauf den zweiten Boden legen und mit den restlichen Mandelblättchen bestreuen. Den restlichen Wein mit Zucker, Zimt und Tortenguß andicken und über die Mandeln streichen.

Die Torte vor dem Anschnitt in den Kühlschrank stellen:

Apfelblechkuchen

Zutaten für den Teig:

100 g Butter, 200 g Zucker, 5 Eier, 1/2 TL abgeriebene Zitronenschale, 250 g Mehl, 1 TL Backpulver, 1 Prise Salz.

Zutaten für den Belag:

1 kg Äpfel, 250 ml saure Sahne, 3 Eier, 50 g Zucker, 1 P. Vanillezucker, 100 g süße gemahlene Mandeln.

Zubereitung:

Butter, Zucker, Eier, Prise Salz und Zitronenschale schaumig rühren. Das Mehl mit dem Backpulver vermischen und gut unterrühren. Ein Backblech einfetten und den Teig darauf verstreichen.

Äpfel schälen, vierteln, entkernen und in Scheiben schneiden. Den Teig mit den Apfelscheiben belegen.

Eier mit Sahne, Zucker und Vanillezucker gut verrühren. Mit den gemahlenen Mandeln zu einer Creme verrühren. Die Creme über die Äpfel verteilen und im vorgeheizten Backofen bei 170°C ca. 45-50 Min. backen.

Beschwipster Apfelstrudel

Zutaten für den Strudelteig:

250 g Mehl, 1 Prise Salz, 20 g zerlassene Butter oder Öl, 1 Ei, bis 125 ml Milch oder Wasser, etwas Mehl zum Ausrollen.

Zutaten für die Füllung:

500 g säuerliche Äpfel, Saft von 1/2 Zitrone, 100 g Zucker, 2 cl Calvados, 150 g Sonnenblumenkerne, etwas Mehl, 2 TL Öl, 2 EL Honig, 1 EL weiche Butter.

Zubereitung:

Mehl auf eine Küchenarbeitsplatte geben, eine Mulde eindrücken und zerlassene Butter, Salz, Ei und Flüssigkeit hineingeben. Alles rasch zu einem weichen Teig verarbeiten. Mit der flachen Hand fest abschlagen bis sich der Teig löst. Leicht mit Öl bepinseln und zugedeckt in einem feuchtwarmen Topf 30 Min. ruhen lassen.

Äpfel schälen, vierteln, Kerngehäuse entfernen und in dünne Scheiben schneiden. Mit Zitronensaft beträufeln und mit dem Zucker, Calvados und 2/3 der Sonnenblumenkerne mischen.

Den Strudelteig auf einer bemehlten Arbeitsfläche ausrollen bis er hauchdünn ist. Evtl. mit der flachen Hand noch etwas ausziehen. Mit einem TL Öl dünn bestreichen und die Füllung darauf verteilen. Vorsichtig aufrollen und auf ein gefettetes Blech legen. Im vorgeheizten Backofen bei 200°C ca. 45 Min. backen.

Honig, Butter und restliche Kerne mischen und den Strudel 10 Min. vor Ende der Backzeit damit bestreichen.

Noch warm mit Vanillesauce oder geschlagener Sahne servieren.

Äpfel-Quarkkuchen

Zutaten für den Teig:

250 g Mehl, 100 g Zucker, 1 Eigelb, 125 g Butter.

Zutaten für den Belag:

150 g Zucker, 250 g Speisequark, 1 P. Vanillezucker, abgeriebene Schale einer Zitrone, 4 Eier, 250 ml Sahne, 500 g Äpfel, 1/2 TL Zimt, 1 P. roten Tortenguß.

Zubereitung:

Mehl auf eine Arbeitsfläche sieben, eine Mulde hineindrücken. Zucker und Eigelb hineingeben, Butter als Flöckchen auf den Mehlrand verteilen. Alles rasch verkneten und zur Kugel formen. In Alufolie wickeln und 1 bis 2 Std. in den Kühlschrank legen.

Anschließend den Boden und Rand einer eingefetteten Springform (Ø 24 cm) mit dem Teig auslegen. Den Boden mit einer Gabel mehrmals einstechen.

Quark mit Puddingpulver, Zitronenschale, Eiern und 100 g Zucker verrühren. Sahne steifschlagen, unter die Quarkmasse ziehen und in die Springform füllen.

Äpfel schälen, vierteln, entkernen und in Spalten schneiden. Auf der Quarkmasse ziegelartig verteilen, restlichen Zucker und Zimt darüberstreuen. Im vorgeheizten Backofen bei 190°C etwa 70 Min. backen.

Etwas abkühlen lassen, aus der Form nehmen und auf dem Kuchengitter erkalten lassen. Tortenguß nach Anweisung zubereiten und über die Äpfel gießen. Im Kühlschrank fest werden lassen.

Äpfel, Nuß und Mandelkern

Weihnacht im Westerwald

In früheren Zeiten war der Apfel traditionsreicher Schmuck, den der Brauch des grünen Tannenbaums mit sich brachte. Kleine rotbackige Äpfel glänzten im Schein des Kerzenlichts, lange bevor die schimmernden Glasfrüchte aus dem Thüringer Wald zum ersten Mal den Weg an den Nadelbaum fanden. Schon im 16. Jahrhundert finden sich Aufzeichnungen, die vom Gebrauch von Äpfeln, buntem Papier und leichtem Backwerk zum Schmücken des Christbaums berichten. Die Tradition des Weihnachtsbaumes findet sich wohl zuerst im Elsaß, das schon früh grüne Tannenzweige und -bäume mit Zuckerwerk, Äpfeln und Flitter verschönt. Romantisch beschreibt der Schriftsteller E.T.A. Hoffmann zu Beginn des 19. Jahrhunderts den Weihnachtsabend in seinem Märchen vom Nußknacker und Mäusekönig: „Noch nie hatte der Weihnachtsbaum solch` reiche Früchte getragen, denn alles Zuckerwerk, wie es nur Namen haben mag, und dazwischen manche goldene Nuß, mancher goldene Apfel aus den Gärten der Hesperiden hing an den Ästen, die sich beugten unter der süßen Last".

Das 19. Jahrhundert war es auch, das den geschmückten Christbaum in die Stuben und Katen der Bauern und einfachen Landleute führte. Hier an Rhein und im Westerwald war es zumeist die kleine rote Sternrenette, die den Baum auf ihre Weise mit leuchtend roten Bäckchen verschönerte. Manche veredelten sich wirklich durch das umwicklen mit Goldpapier zu den sagenhaften Goldäpfeln und schimmerten so in rot und gold um die Wette.

Für die Menschen auf dem Lande hatte das Christfest schon immer eine innigere Bedeutung. Die Jahreszeiten wurden intensiver und ursprünglicher erlebt. Mit dem Herbst war die Sonne krank geworden und mit jedem Tag wurde ihre Lebenskraft geringer, wenn Kälte und Dunkelheit ins Land zogen. Ein Fest der Freude am Licht und die Hoffnung, daß sich mit einem Tag das Schicksal der kränkelnden Sonne bessert, war die Zeit der Wintersonnenwende. In ihr haben sich über die Zeiten hinweg, germanische und christliche Glaubensvorstellungen vereinigt und das Brauchtum um den Weihnachtsabend genährt.

So war es im Westerwald noch Sitte, in der dunkelsten Nacht des Jahres, der Christnacht, das Licht nicht zu löschen und es bis zum nächsten Morgen durchbrennen zu lassen. In dieser Nacht wurde das Licht neu geboren, denn die Helligkeit siegte über die Dunkelheit und mit dem Christkind wurde uns gleichzeitig das Licht der Welt geschenkt.

Zur Überwindung der scheinbar toten Jahreszeit kam auch der ursprünglich nordische Winterbrauch an Rhein und Westerwald, immergrüne Pflanzen wie Tanne, Mistel oder Walddistel (Stechpalme) als Sinnbild immerwährenden Lebens in das Haus zu holen. Gegenüber der Ausstattung heutiger Christbäume war der Schmuck vergangener Tage einfacher, aber vielleicht sogar stimmungsvoller und sinnvoller. Zuerst trug er noch keine Kerzen, sondern ein Apfel steckte auf seiner Spitze und an bunten Wollfäden hingen Äpfel und Nüsse.

Ihre Kerne symbolisierten die Fruchtbarkeit und kündeten von dem künftigen Leben, das im Frühling zurückkehrt. Auch wurden kleine Körbchen aus buntem Papier gefaltet, in die man Nüsse hineinfüllte und in das Geäst hing. Später versüßte sich der Schmuck durch Weihnachtsgebäck und Konfekt. Das stimmungsvolle Licht des Weihnachtsbaumes zog dann mit den Kerzen ein.

Ein solch geschmückter Tannenbaum hielt sich noch lange bis nach Weihnachten und in vielen Häusern blieb er bis zum 2. Februar, dem Feste Mariä Lichtmeß, in der Stube stehen.

Für die Kinder hatte das Fest der Feste eine ganz besondere Bedeutung und ihm fieberte man schon Wochen zuvor sehnsüchtig entgegen. Die einfachen Leute hatten kein Geld für große Geschenke und so ist der Westerwälder Brauch der Hasen und Kindcher überliefert. Für die Kleinen wurden aus Hefeteig Puppen und Hasen gebacken, deren Form man aus freier Hand bildete. Puppen, hier Kindcher genannt, und die Hasen waren alte kultische Backformen. Am Weihnachtsabend bekam ein jedes Kind außer seinem Teller mit Äpfeln und Nüssen ein solches Backwerk. Die Jungen einen Hasen und die Mädchen ein Kindchen. Aus noch älteren Zeiten, als es noch keinen Christbaum gab, läßt sich von dem Brauch des Palmstocks berichten. Ein jedes Kind erhielt einen Zweig vom Buchsbaum, der mit Haselnüssen behängt, in einem Apfel steckte. Fast in jedem Haus gab es zum Christda eine Krippe. Wald und Feld boten dafür das Bauzeug. Schon Wochen vor dem Fest wurde an den Krippen gearbeitet. Hasel- und Birkenhölzer, seltsam geformte Rinden und Wurzelstücke, Moos, Stroh und Efeu bildeten Landschaft und den Stall in Bethlehem, ganz in der Tradition Westerwälder Vorstellungskraft. Am Christomend legten die Kinder ein kleines Bündel Heu für den Esel in den Stall und sangen ihr Lied:

„Christkindche, komm in unser Haus,
leer die vollen Taschen aus,
stell dei Eselche off de Mist,
dat et Heu und Hawer frißt.
Heu und Hawer mag et net,
Zuckerplätzjer krie´t et net."

Nach dem Abendessen wurden sie ins Bett gesteckt und mußten da auf das Kommen des Christkindes warten. Wenn das helle Klingen eines Glöckchens zu vernehmen war, dann hatte es die Kerzen am Baum entzündet und die Kinder

beschert. Mit großen Augen und aufgeregten Herzen standen Jungen und Mädchen vor dem leuchtenden Wunder der Christnacht.

„Christnoocht und Gehansnoocht (Johannisnacht), dot wor´n die heilige Nächte", sagte einmal eine alte Frau eines Dorfes. An diesen beiden Sonnwenden legte man Brot vor das Fenster im Glauben an den Segen dieser Nächte. Man sprach davon, daß es nie verdarb oder schimmelte, solange es aufbewahrt wurde. Krankem Vieh oder kalbenden Kühen gab man das Brot ins Getränk, im Vertrauen auf seine besondere Kraft. Aus noch früheren Zeiten ist zu berichten, daß man außer Brot auch Hafer und Heu hinauslegte. Gaben für „dem Christkindche sei Eselche". Am Weihnachtsmorgen aß jeder im Hause einen Bissen des gesegneten Brotes und dem Vieh in den Ställen gab man von dem Heu und Hafer, daß alle gedeihen sollten und fruchtbar seien im neuen Jahr.

Ein Lied
hinterm Ofen zu singen

Der Winter ist ein rechter Mann,
Kernfest und auf die Dauer;
Sein Fleisch fühlt sich wie Eisen an,
Und scheut nicht süß noch sauer.

War je ein Mann gesund, ist er´s;
Er krankt und kränkelt nimmer,
Weiß nichts von Nachtschweiß noch Vapeurs
Und schläft im kalten Zimmer.

Er zieht sein Hemd im Freien an
Und läßt´s vorher nicht wärmen;
Und spottet über Fluß im Zahn
Und Kolik in Gedärmen.

Aus Blumen und aus Vogelsang
Weiß er sich nichts zu machen,
Haßt warmen Drang und warmen Klang
Und alle warmen Sachen.

Doch wenn die Füchse bellen sehr,
Wenn´s Holz im Ofen knittert,
Und um den Ofen Knecht und Herr
Die Hände reibt und zittert;

Wenn Stein und Bein vor Frost zerbricht,
Und Teich´und Seen krachen;
Das klingt ihm gut, das haßt er nicht,
Denn will er sich totlachen.

Sein Schloß von Eis liegt ganz hinaus
Beim Nordpol an dem Strande;
Doch hat er auch ein Sommerhaus
Im lieben Schweizerlande.

Da ist er denn bald dort, bald hier,
Gut Regiment zu führen.
Und wenn er durchzieht, stehen wir
Und sehn ihn an und frieren.

Matthias Claudius

Bratapfel Schneewalzer

Zutaten:

4 Äpfel, 30 g Butter, 6 TL Zucker, Butter zum Einfetten, 1 Eiweiß, 8 EL Apfelmus, Apfelschnaps, 20 g Mandelstifte, Puderzucker.

Zubereitung:

Äpfel waschen, Kerngehäuse ausstechen und auf ein gefettetes Blech setzen. Mit je einem Butterflöckchen und 1 TL Zucker versehen. Im vorgeheizten Backofen bei 225°C ca. 25 Min. braten.

Eiweiß mit 2 TL Zucker zu steifem Schnee schlagen. In die gebratenen Äpfel je 2 EL Apfelmus geben, etwas Apfelbrand darüber träufeln und die Schneehaube aufsetzen. Im Backofen goldbraun übergrillen.

Mit Mandelstiften garnieren und mit Puderzucker bestäuben.

Äpfel im Schlafrock

Zutaten:

1 P. TK-Blätterteig, 4 Äpfel, etwas Zucker, 1 EL Rosinen, Zimt, 1 Eigelb, etwas Dosenmilch.

Zubereitung:

Blätterteig auftauen lassen. 1/2 cm dick ausrollen und in 15 cm Quadrate schneiden. Äpfel schälen, das Kerngehäuse mit einem Apfelstecher herausstechen und je einen Apfel auf ein Quadrat setzen. Mit Rosinen und Zucker füllen und mit Zimt bestäuben. Den Teig über den Äpfeln zusammenschlagen. Eigelb und Dosenmilch verquirlen und den Teig damit bestreichen. Im vorgeheizten Backofen bei 220°C ca. 40 Min. backen.

Kaminapfel

Zutaten:

4 Äpfel, 250 ml Rotwein, 4 EL Zucker, abgeriebene Schale einer ungespritzten Orange, 1 Zimtstange.

Zutaten für die Füllung:

4 TL geriebene Mandeln, 4 TL Zucker, 4 TL Rosinen.

Zutaten für die Creme:

250 ml Milch, 1 EL Speisestärke, 40 g Zucker, 1 Prise Salz, 1 P. Vanillezucker, 2 Eigelb.

Zutaten für den Überzug:

2 Eiweiß, 40 g Zucker.

Zubereitung:

Äpfel rundum mit Schaschlikspießen einstechen und das Kerngehäuse ausstechen. Rotwein, Zucker, Orangenschale und Zimtstange in einen Topf geben, Äpfel hineinstellen und 5 Min. dünsten. Äpfel herausnehmen und in eine gefettete feuerfeste Form stellen. Mandeln, Zucker und Rosinen vermischen und in die Äpfel füllen.

Milch mit Speisestärke, Zucker, Salz und Vanillezucker unter Rühren aufkochen. Vom Herd nehmen. 2 EL von der Creme mit Eigelb verrühren, wieder in die übrige Creme geben und gut verrühren. Nicht mehr kochen! Über die Äpfel gießen. Eiweiß mit Zucker zu Schnee schlagen und ebenfalls über die Äpfel verteilen. Im vorgeheizten Backofen bei 180°C etwa 15 Min. backen.

Mit Schlagsahne servieren.

Sebastian im Schnee

Wenn die Tage langen, kommt der Winter gegangen

Im Westerwald schlummert alles tief unter einer Decke aus Eis und Schnee. Der Bach unterliegt dem Frost und wie erstarrt ist die Landschaft in einem Gemälde aus kühlem Weiß und Grau. Auf den Zweigen der Apfelbäume bilden sich gläserne Kristalle. Sie werden zu Nadelbäumen, denn der Winter webt haarfeine Gespinste in die Kronen. Wie eine Spindel stehen die alten Obstriesen kahl auf Wiese und Feld und Eisfäden bilden die glitzernde Wolle, die jeder weitere Frosttag um die holzigen Arme spinnt. In diesen Zeiten dreht sich die Welt langsamer und lautlos verschluckt die Landschaft des Westerwaldes das Ticken der Pendeluhr. „Wenn die Tage langen, kommt der Winter gegangen" ist eine Brauchtumsweisheit der Wäller Leute und erinnert an die Zeiten wo die tiefhängenden Strohdächer über dem Stallgeruch der grobgepflasterten Erne und dem Wacholderruß der offenen Rauchfänge thronten.

Im Jahreskalender, wo sich die Heiligen und der Lauf der Feldarbeit treffen, ist der 20. Januar schon immer ein besonderer Tag gewesen. Im Volksmund heißt er Bästjes-Tag und er ist dem heiligen Sebastian zu Ehren ein altüberlieferter Wäller Festtag. „Wenn der gute Wäller Dade hat zum Bästjes-Tag gelade, läuft die Triersche Schnerch (Schwiegertochter) und Bäs (Cousine). Rennt der Aahwe (Schwiegersohn) mit der Wäs (Tante)". Da wird nach Hause eingeladen und wer dem Aufruf nicht folgt, der beleidigt nicht nur den Gastgeber, denn „Sebastian fühlt sich hochgeehrt, wenn man mit Besuch ihn ehrt". Kaum eine Unbill des Wetters mag die Geladenen abhalten. Lange genug ist man daheim geblieben, wovon der Ausspruch „Kein menschlich Seel geht vor die Tür bis St. Sebastian steht dafür" zeugt. Der heilige Sebastian hat schon ein besonderes Hausrecht im Westerwald und das besteht schon seit mehreren hundert Jahren.

Der heilige Sebastian hat als römischer Soldat im 3. Jahrhundert die damalige Region des Westerwaldes wohl nie gesehen, denn nach unterschiedlichen Überlieferungen soll er aus Mailand oder

Narbonne gewesen sein. Im Umfeld des Kaisers Diokletian soll er hochdekoriert gelebt aber trotz Verbotes seinen christlichen Glauben weiter bekannt haben. So stirbt er den Märtyrertod in Rom. Der Legende nach wird er auf Befehl des Kaisers mit Pfeilen durchschossen. Als er sich davon erholt, mit Keulen erschlagen. Reliquien des heiligen Sebastian sollen in Hagenau im Elsaß zu Hause sein. Dieser Sebastian ist es, den die Wäller noch mancherorts am 20. Januar mit einer feierlichen Kirch begehen. Nach der Festpredigt geht es heim zum Festtagsessen, welches sich als bodenständig und nahrhaft in der kalten Jahreszeit erweist. Die Vorspeise bildet der Dutschkuchen, ein Kartoffelreibekuchen, der zumeist mit safrangelbem Reisbrei serviert wird. Danach schließen sich die dicken Saubohnen an, die mit einem tüchtigen Stück Schweinefleisch daherkommen.

Wenn sich das alles gesetzt hat, wartet der Nachtisch mit Dörrzwetschen oder Dörrbirnen mit Kandiszucker gesüßt auf. Doch damit war der Bästjestag noch nicht vorbei. Für den Besuch, den man erwartete, wurde der Tisch wieder schön gedeckt und für den Bräterkuchen mit Eierkäse vorbereitet. Hier und da gab es auch einen leckeren Apfel- oder Birnenplatz aus Roggenmehl und natürlich eine gute Tasse starken Kaffee. In den ärmeren Zeiten wurde dieser allerdings selbst aus Feld- und Waldfrüchten wie Gerste, Bucheckern oder Eicheln geröstet und kam als sogenannter Speicherkaffee auf den Tisch. Die Zeiten haben sich auch im Westerwald geändert und so wird sich heute auf dem Mittagstisch und der Kaffeetafel eine größere Auswahl an Gerichten wiederfinden. Ländlich festlich bleibt der Tag aber wie zu früheren Zeiten.

Drehen wir das Rad der Zeit für einen kurzen Moment zurück. Da tauchen drei Schreckgestalten auf, die auch den Westerwald nicht unversehrt lassen. Man schreibt das 16. und das 17. Jahrhundert. Der Eine ist in ein dunkles Tuch gewandet und die Kapuze hängt ihm tief ins Gesicht, sodaß nur die weißen Fingerknochen zu sehen sind, die den Griff der Sense halten. Wie ein Schnitter ist er durch das Land gezogen und hat jung wie alt, Bauersfrau wie Adelsherrn mitsich fort genommen. Grausige Ernte, die der Zweite der drei Gestalten gesät hat. Dürr und abgemergelt läuft er vor dem Sensenmann her. Statt Brot und Fleisch nur Lumpen und Fetzen. Dagegen sieht der Dritte schon wie ein Edelmann aus. Sein Brustpanzer blitzt kalt und die bunte Uniform kann über die Lanzen und Schwerter, die rasselnd seinen Weg ebnen, nicht hinwegtäuschen. Pest, Hunger und Krieg ziehen auch durch den Westerwald und treiben das Volk in Kirchen und Kapellen. Der göttlichen Hilfe vertrauen sie sich an und der Heilige Sebastian wird zu ihrem Fürsprecher. Er wird der Pest und Seuchenheilige, der die ausgeplünderten Dörfer und verwaisten Städte nicht alleine läßt.

Ihm sind viele Bildnisse und Kirchenfiguren gewidmet. Dargestellt wird der heilige Sebastian in seinem Martyrium, durchbohrt mit Pfeilen und an Händen und Füßen gefesselt. Kein Glorienschein und keine blinkende römische Rüstung, die seinem Stand Rechnung getragen hätte. Dafür galt sein Name als Taufpate für so manchen männlichen Säugling im früheren Westerwald. Alte Kirchenbücher verraten, daß es in jedem Dorf einen oder mehrere Bastian oder Bast gab. Selbst heute zeigt sich durch die Renaissance vieler alter Vornamen auch eine Wiederbelebung des Namens Sebastian. So lebt in ihm echtes Wäller Brauchtum fort und erinnert an seinem Namenstag am 20. Januar daran, wenn es heißt „An Fabian und Sebastian fängt der rechte Winter an".

Bratapfel Frau Holle

Zutaten:

250 g getrocknete Früchte wie Pflaumen, Aprikosen, Birnen oder Apfelschnitze, 750 ml Milch, 1½ Tassen Milchreis, 3 EL Zucker, 1 Prise Salz, 4 Äpfel, 20 g Butter, 4 TL Zucker, Butter zum Einfetten, 4 EL Himbeergelee oder Sirup.

Zubereitung:

Getrocknete Früchte einweichen und anschließend im Einweichwasser 15 Min. gar kochen. Milch aufkochen, gewaschenen Reis hineingeben und mit Zucker und Salz in 20 Min. kochen.

Milchreis mit dem abgetropften Backobst mischen, abkühlen lassen und auf vier Teller verteilen.

Äpfel waschen, Kerngehäuse ausstechen und auf ein gefettetes Backblech setzen. Mit Butterflöckchen belegen und mit je ½ TL Zucker bestreuen. Bei 220°C etwa 25 Min. im vorgeheizten Backofen braten.

Die Bratäpfel auf dem Milchreis anrichten und mit dem restlichen Zucker bestreuen. Mit einem Kleks Himbeergelee oder Sirup dekorieren.

Bratapfel Wintermärchen

Zutaten:

2 Eier, 100 g Zucker, 250 ml Apfelwein, 2 EL Zitronensaft, 1 gestr. TL Speisestärke, 4 Biskuitstorteletts, 2 EL Maraschinolikör, 4 Äpfel, Butter zum Einfetten, 20 g Butter, 2 TL Zucker.

Zubereitung:

Eier, Zucker, Wein, Zitronensaft und Speisestärke verrühren. Bei mäßiger Hitze unter ständigem Rühren aufkochen. Die Sauce vom Herd nehmen und im kalten Wasserbad weiterschlagen bis sie abgekühlt ist.

Äpfel waschen, das Kerngehäuse ausstechen und auf ein gefettetes Backblech setzen. Mit je einem Stück Butter und ½ TL Zucker füllen. Im vorgeheizten Backofen bei 220°C etwa 25 Min. braten.

Torteletts mit Maraschino beträufeln und die gebratenen Äpfel daraufsetzen. Mit Sauce begießen und servieren.

Der Bratapfel

Kinder, kommt und ratet,
was im Ofen bratet!
Hört, wie´s knallt und zischt!
Bald wird er aufgetischt,
der Zipfel, der Zapfel
der Kipfel, der Kapfel,
der gelbrote Apfel.

Kinder, lauft schneller;
holt einen Teller,
holt eine Gabel!
Sperrt auf den Schnabel
für den Zipfel, den Zapfel,
den Kipfel, den Kapfel
den goldbraunen Apfel.

Sie pusten und prusten,
sie gucken und schlucken,
sie schnalzen und schmecken,
sie lecken und schlecken
den Zipfel, den Zapfel
den Kipfel, den Kapfel,
den knusprigen Apfel

Fritz und Emilie Kögel

Bratapfel Schneewittchen

Zutaten:

4 Äpfel, Butter zum Einfetten, 8 EL Preiselbeerkompott, 20 g Butter, 4 EL Hagelzucker.

Zubereitung:

Äpfel schälen, Kerngehäuse ausstechen und auf ein gefettetes Blech setzen. Mit je 2 EL Kompott füllen und Butterflöckchen aufsetzen. Im vorgeheizten Backofen bei 220°C etwa 25 Min. braten.

Aus dem Backofen nehmen und mit Hagelzucker bestreut servieren.

Igel-Bratapfel

Zutaten:

4 Winteräpfel, 4 TL gemahlene Haselnüsse oder Kokosraspeln, 4 TL Lieblingsmarmelade (z.B. Johannisbeer, Quitte, Pfirsich etc.), 4 EL Mandelstifte, 12 Rosinen, etwas Butter.

Zubereitung:

Äpfel waschen und mit einem Apfelausstecher das Kerngehäuse großzügig herausstechen. Die Mandelstifte in die Äpfel stecken, damit sie wie Igel aussehen. Als Gesicht erhalten die Äpfel Rosinen, für Augen und Nase, die auf jeweils einen Mandelstift gesteckt werden.

Die Igel-Äpfel in eine gefettete Form geben. Die Haselnüsse mit der Marmelade vermischen und die Äpfel damit füllen. Obenauf Butterflöckchen setzen. Im vorgeheizten Backofen bei 180°C ca. 30 Min. backen

Bratapfel Wintermorgen

Zutaten:

4 Äpfel, 100 g Marzipanrohmasse, 4 EL gehackte Walnüsse, 1 kleines Glas eingeweckte Schattenmorellen, Butter und Zucker, 4 EL Kirschwasser, 4 EL Zucker, 1 gestr. EL Mondamin.

Zubereitung:

Äpfel waschen und das Kerngehäuse ausstechen. Marzipan mit den gehackten Nüssen verkneten. 4 Portionen abstechen und zu einer kleinen Rolle formen. In den Apfel geben, mit Butterflöckchen und Zucker versehen und im vorgeheizten Backofen bei 225°C 25 Min. braten.

In der Zwischenzeit die Sauerkirschen mit Kirschwasser und Zucker aufkochen. Mondamin anrühren und die Kirschen damit andicken.

Auf vier Dessertteller anrichten und jeweils ein Apfel daraufsetzen. Mit Schlagsahne servieren.

Bratapfelsorbet

Zutaten:

750 g säuerliche Äpfel, 100 g gemahlene Mandeln, 100 g Rosinen, 100 g Zucker, 4 cl Strohrum, etwas Zimt, 250 ml Läuterzucker, 8 cl Grappa.

Zubereitung:

Mandeln, Rosinen, Zucker und Zimt in einer Schüssel vermischen. Die Äpfel waschen, mit einem Apfelausstecher entkernen und mit der Mandelmischung füllen. Die Äpfel im vorgeheizten Backofen bei 170°C ca. 10-15 Min. garen.

Anschließend die Äpfel aus dem Backofen nehmen und die Schale entfernen. Die gefüllten Äpfel mit dem Läuterzucker und Grappa mit einem Mixer pürieren.

Nach dem Erkalten die Masse in der Eismaschine cremig frieren. Falls keine Eismaschine vorhanden ist, kann man die Masse auch in einer breiten Schüssel im Eisschrank gefrieren lassen. Hierbei muß das Sorbet alle 15 Min. mit dem Schneebesen durchgerührt werden.

Äpfel-Kartoffeltorte

Zutaten für den Boden:

200 g Mehl, etwas Mehl zum Ausrollen, 1/2 TL Salz, 1 gestr. TL Backpulver, 100 g Speisequark (10 % Fett i.Tr.), 6 EL Milch, 4 EL Sonnenblumenöl, etwas Butter für das Blech, 3 EL geriebener Emmentaler.

Zutaten für den Belag:

500 g kleine, festkochende Kartoffeln, 1 TL Kümmel, 100 g Südtiroler Speck, 1 mittelgroße Zwiebel, 1 Apfel, 1 EL Sonnenblumenöl, 8 frische Salbeiblätter, Salz, Pfeffer a. d. Mühle, 1 Ei, 50 ml Schlagsahne, 4 EL Milch, 1 Prise Muskat, 50 g geriebener Emmentaler.

Zubereitung:

Mehl in eine Schüssel sieben, mit Salz und Backpulver vermischen. In die Mitte eine Mulde drücken und Quark, Milch und Öl hineingeben. Alles rasch zu einem elastischen Teig verarbeiten. Backofen auf 200°C vorheizen. Tortenform (Ø 28 - 30 cm) mit Butter einpinseln. Die Form einschließlich Rand mit dem Teig auslegen. Boden mehrmals mit einer Gabel einstechen, mit dem Käse bestreuen und 15 Min. vorbacken. In der Form abkühlen lassen.

Kartoffeln gründlich waschen und mit Wasser bedeckt und dem Kümmel garen. Abkühlen lassen, pellen und längs vierteln. Speck sehr klein würfeln. Zwiebel und Apfel schälen und ebenfalls in Würfel schneiden. Zuerst den Speck in Öl rundum knusprig braten, dann Zwiebel- und Apfelwürfel zugeben und unter Wenden bei Mittelhitze 8 Min. dünsten. Salbei abspülen, in Streifen schneiden und mit in die Pfanne geben.

Kartoffeln auf dem vorgebackenen Boden dekorativ verteilen, mit Salz und Pfeffer bestreuen und die Speckmischung darauf verteilen. Das Ei mit Sahne und Milch verquirlen, mit Salz, Pfeffer und Muskat würzen und über die Kartoffeln gießen. Zuletzt mit Käse bestreuen. Bei 200°C ca. 20 bis 25 Min backen, bis sich die Ränder goldbraun färben.

Den Kuchen warm servieren. Dazu paßt ein frischer Salat und ein herber Weißwein.

Äpfel-Kartoffel-Auflauf

Zutaten:

500 g Äpfel, 250 g Kartoffeln, 1 TL Butter, 350 ml Sahne, 3 EL Crème Fraîche, Salz, Pfeffer.

Zubereitung:

Äpfel schälen, entkernen, vierteln und in Scheiben schneiden. Kartoffeln schälen, waschen und in dünne Scheiben schneiden. Beides abwechselnd in eine gebutterte Auflaufform schichten. Sahne mit der Crème Fraîche mischen und mit Salz und wenig Pfeffer würzen.

Die Sahne-Mischung über den Auflauf gießen. Bei 180°C ca. 30 Min. im Backofen goldbraun backen. Evtl. zwischendurch mit Alufolie abdecken.

Dazu paßt gebratene Poulardenbrust und ein frischer Salat.

Äpfelportraits

Alte Sorten, Marktäpfel

Ananasrenette

Die Ananas ist weder meine Mutter noch eine sonstige nahe Verwandte! Das muß ich ganz zu Anfang klarstellen, damit man meinen etwas exotischen aber vorzüglichen Geschmack nicht fälschlicherweise der Südfrucht zuschreibt. Meine Wurzeln liegen nicht auf Hawaii sondern eindeutig im rheinischen Apfelgarten. Darin bin ich seit 1820 bekannt. Holland oder Belgien soll meine Kinderstube gewesen sein.

Bitte kommen Sie jetzt nicht auf die Vermutung, daß die Überseekolonien doch etwas mit mir zu tun haben könnten. Ich bin und bleibe eine bodenständige einfarbige Renette von kleinem Wuchs aber mit großer Ausstrahlung.

Wer Gutes hervorbringt, der verlangt auch gute Standortverhältnisse. Warmes Klima und fruchtbare Böden mit guter Durchlüftung sagen mir zu. Nicht zuviel Feuchtigkeit aber auch keine Trockenheit, so liebe ich es. Ich werde nie groß wie meine Cousins Bohnapfel oder Winterrambour. Gedrungen ist mein Wuchs und klein sind meine Äpfel. Dafür aber voller Frucht und Würze, fast etwas muskatartig und somit in dieser Art einmalig. Deshalb gelte ich auch als ausgezeichneter Tafelapfel, der in gleicher Weise auch die sehr gute Eigenschaft eines Wirtschaftsapfels in sich vereinigt. Hoch ist mein Vitamin-C-Gehalt, cremefarben-saftig mein Fleisch. Richtig apfelgrün bin ich zu Beginn, wechsle aber zunehmend in die sonnigsten Gelbtöne. Die Farbe von Zitronen hat meine Schale, die manchmal sogar sonnenseitig leichte Orangetöne haucht. Schön glatt und fast wachsig bin ich gut lagerfähig und bringe ab Mitte Oktober meine vollbehangene Krone wahrhaft zum Leuchten. Ein Lichtblick in Zeiten, wo Herbststürme die Farben langsam mit sich hinweg nehmen.

Für Masse bin ich nicht gedacht. Dafür sorgen schon meine Früchte. Aus diesem Grunde bleibe ich lieber klein aber fein als leckerer Geheimtip in des Apfelfreundes Hausgarten.

Freiherr von Berleppsch

Alter Rheinischer Landadel bin ich. Heute nennt man mich kurz *Berleppsch*, was mich immer etwas erzürnt, denn eigentlich heiße ich *Goldrenette Freiherr von Berleppsch*. Soviel Zeit muß sein, denn schließlich gibt es mich schon seit 1880. Mein Vater war *Ribston Pepping* aus Grevenbroich im Rheinland und meine Mutter - ach wie habe ich noch ihren Duft in der Nase - war die berühmte *Ananasrenette* Im Gewicht bringe ich gut 100 g auf die Waage. Andere nennen mich mittelgroß, flachkugelig mit fünf ausgeprägten, gleichmäßigen Rippen, die sich um meinen Kelch gruppieren. Eigentlich bin ich nett anzuschauen, zurückhaltend wie es mein adliger Familienstand eben gebietet und deshalb kann ich es gar nicht verstehen, daß mir Apfelkenner eine leicht rauhe Struktur nachsagen. Die rostfarbigen Punkte auf meiner rötlich-gelben Schale sind meine Sommersprossen. Die machen mir nichts, aber meine Schwester wird immer gleich schüchtern darüber und nicht selten färbt sich ihre Schale dann dunkelrot und sie wird zum *Roten Berleppsch*.

Viele freut mein hoher Vitamin-C-Gehalt, dazu noch mein festes Fruchtfleisch und mein Humor, der saftig aber gleichzeitig auch fein-säuerlich sein kann. Und wie meine Herkunft, so ist auch mein Aroma edel. Kaum einer legt mich auf die lange Bank, obwohl ich durchaus im Oktober gepflückt, es bis in den März aushalte. Die meisten lieben mich jedoch frisch im Verzehr.

Wenn Sie es nicht weitersagen, verrate ich ihnen noch meine persönliche Vorliebe: Ich werde weich für behagliche Ofenwärme. Entweder ganz langsam zum Dörren oder richtig heiß im weichen Teig eines Rührteigs oder auf einem luftigen Bett aus Hefeteig. Ich verspreche Ihnen edlen Genuß!

Kräftig im Ertrag bin ich der richtige Apfel, um fässerweise Most zu spenden, Batterien von Weckgläsern zu füllen oder einfach eine Mahn voller Äpfel zu schütteln. Wie? Sie wissen nichts mit dem Wort *Mahn* anzufangen? Geflochtene Körbe bedeuten sie hier in meiner Heimat, und körbeweise liefere ich feste Äpfel zur gefälligen Verwertung.

Großer Rheinischer Bohnapfel

Sind Sie schon einmal über Land gefahren und haben dort einen Apfelbaum mit großer Krone und reichlich vielen Zweigen einsam im Feld stehen gesehen? Dann haben Sie Glück gehabt und sind wahrscheinlich auf mich getroffen. Zumindest in meiner Heimat des Mittelrheins bin ich noch häufig anzutreffen, obwohl auch ich schon um 1800 das Licht der Felder und Wiesen erblickt habe. Ich bin ein richtiger Muskelmann.

Dabei bin ich als Apfel eher klein bis mittelgroß. Wer aber nun auf den Gedanken kommen sollte, daß ich deswegen nichts aushalte, der irrt sich gründlich. Von robustem Wesen, bin ich sogar für rauhe Lagen geeignet, weshalb man mich auch auf den Höhen der Mittelgebirge findet. Als harter Arbeiter lege ich keinen Wert auf modische und leuchtende Bekleidung. Stumpf und braunrot auf grün-gelben Grund ist meine Farbe. Meine Stärke ist wie gesagt mein Ertrag und der setzt Ende Oktober ein. Ab November werde ich dann verarbeitet aber keine Angst, ich bin von beständigem Charakter und wem es gefällt, bei dem verweile ich bis in den darauffolgenden Juni.

Jetzt wollen Sie sicherlich noch wissen wie ich schmecke? Bei der Vielzahl meiner Äpfel, kann ich natürlich nicht jedem Apfelkind großes Aroma mit auf den Weg geben. Aber säuerlich saftig sind sie alle ohne Frage. Zu Apfelsaft gepreßt und zu Kompott gekocht werden Sie mich sicherlich nicht verachten.

Aus dem Bremer Land komme ich her und bin ein alter deutscher Zufallssämling. Der dortige Deichvogt Boike hat mir seinen Namen gegeben und schon 1828 wurde ich durch den Magister Schröder in Hamburg zum ersten Mal beschrieben. Ich bin halt ein echter Norddeutscher, der sich mit den west- und süddeutschen Höhenlagen wohl auch arrangiert hat, aber in tiefster Seele die tonigen und schweren feuchten Böden des Nordens liebt, Wind und Sturm trotzt und auch in Blüte dem Frost oft ein Schnippchen schlägt. Habe ich also solch angenehmen Standort, dann lohne ich es mit geringer Krankheitsanfälligkeit von Blatt, Holz und Frucht. Wärmere Gegenden, wo auch mal längere Zeit kein Regen fällt, verabscheue ich auf das Tiefste!

Boikenapfel

Geringe Krankheitsanfälligkeit sind aber nicht meine einzigen Vorzüge. Als mittelgroßer bis großer Apfel wird mir ein bemerkenswertes Aroma im Geschmack nachgesagt. Da kann meine grünlich-gelbe Farbe schon einmal sonnenseitig rot vor Verlegenheit über solch charmante Aussagen werden. Wein- bis süßfruchtig schmecke ich. Mein Fruchtfleisch ist weißlich, fest und saftig mit einem mittleren Gehalt an Vitamin C. Deshalb mögen mich viele Apfelfreunde als Tafelobst. Auch einen guten Kuchen oder ein Kompott läßt sich aus mir zubereiten. Also Hobbyköche, nennt mir nur eure Rezepte!

Wer kann mir bei allen genannten Vorzügen verdenken, daß mein Ertrag verspätet einsetzt und nie hoch ist. Ich stehe eben auf Klasse statt Masse. Den Hausgärtner oder den Apfelliebhaber wird dies auch nicht stören. Bringe ich Frucht, dann hält sie auch dank meiner wachsigen Schale gut und wird kaum welken.

Boskoop

Man darf es ja kaum verraten und ich hoffe, auch Sie halten Stillschweigen darüber, daß mein heutiger Bekanntheitsgrad ein reines Zufallsprodukt ist. Als Zufallssämling wurde ich 1856 im niederländischen Ort Boskoop entdeckt. Aber was soll man auch anderes erwarten, gab es doch in dem Städtchen Boskoop in jenen Zeiten unzählige Obstschulen und Gartenbaubetriebe. Als mittleres Kind von mehreren tausend Sämlingen, bekommt man einfach nicht so die Beachtung geschenkt, die man verdient hat.

Ihre Frage, ob meine Größe und mein Gewicht von rund 200 g als Reaktion auf die Defizite meiner Kindheit zu deuten sind, weise ich strikt von mir. Das hat die Natur so eingerichtet, hat mich im Aussehen entweder grüngelb mit roter Marmorierung oder deckend rot mit braunroten Schattierungen werden lassen. Als Roter Boskoop bin ich nun vorwiegend im Anbau.

Fühlen Sie mich nur an, keine Hemmung! Bin ich nicht schön hoch bis flach kugelig und trocken in der Hand zu halten? Falls Sie auf die Idee kommen sollten, ich wäre wegen meiner rauhen Schale schlecht rasiert, so muß ich Sie aufklären, daß es gerade ein typisches Merkmal unserer Sorte und allen Boskoops eigen ist. Das kommt von den vielen, vielen kleinen Sprenkeln auf der Haut. Ich nenne sie Sommersprossen aber die Fachleute sagen Berostung darüber. Entscheiden Sie selbst, was Sie schöner finden.

In der Küche bin ich als typischer Kochapfel bekannt. Mein hellgelbes Fleisch ist mürbe, saftig und schmeckt säuerlich-würzig. Sogar die Industrie interessiert sich für mich und verarbeitet mich zu Saft und Äppelwoi. Dabei bin ich zugleich ein Weltmeister was Zuckergehalt und Säure gleichzeitig betrifft. Kaum einer meiner Sortenverwandtschaft bietet mehr davon. Keine Spur also von Defiziten, wie Sie sehen, verehrte Leserschaft. Allein die Mitarbeit als Obstkuchen wird mir erschwert, denn im Topf werde ich schon butterweich und zerfalle. Da zeigen sich meine Freunde *Berleppsch*, *Idared* und *Golden Delicious* schon attraktiver und bleiben schön in Form.

Aber schließlich und zum guten Schluss habe ich es geschafft, daß es mich bis heute gibt und daran sind Sie schuld.

„We are amused“ Sie kennenzulernen. Bitte vergeben Sie mir, daß ich von Zeit zu Zeit in meine englische Muttersprache zurückfalle, aber die Erinnerung an meinen inselgrünen Landsitz Stowe Hall in der Grafschaft Norfolk sind über all die Jahre noch immer sehr lebendig. Als *Golden Noble* wurde ich zum Apfelaristokrat und unvergeßlich ist für mich das Jahr 1820, als ich der königlichen Gartenbaugesellschaft vorgestellt und registriert wurde.

Die königlichen Bande und Verwandtschaftsbeziehungen sind zwischen England und Deutschland seit jeher eng und so habe ich es auch hier als *Gelber Edelapfel* zu Ruhm gebracht. Gerade in hannoveranischen Landen wurde ich früher häufig zur seitlichen Bepflanzung von Landstraßen verwendet.

Gelber Edelapfel

Trotz adliger Herkunft bin ich vom Standort her eine genügsame Sorte. Ich gedeihe in wärmeren wie auch kühleren Gefilden, verweigere mich auch nicht den Höhenlagen, vorausgesetzt es zieht nicht so. Feuchte Böden mit hohem Grundwasserstand sind mir gesundheitlich abträglich wie das von Gicht geprägte Leben in feuchtem Schlossgemäuer. Gegen Frost ist meine Blüte und das Holz jedoch ganz gut gewappnet.

Von Ende September bis in den Oktober hinein glänze ich mit aufpolierten Früchten von durchaus vorzeigbarer Größe. Meine Farbe erinnert mich an die grünen und gelben Wiesen Englands. Je nach Sonnenseite kann meine Schale richtig vollgelb werden, wodurch sich auch mein Name ableitet. Den edlen Wuchs gibt auch die Ebenmäßigkeit meiner Früchte wider. Nicht nur von außen, nein auch meine inneren Werte unterstreichen meine Bedeutung. Nicht, daß ich mir darauf etwas einbilde, aber wer beißt nicht gerne in einen festen knackigen Apfel, der sehr saftig und spritzig ist und dies auch bis zu seiner Vollreife nicht verliert. Und wer etwas für seine Gesundheit tun will, der ißt mich noch lieber, wenn er über meine hohen Vitamin-C-Werte Bescheid weiß. Der Zarenhof in Rußland soll mich wegen meiner inneren Werte sogar gerne im Garten bevorzugt haben.

Als wertvoller Tafel- und Wirtschaftsapfel mit betont fruchtig-erfrischender Note verleihe ich jedem Obstgarten Glanz und Würde.
I promise you!

Goldparmäne

Meine Jahresringe sehen Sie mir kaum an. Hätten Sie gedacht, daß ich bereits das Zeitalter der großen Maler und Baumeister der Renaissance miterleben durfte. Meine Herkunft liegt geheimnisvoll im Dunkel, jedoch bin ich weit vor 1700 schon in Frankreich bekannt. Es wird sogar vermutet, daß ich bereits um 1510 in der Normandie gepflegt wurde.

Ihnen kommt beim Namen Normandie der gute Calvados in den Sinn? Nun ja, ob nun ich oder der Calvados zuerst da waren, darüber zu streiten wäre mehr als müßig. Mit Sicherheit kann ich jedoch von mir behaupten, daß mein Aroma jedem Apfelbrand einen ausgesprochen feinen Geschmack verleiht. Auch sonst ist mein Saft und die sonstige Verwendung in der Küche eine durchaus kulinarische Bereicherung. Natürlich schmecke ich auch frisch vom Baum.

A propos Baum - mein Stamm steht ungern in Höhenlagen, denn mein gutes Aussehen und der Geschmack kommen nicht überall zum Ausdruck. Dafür braucht es schon mehr und so bin ich auch ein etwas verzogener Apfel. Wärmeklimatisch bleibe ich anspruchsvoll und dauerfeuchter Boden läßt mich schlicht verkümmern und krank werden. Überhaupt bin ich nicht so leicht zufriedenzustellen. Ist der Boden trocken, werden meine Laune und damit der Geschmack verbessert, die Größe der Früchte bleibt jedoch dahinter zurück. Über Frost brauche ich erst gar keine Worte verlieren. Der macht mich richtig fertig. Und der Wind, den mag ich ebenfalls nicht sehr. Er nimmt mir noch zusätzlich die Äpfel mit, die ich leider des öfteren schon kurz vor der Reife und Ernte im September abwerfe. Böse Zungen sagen mir deswegen Fallsucht nach.

Zur Ehrenrettung muß ich deshalb immer wieder mein nußartiges Aroma und den süßfruchtigen Geschmack ins Feld führen. Mein Biß ist knackig, saftig, wird später weicher aber nie trocken. Da brauche ich auch nicht mit der Größe meiner Früchte argumentieren. Sie bleiben eher klein, sind gleichmäßig rund und wechseln während ihrer Reife die Farbe von gelblichgrün bis gelb. Sonnenseitig werde ich rötlichbraun geflammt. Achten Sie jedoch auf meine gelbe Grundfarbe, die für Geschmack steht. In Puncto kleiner und grüner Schattenfrüchte kann ich diesbezüglich für nichts garantieren.

Gravensteiner

So viele Doppelnamen wie ich trage, soviele Gegenden und Länder habe ich mit meinen großen Apfelbäumen bevölkert. Meine Heimat aber ist die Region zwischen Deutschland und Dänemark. Dort bin ich schon seit 1669 bekannt. Drei Versionen ranken sich um meine Herkunft, wobei ich persönlich weniger an die Tatsache glaube, daß ich als Ville Blanc aus Italien oder Südtirol nach Schleswig gekommen sein soll. Vielmehr liegen meine Wurzeln im Garten des Herzogs von Augustenburg auf Schloß Graevenstein in Nordschleswig. Wenige wird dies heute interessieren, wenn sie in mein saftigfestes Fleisch beißen, aber mein Selbstbewußtsein steigert sich im Wissen auf die herzogliche Herkunft. Mein Anbau erstreckt sich von den südlichen Alpenregionen Italiens bis hinauf nach Nordeuropa. Das beweist meine Flexibilität, wenn ich mir um Standortwechsel und Umzug Gedanken mache. Ich verlange lediglich ein gewisses Maß an Beständigkeit, was die Bodenfeuchtigkeit anbetrifft, sonst quittiere ich die Mißachtung mit verstärktem Fruchtfall. Auch sollten die letztlich gewählten Lagen nicht mit Spätfrösten aufwarten. Meine zarten Apfelblüten müßte ich sonst einbüßen.

Meine Reifeperioden variieren aufgrund meiner grenzenlosen Beliebtheit und liegen in Mitteleuropa zwischen Ende August und Mitte September. Ein gutes Selbstbewußtsein durch meine adlige Kinderstube brauche ich, wenn es um mein Aussehen geht. Da hat mich Mutter Natur im Vergleich zu den anderen Artverwandten nicht gerade verschwenderisch ausgestattet. Ich bin groß bis sehr groß, in der Regel unrund und grobkantig, mittelbauchig, häufig auch schief. Aber bitte, verschmähen Sie mich deswegen nicht, denn Ihre Zuneigung danke ich Ihnen mit einem akzeptablen Farbspiel auf der Schale. Die Palette bedient sich aller Töne von grünlich-gelb über vollgelb bis hin zu einem karminroten sonnenseitigen Anstrich. Ganz zu schweigen von meinen inneren Werten, die mir einen ausgezeichneten Geschmack bescheinigen. Als frühreifender Mostapfel ebenfalls in aller Munde, biete ich hohe Ausbeute und aromatischen Saft. Wer mich einmal als sortenreines Obstwasser genossen hat, der behält meinen duftigen Geist wohlschmeckend im Gedächtnis.

Versuchen Sie sich aber deswegen nicht lustig über mich zu machen, denn im Gegensatz zur säuerlich spottenden Weinbezeichnung „Bahndamm Nordseite", gedeihe ich wirklich auch noch gut in genügsamen Bodenverhältnissen und sogar Höhenlagen sind mir nicht zuwider, wo ich immer noch gute Fruchtgrößen erziele. Nicht zu feucht und nicht zu trocken und schon bin ich zufrieden. Selbst meine Blüte ist recht frostsicher und scheut nicht naßkühles Wetter. Allein ein harter Winterfost kann Erfrierungen auslösen.

Jacob Lebel

Frère Jacques, frère Jacques...Sie kennen doch sicherlich noch das französische Kinderlied um Bruder Jakob, der viel zu lange schläft und die Glocken nicht hört. Hier in Deutschland hat man aus meinem Ziehvater Jacques Lebel aus Amiens kurz und schmerzlos Jacob Lebel gemacht. 1849 wurde ich dann in Angers in den Handel eingeführt und lebe seitdem als genügsamer aber ausgezeichneter Tafel- und Wirtschaftsapfel auch in deutschen Landen. Vielleicht hat mich der Zug hierhin verfrachtet, wer weiß? In Hessen-Nassau nannte man mich jedenfalls auch Eisenbahner wegen der Pflanzhäufigkeit meiner Bäume auf bahneigenem Gelände.

Meine großen Früchte reifen zwischen Mitte September und Anfang Oktober. Gelblich-grün am Anfang, reife ich zu einem vollen Gelbton. Dort, wo die Sonne mich kitzelt, da werde ich auch schon einmal ziegelrot gestreift. Damit Sie mich aber nicht vom Boden aufklauben müssen, sollte mir ein windgeschützter Platz zugeteilt werden. Wenn erst einmal an meinen Ästen gerüttelt wird, dann kann ich sie an den kurzen Stielen nicht mehr halten und sie fallen ins Gras.

Bei sachgemäßer Lagerung kann ich in kühlem Keller durchaus einige Monate bis zu meiner Verwendung in frischem oder verkochtem Zustand ausharren. Je frischer desto knackiger und saftiger ist mein Fleisch. Säuerlich und mildfruchtig im Geschmack, wodurch ich auch zu einem geeigneten Mostapfel für Apfelwein aufsteige. Wer mich rein nach meinem Vitamin-C-Gehalt bewertet, der ist bei mir an der falschen Adresse. Aber dafür habe ich ja auch andere Vorzüge.

Kaiser Wilhelm

Leider bin ich nicht in den Parkanlagen von Potsdam oder im Lustgarten vor dem Berliner Stadtschloß aufgezogen worden. Wie gerne hätte ich da meinem Namen alle Ehre gemacht. Noch nicht einmal in der Hauptstadt wurde ich 1864 als Zufallssämling gefunden, sondern in der Provinz, in Witzhelden, im früheren Kreis Solingen. Meine Mutter war wahrscheinlich eine Harberts Renette. Bekannt geworden bin ich allerdings beim 8. Deutschen Pommologenkongress 1877, und danach ging es mit meiner Verbreitung im Kaiserreich voran.

Als Royalist würde ich mich trotz imperialem Namensgeber dennoch nicht bezeichnen. Mein Wuchs ist zwar stark und meine Baumkrone ist groß und breit, meine Ansprüche an den Standort jedoch recht bescheiden. Da ich mich für fast alle Böden eigne, erscheine ich äußerst volksnah. Im Frühling erstrahlt meine Blüte in den schönsten Rosatönen und verhält sich sehr frosthart. Bis Mitte Oktober habe ich dann meine ganze Kraft in die großen runden Äpfel gelegt. Schön sind sie anzusehen. In allen Gelbschattierungen glänzt meine vorwiegend glatte Schale. Je mehr es der Ernte entgegen geht, desto rötlicher wird meine Haut. Nur zu gerne erinnert mich die Farbe an das Purpur von König und Edelmann. Wie gerne hätte ich in manch kühlen Oktobernächten wärmenden weißen Hermelin um meine vielen goldigroten Reichsäpfel...

Verzeihen Sie mir mein Abschweifen! Sie interessiert doch viel mehr mein Geschmack. Weinfruchtig mit würzigem Aroma ist mein Fleisch. Süß und säuerlich zugleich. Damit gelte ich sowohl als wertvoller Tafel- wie Wirtschaftsapfel und idealer Begleiter durch fruchtlose Wintermonate. Druckunempfindlich gehe ich sogar auf Transportreisen und bleibe einige Monate durchaus lagerfähig.

Großer Wuchs, unempfindlich und mit starker Krone, große Äpfel zu allem bereit und eine hohe und starke Ernte - was verlangt man mehr von einem kaiserlichen Apfel!

Landsberger Renette

Um 1850, genaue Jahreszahlen finden sich nicht, erblickte ich als einfarbige Renette das Licht der Gartenwelt. Ein Justizrat Burkhardt zog mich in Landsberg an der Warthe im heutigen Polen auf.

Manche unterstellen mir, daß ich ein windiger Geselle wäre. Das kann ich so nicht gelten lassen. Allein meine Unempfindlichkeit gegenüber den Angriffen von Wind und Böen können damit gemeint sein, und somit verstehe ich dies vielmehr als Kompliment. Überhaupt sind die trockenen, warmen Lagen nur etwas für meine verwöhnten Artverwandten. Ich bekomme schon Mehltau, wenn ich nur daran denke, dort leben zu müssen. Gebt mir kühlere bzw. höhere Lagen, und ich blühe förmlich auf.

Gerne erinnere ich mich noch an die alten Apfelwiesen in Mittel- und Ostdeutschland, wo ich große Verbreitung fand. Was war das immer schön von luftiger Höhe hinunter in die waldreichen Täler des Harzes zu schauen. Und manchmal des nachts, huiii, da flog ein Besen hoch über meiner dunklen Krone steil zum Brocken hinauf.

Daß jetzt bloß niemand auf die Idee kommt, aus meinem Holz Besenstiele zu schnitzen! Essen Sie lieber meine rundlich-schönen großen Früchte. Manch einer kann es anscheinend kaum abwarten, denn oft werde ich leider zu früh geerntet. Dabei gewinne ich bei später Oktoberernte noch an Süße und Größe. Mein Geschmack ist mild, schwach fruchtig und hat ein zartes, feines Aroma. Das alles verpacke ich hinter einer wachsigen Schale, die es mir auch ermöglicht, gut den Winter unbeschadet frisch zu überstehen. Bei entsprechender Kühlung haben Sie dann noch Freude an mir, die bis in den März hineinreicht. Allerdings liebe ich es in Ruhe gelassen zu werden. Von Werfen, Drücken oder Schubsen wird es mir übel und das beeinträchtigt meinen Transport. So bleibe ich halt lieber ein guter Apfelbaum im Hausgarten, der es nicht weit in den kühlen Keller hat. Ein letzter Tip von mir zum Schluß: Versuchen Sie mich doch einmal zu dörren. Verweigere ich meinen guten Wuchs in warmen Klimaten,so liebe ich es doch als Frucht behaglich in der trocken-warmen Hitze des Ofens. Auch so bleibe ich über den Winter eine leckere Sorte mit trockenem Humor.

Also wenn das kein Zufall ist! Da werde ich 1897 durch Direktor R. Goethe an der damaligen Höheren Lehranstalt für Wein-, Obst- und Gartenbau in Geisenheim/Rheingau zum Leben erweckt und dann bekomme ich auch noch den Titel Geheimrat. Wenn das unser deutsches Dichtergenie gewußt hätte. Dieser doch wohl rein zufällige Zusammenhang ehrt mich dennoch sehr. Obwohl ich als Apfelvater den Minister von Hammerstein und als Fruchtmutter Baumanns Renette verweisen kann, ist der Titel *Geheimrat* doch viel wohlklingender als der Name manch anderer Sorte. Unfaßbar, wie meine Artgenossen sogar mit Pferdemist in Verbindung gebracht werden und man sie einfach Pferdeapfel nennt!

Geheimrat Dr. Oldenburg

Schluß damit, sonst färbt sich vor Zorn meine gesamte Schale noch rot. Das werde ich übrigens schon von ganz alleine, wenn meine Reife Anfang September zur Vollendung kommt. Dann wachsen sonnenseits orangerote Streifen und Flammen auf meinem grünlichgelben Untergrund.

Als frühreifer Apfel bin ich vielleicht ein wenig ungestüm und flirte ganz gerne mit der netten Goldparmäne, die fast zur gleichen Zeit reif und geerntet wird. Da kann es schon einmal vorkommen, daß wir zwei auf der Obstwiese zusammen in den Korb kullern. Ich nehme es halt ebenfalls wie Geheimrat Goethe, der bekanntlich auch kein Kostverächter war, wenn Sie wissen, was ich meine.

Wegen meinem hitzigen Gemüt, liebe ich auch nicht die kühlfeuchten Böden. Zu einem guten Wuchs lasse ich mich gerade noch bis in die mittleren Höhenlagen Mitteldeutschlands überreden. Ist endlich ein optimaler Standort gefunden, dann lege ich mich ins Zeug und bringe eine hohe und fast jährliche Fruchtbarkeit. Nennen sie mich ruhig Massenträger, der auch noch über eine breite Verwendungspalette verfügt. Bei mir schmeckt alles gut und ich bleibe Ihnen als guter Saft-, Koch- und Backapfel in Erinnerung. Warten Sie mit meinem Gebrauch nur nicht zu lange, denn ich bin in dieser Hinsicht sehr ungeduldig. Wer lange mit mir zaudert, den bestrafe ich mit nachlassendem Geschmack, mürbem Biß und, wenn ich Sie gar nicht leiden kann, mit Fleischbräune.

Ontario

Well, Ladies and Gentlemen, ich komme aus der neuen Welt. Nicht etwa aus der kanadischen Provinz, sondern aus Ontario County im Staate New York. In den 1870er Jahren war alles noch ganz anders. Da kamen die großen, schweren Schiffe über das Meer mit den vielen Einwanderern aus Europa. War New York das Tor zur neuen Heimat, so kullerte ich heimlich aus Ontario County ans Meer und blickte sehnsuchtsvoll in die entgegengesetzte Richtung nach Osten über den Atlantik. »Junge« habe ich mir damals gesagt, »du willst Europa kennenlernen. Die schönen Obstwiesen und die guten Küchen…« 1882 erfüllte sich für mich mein Traum, ich wurde durch die Baumschule der Gebrüder Transon aus Orléans in Europa verbreitet.

In wärmeren Gegenden fühle ich mich zu Hause, die eine gute Bodendurchlüftung und natürliche Nährkraft vorweisen können. Alles andere bekommt mir schlecht und ich werde krankheitsanfällig. Auch liegen mir die Höhenlagen nicht so sehr, da dort meine Früchte ihren durchaus feinsäuerlich-fruchtigen Geschmack gar nicht voll entwickeln können.

Während meine Blüte zu den frosthärtesten aller Apfelsorten gezählt werden kann, hinkt mein Holz dieser Charakterart leider hinterher. Da bin ich wiederum so empfindlich wie die Gartennachbarn der Pfirsichbäume. Sie finden mich deshalb in geschützteren Lagen West- und Mitteleuropas in alten Hochstammanlagen oder Hausgärten. Mit meinen ursprünglichen Bindungen nach Nordamerika habe ich aber zwischenzeitlich gebrochen. Dort werden Sie kaum noch Verwandtschaft finden.

Bekannt bin ich hier in Deutschland als ausgezeichneter Tafel- und Wirtschaftsapfel, dessen Frostschwäche zwar manchen von meiner Pflanzung abhält, in anderer Hinsicht aber mit Stärken in hoher Blühwilligkeit und guter Lagerfähigkeit kompensierend wirkt.

Mitte bis Ende Oktober habe ich auf meinem natürlichen Kalender als Erntezeit stehen. Dann bin ich gelblich mit etwas grün im Untergrund, habe aber die Strahlen der Sonne in allen Rottönen auf meiner Schale gebannt. Im Biß bin ich sehr saftig und fast etwas weich. Probieren Sie aber wirklich nur meine reifen Früchte, denn sonst werden Sie meine schlechter entwickelten grünen Früchtchen sehr im Geschmack enttäuschen. Außerdem wollen Sie doch meine Vitamin-C-Stärke voll entfaltet wissen. Wer mir die Zeit der Reife läßt, den belohne ich mit einer guten Frucht für alle Anlässe. Aus dem Kühllager haben Sie dann auch lange Freude an mir, die bis in den Mai hinein anhält, vorausgesetzt Sie zeigen mir nicht so sehr die kalte Schulter. Unter 4°C werde ich ziemlich empfindlich und bekomme vor lauter Zittern die unansehnliche Kältefleischbräune. Schade wärs um mich!

Seit über 200 Jahren lache ich mit meinen roten Backen dem Winter entgegen und nehme ihm auf meine Weise viel von der bleichen Kälte. Vom Niederrhein bin ich angetreten, um meine leuchtend roten Früchte breit über deutsche Lande zu streuen. Mein Wuchs ist kräftig und bei ausreichender Bodenfeuchtigkeit nehme ich es mit mancher Gegend auf. Dann sprühen meine silberfarbigen Punkte wie Sternschnuppen auf dunkelrotem Himmel. Diese Schalenpunkte, die mein Hemd sprenkelnd überziehen, geben mir meinen Namen, den ich nur zu gerne in meinen Ohren klingen höre.

Ohne Übertreibung bin ich ein prachtvoller Winterapfel, der späte Frucht ab Mitte Oktober purzeln läßt. Dazu braucht es noch nicht einmal die kräftigen Arme der Pflücker. Allein der Wind nimmt mich oftmals schon selbst vom Baum. Dann liege ich da im verblassenden Gräsermeer und träume von Nuß und Mandelkern, die meine weihnachtlichen Tellergenossen sind. Ich bin der Nikolausapfel, der den „guten Kindern" über lange Zeit Freude bereitet hat. Selbst der Weihnachtsbaum lud mich früher mit meinen kleinen runden Früchten zu sich in seine Zweige ein. Da glänzte ich um die Wette mit den alten Christbaumkugeln, die schon leicht blind und mit Kerzenwachs bekleckert immer noch jünger waren als meine Tannenbaumtradition.

Rote Sternrenette

Jetzt könnten Sie leicht der Versuchung erliegen, in mir nur den schönen Schein zu sehen. Mein Inneres hält jedoch dem attraktiven Äußeren stand. Mein Fleisch ist gelblichweiß, hat leichte Würze und ist fest im Biß. Säure und Süße halten sich die Waage und so bin ich ein idealer Lagerapfel. In einem Neuwieder Anekdötchen haben mich die cleveren Apfelbaumbesitzer zur Erntezeit nicht für wenig Geld verkauft, sondern schön zwischen trockenem Stroh in der Erde versteckt. So harrte ich der Zeit entgegen, wo es Weihnachten werden sollte. Da wurde ich aus dem Schlaf gerissen, Stroh und Erde entfernt und durch viele flinke Hände gerollt, die mich mit weichen Wollhandschuhen liebkosten und auf Hochglanz aufpolierten. Alles fürs Fest!

Seit dieser Zeit ist jedoch viel Wasser den Rhein heruntergelaufen und vielleicht ist es auch meine Zuneigung zu diesem Fluß, der mich in den Rheinischen Landen ansiedeln ließ. Als Rheinischer Winterrambour bin ich somit bekannt.

Wer sich mit Apfelbaumpflege nicht sehr anstrengen will, der sollte mich wählen. Ich trage zwar spät aber dafür regelmäßig und gut. Recht widerstandsfähig gegen Krankheiten und Schädlinge, bringe ich wie schon beschrieben große gesunde Früchte zur Welt. Leuchtend rot zur Erntezeit mit Streifen und Punkten. Wahre Zirkuskinder, denn druckunempfindlich wie sie alle nun einmal sind, eignen sie sich zum jonglieren, balancieren und natürlich auch zum transportieren.

Rheinischer Winterrambour

Ein wenig grobschlächtig mag ich wohl sein. Als Pfundapfel sind wir Rambouren in den schlauen Büchern der Apfelweisen bezeichnet. Alt sollen wir sein und über unsere Herkunft streiten sich die Gelehrten. Entweder sind wir vor 1800 aus den Niederlanden oder Belgien eingewandert, was meinen francophil klingenden Namen rechtfertigen würde. Andere behaupten jedoch ich käme als Menznauer Jägerapfel aus dem Kanton Luzern. Dafür spräche meine besonders starke Verbreitung im Bodenseegebiet und außerdem hätte ich damit berühmte Vorfahren wie den Tell-Apfel.

Bei guten Voraussetzungen steige ich auf Böden von bis zu 1000 m Höhe. Robust wie ich bin, nehme ich es mit Lage und Klima nicht so genau. Der Schnittaufwand ist auch gering und so bleibe ich ein durchaus kostengünstig erzeugter Apfel.

Sie fragen mich jetzt bestimmt, wo denn da der Haken an der ganzen Apfelsache liegt, denn alle meine Vorteile müssen doch wenigstens einige wenige Unzulänglichkeiten mitsichführen. Die gibt es leider und diese Defizite zielen genau auf mein Innerstes. Im Geschmack bleibe ich mitunter flach. Süßlich mild ist mein Geschmack. Aroma und Saftigkeit hinken da etwas hinterher. Als Koch- und Backapfel bin ich zu verwenden. Für Most jedoch nicht die erste Wahl, weil mir die rechte Säure fehlt. Da kann ich nur sagen „nobody is perfect".

Rheinische Schafsnase

Da wurde mir aber ein Name gegeben! Während meine anderen Artgenossen so wohlklingende Anreden wie Goldparmäne, Kaiser Wilhelm oder Schöner von Boskoop erhalten haben, bin ich ziemlich mittelmäßig davongekommen. Auch meine Bezeichnungen, die sich anderswo durchgesetzt haben, schmücken mich mit Katzenkopf und Roßapfel nicht gerade. Aber damit muß ich leben und dieses Leben verbringe ich in meinen Hauptverbreitungsgebieten in fränkischen Weinbauregionen und dem Rheinland. Dort mag mich der Apfelfreund ohne Rücksicht auf meinen Namen. Wenn ich ganz ehrlich bin, muß ich sogar zugestehen, daß meine Form nicht wie bei vielen anderen Apfelsorten einheitlich rund oder flachbauchig ist. Ganz im Gegenteil bin ich eher kegelförmig und erinnere vielleicht doch an die etwas längliche Nase von Schafen.

Sei es wie es sei, als Wirtschaftsapfel bin ich von hohem Wert. Die Tafel überlasse ich dafür gerne anderen Artgenossen. Sobald ich reif bin und das geschieht Mitte September, sollte mit meiner Verarbeitung nicht mehr ganz so lange gewartet werden. Ich bin kein Apfel der langen Lagerzeiten und sollte bis in den Dezember hinein unter Kork und Glasdeckel sein.

Meine äußere Haut fällt durch ihre gelbliche Farbe auf, die sonnenseitig kräftig mit roten Punkten und Streifen versehen ist. Ich dufte gut nach Apfel, wie sollte es auch anders sein, und mein Fleisch ist säuerlich-saftig. Schon mancher hat mich dafür gerne frisch vom Baum verzehrt.

Wer mich sucht, der findet mich gerne auf bunten Obstwiesen. Dort gedeihe ich ohne große Ansprüche an Klima und Böden. Natürlich wird ein guter Boden meinen sowieso schon starken Ertrag nochmals ansteigen lassen. Auch sonst darf man mit mir rechnen. Ich bemühe mich redlich um Ihnen regelmäßige Ernten zu bescheren.

Marktäpfel

Alkmene

Bin ich nicht einfach göttlich! Das soll keine maßlose Übertreibung sein, aber mein Name führt Sie zurück in die Mythen des alten Griechenlands. Dort, wo sich Götter und Menschen noch sehr nahe waren. In meinem Fall werde ich etwas verlegen, denn meine Namensgeberin *Alkmene* gebar einst den Helden Herakles, der wiederum Zeus, den Obersten aller Götter als seinen Vater nennen durfte. Göttliche Kraft in Menschengestalt also. Ich darf also doch zurecht behaupten, daß mir mein Name *Alkmene* zumindest göttliche Aura verleiht.

1935?

Machen wir einen großen Sprung von der Antike in die dreißiger Jahre des 20. Jh. Da wurde ich durch die Kreuzung des *Geheimrats Oldenburg* mit *Cox Orange* zum Leben erweckt. Richtige Verbreitung im erwerbsmäßigen Anbau erhielt ich jedoch erst seit 1960. Der Bodensee und Neckar sind seitdem meine bevorzugten Anbauregionen.

Mittlere Höhenlagen mit ausgeglichenem Klima, die auch einmal weniger Regen im Sommer bieten, sind mir sehr lieb. Da ersetze ich oft den *Cox Orange*, der die trockeneren Lagen nicht so gut verträgt.

Meine Blüte ist im Frühling verschwenderisch und weißblühend. Bis zur Ernte sind es jedoch noch einige Monate und bis dahin können Blüten- und Fruchtfall die hohen Erwartungen nicht immer erfüllen. Von einem Gelbgrün zu Anfang entwickelt sich meine Schalenfarbe hin zu einem reifen Gelb, das mitunter rötliche Streifen und Flammen aufweisen kann. So sind meine eher kleinen Früchte ab Anfang September zum Pflücken geeignet. Fast traubenartig hängen sie zusammen und erfordern etwas Sorgfalt.

Je nach Lagertemperatur bleibe ich bis in den Dezember hinein ein sehr guter und aromatischer Tafelapfel. Im Geschmack habe ich Anklänge an *Cox Orange*, bin süßfruchtig mit fein ausgebildeter Säure.

Als Apfelbaum im Hausgarten kommen mir fast wieder die griechischen Heldentaten in den Sinn. Nur zu gerne wäre ich einer der goldenen Äpfel im Garten der Hesperiden gewesen, auf die es Herakles abgesehen hatte.

Cox' Orangenrenette

Wirklich gute Produkte können zeitlos sein. Das beweisen meine Früchte, die einerseits durchaus zu den alten Sorten gezählt werden können, aufgrund ihrer hervorragenden Tafel- und Wirtschaftsapfeleigenschaften aber bis heute ein Renner in den Obstregalen geblieben sind.

Dabei kann niemand genau sagen, wer meine Eltern waren. Vermutet wird die Sorte *Ribston Pepping* als Mutter, die durch Pollen von *Blenheim Orange* bestäubt wurde. Um 1825 wurde ich durch den Engländer Richard Cox in Buckinghamshire entdeckt und ab ca. 1850 durch eine Baumschule verbreitet.

Mein Holz, meine Blätter und Früchte verlangen einen gleichmäßig verlaufenden Stoffwechsel. Deshalb fühle ich mich in einem warm-gemäßigten Klima mit tiefgründigen und nährkräftigen Böden am wohlsten. Sommerniederschlag mag für Sie ein Graus sein. Ich benötige ihn jedoch um meine Frucht und Saftigkeit zur Vollendung zu bringen. Für Frost bin ich leicht anfällig und insgesamt können Sie mich durchaus als anspruchsvollen Apfelvertreter bezeichnen.

Als einer der besten Tafeläpfel bin ich ein echter Europäer in der Verbreitung. Von Schweden bis in die Schweiz werden Sie meine Bäume finden. England bleibt als mein Ursprungsland aber der Spitzenerzeuger. Zuviel Starruhm wirkt sich manchmal auch schädigend aus. Meine Äpfel gebe ich ja gerne aber wenn man mir als Hase, Maus oder Reh sogar an Rinde, Holz und Blatt will, dann reagiere ich äußerst empfindlich. Nicht selten war es schon mein Untergang.

Wenig muß ich über mein Aussehen berichten. Sicherlich haben Sie mich alle schon einmal in der Hand gehalten und kraftvoll zugebissen. Als kleine bis mittelgroße rotgrün gefärbte Frucht bin ich gut in jede Tasche zu stecken und kann als erfrischender Begleiter jederzeit zum Einsatz kommen. Ab Mitte September stehen meine Früchte zum Pflücken bereit und halten sich bei richtiger Lagerung bis in den Winter hinein. Genug Zeit also aus mir das Beste zu bereiten, was Küche und Brennkessel hervorbringen können.

Elstar - erinnert der Name nicht mit etwas Phantasie an Filmstar? Kommen Ihnen nicht unweigerlich Assoziationen zu Glamour und Berühmtheit? Schön wär es schon gewesen, wenn ich nicht in einem Versuchsbetrieb Namens Elst in den Niederlanden, sondern auf Zelluloid geboren worden wäre. Dann hätte ich mich vielleicht in der Obstschale von *Rick´s Café* wiedergefunden und meine Sämlinge wären *Vom Winde verweht* worden. Welcher Stolz für meine Eltern *Golden Delicious* und *Ingrid Marie*. So haben sie zwar keinen Filmstar zur Welt gebracht, doch glänze ich als relativ junge Sorte, seit 1972 mit dem Namen *Elstar* versehen, als Stern am Apfel-himmel.

Meine guten geschmacklichen Eigenschaften kommen wohl von meiner Großmutter, der *Cox´Orange*, der Muttersorte von *Ingrid Marie*. Ihr habe ich vieles zu verdanken, habe aber auch einige Vorzüge, was die Standorteigenschaften gegenüber *Cox´Orange* betrifft. Für höhere Lagen eigne ich mich besser, obwohl zu bedenken ist, daß mein Holz später reift und damit meine Triebspitzen bei Frost Schaden nehmen können. So werden Sie mich vor allem in den Niederlanden im Anbau finden, aber auch im übrigen Mitteleuropa bis hinein nach Italien.

Elstar

Meine Früchte sind mittelgroß, etwas flachkugelig und sehr gleichmäßig geformt. Ende September leuchten sie rötlich in vielen Schattierungen mit gelben Partien. Schön sehe ich somit aus und echte Schönheit kommt von innen, wenn ich zitieren darf. Mein Fleisch ist cremefarben und saftig. Süßsauer und würzig ist mein Geschmack. Ein Vorteil, der mich zu einer Hauptsorte im europäischen Anbau hat werden lassen.

Wie mein Vater *Golden Delicious*, schmecke ich baumfrisch äußerst gut. Natürlich berücksichtige ich auch die späteren Verzehrer, indem ich mich gerne ins Kühllager stecken lasse. So haben sie Gelegenheit, mich bis in den März hinein zu probieren. Ein vorteilhafter Umstand, so ein technisch ausgereiftes Kühllager, das meiner Haut die Spannkraft sichert und mir ein frisches jugendliches Aussehen verleiht. Wer sieht mir da die Monate schon an, die ich seit September auf dem Buckel habe. Durch die richtige Dosis von Kohlendioxid und Sauerstoff schafft der Erwerbsanbau meinen Jungbrunnen. Somit hat der Frühling für mich eben auch noch schöne Tage!

Gala

Schließen Sie die Augen und stellen Sie sich vor Sie hätten Flügel. Dann folgen Sie mir, denn ich führe Sie an die Stelle, wo ich das Licht der Welt erblickt habe. Lassen wir die schneeweißen Alpen weit unter uns, ebenso das Mittelmeer und das Rote Meer und fliegen wir weiter über endlose Wellen. Auf dem Dach eines indischen Tempels dürfen Sie kurz Luft holen, bevor die Reise weiter nach Südosten geht. Reisfelder wechseln mit Palmenstränden und noch immer sind wir nicht am Ziel. Über Canyon und Wüste, Outback und Roten Monolith setzen wir langsam zur Landung an und erreichen am anderen Ende der Welt Neuseeland, das Land der Maoris.

Hier wurde ich bereits 1934 aus *Kidds Orange Red* und *Golden Delicious* geboren, 1965 aber erst für den Markt freigegeben. Seitdem geht es auch mit meiner Sorte bergauf. Klimatisch bevorzuge ich die wärmeren Gefilde zwischen Wein- und Obstklima. Sonst bin ich nicht so anspruchsvoll, was Böden und Feuchtigkeit anbelangt. Eine gewisse neuseeländische Empfindlichkeit gegenüber Frost und Berostung in feuchtkühlem Frühjahr konnten meine deutschen Anbauer nicht bestätigen.

So bin ich mit der Zeit die Sprossen der Bekanntheitsleiter Schritt für Schritt hinaufgestiegen und gehöre heute auch zu den bekannten und wohlschmeckenden Erwerbssorten. Eine Reihe positiver Eigenschaften wie hohe Fruchtbarkeit, günstiges Wuchsverhalten und letztendlich auch meine attraktiven Früchte haben mich darin sehr unterstützt. Ein echter *Gala* ist klein bis mittelgroß und ziemlich rund. Von gelb bis rot schimmern die Früchte. Marmoriert oder in Streifen geflammt, sind sie eine echte Augenweide. Zurecht darf man mich daher als süß bezeichnen, denn nicht nur mein schönes Äußeres sondern auch mein Fruchtfleisch ist einfach Zucker. Nichts für die Verwendung als biologische Zahnbürste. Da greifen Sie lieber auf die herkömmliche Methode zurück.

Eine kaum nennenswerte Säure ist mir gegeben und somit sollte dieser Rest, der meinen feinen Geschmack mitbestimmt, möglichst bald genossen werden. Nicht, daß ich lagerunfähig wäre, doch je länger ich warten muß, desto mehr baut sich meine sowieso geringe Säure ab und ich werde süßlich fad. Ich bleibe eben Geschmackssache, wie man so schön sagt.

Sicherlich haben Sie mich auch schon in den Einkaufskorb gelegt. Mit meinen rund 200 g Durchschnittsgewicht bin ich kaum zu übersehen. Manche Exemplare von mir erreichen sogar die 300 g und sind wahre Apfelschwergewichte. Eine Eigenschaft, die der Markt gerne sieht. Dazu noch meine dunkelrote Farbe. Wer da nicht reinbeißen will, der ist selbst schuld.

Das Ziel meiner Entstehung war es, eine rote Sorte mit dem Charakter des *Glockenapfels* zu erzeugen. So wurden besagter *Glockenapfel* mit der Sorte *Richared Delicious* gekreuzt und heraus kam ich. Das ganze geschah im Jahre 1951 in der Obstbauversuchsanstalt Jork im alten Land bei Hamburg. Nach langer Prüfung und Beobachtung wurde ich letztlich 1969 öffentlich bekannt und großflächig angebaut.

Sämtliche Apfellandschaften Mitteleuropas habe ich zwischenzeitlich besiedelt. Von Nordfrankreich bis an die Elbe bei Dresden und von der Elbe bei Hamburg bis nach Südtirol und die Steiermark.

Hier gedeihe ich mit meiner sortentypischen Rotfärbung, die mir weiter südlich und nördlich mehr und mehr abhanden kommt. Die Standortansprüche sind von mittelhoher Qualität, mein Holz ist wenig frostempfindlich und ebenso sind meine Blüten Dank des späten Auf-blühens recht frosthart.

So stehe ich Baum für Baum, Reihe für Reihe in den Obstgärten der Apfelbauern. Deutschland ist hierbei meine bevorzugte Adresse und hier verzeichnet der Erwerbsanbau auch die höchsten Ernten in ganz Europa.

Gloster

Etwas abschätzig klingt da meine Bezeichnung als typischer Massenapfel mit geringen Werten an Zucker, Säure und Vitamin C. Das soll nicht darüber hinwegtäuschen, daß ich gleichwohl als sehr guter Tafelapfel geschätzt werde.

Zur Erntezeit im Oktober ist mein Fleisch knackig, wird aber mit zunehmendem Alter weich und saftig. Harmonisch-mild und feinfruchtig ist das Aroma.

Bei der Verarbeitung scheiden sich die Geister. Während mancher Apfelweise mir noch Einsatz im Wirtschaftsbereich unterstellt, sehen mich andere als wenig geeignet an, das Küchen 1x1 jemals beherrschen zu können. Da helfen auch noch so viele Baumschulen nicht mehr.

Wie kaum eine andere Sorte habe ich mich Länder und Klimate überschreitend, ausgebreitet. In Europa wachse ich vom Mittelmeer bis hinauf in südskandinavische Regionen. Mich zieht es vom Meer hinauf bis in Höhenlagen von bis zu 900 m ü.NN. Im Süden werden meine Früchte groß und süß, in den gemäßigten mittleren Breiten zwar kleiner aber ausgewogen in Süße und Säure. Gelb sind sie alle zur Erntezeit. Manchmal geben erste frostige Nächte im Norden meiner Schale eine leicht rote Wange, was mich noch rosiger und frischer erscheinen läßt.

Golden Delicious

Wenn Mr. Mullins damals gewußt hätte, was aus dem kleinen unbekannten Zufallssämling einmal werden würde, den er im Hausgarten im amerikanischen Staate West Virginia um 1890 fand. Goldene Zeiten sollten für mich anbrechen und *Golden* waren auch meine vermuteten Elternteile. Grimes Golden mütterlicherseits und als Vater die altbekannte Westvirginiasorte Golden Reinette. 5000 Dollar war ich bereits 1914 einem Baumschulenbesitzer wert, der mich begutachtete und mich Mr. Mullins abkaufte. Eine kluge Investition kann ich da nur sagen, denn seitdem habe ich die Welt erobert. Als Golden Delicious werde ich sicher einmal in den Olymp der Apfelsorten eintreten.

Meine Blüte und mein Holz trotzen zumeist dem Frost. Sicherlich ist auch das einer von vielen Gründen, wieso meine Sorte eine solche Verbreitung gefunden hat. Anfang der neunziger Jahre nahm ich in Europa den ersten Platz mit der größten Erntemenge ein. Was stört es mich da, daß die Tendenz jedoch seither etwas rückläufig ist. Apfelsorten kommen und gehen. Ich habe mich seit 1890 doch wacker gehalten!

Im Ertrag bin ich ein wahres Kraftbündel. Ab Ende September werde ich je nach Standort gepflückt und halte mich unter normaler Lagerung bis in den Februar. Die industriellen Lagerungstechniken können mich sogar bis zum Sommeranfang frisch halten. Am Besten schmecke ich jedoch frisch vom Baum gepflückt. Mangels Säure finde ich mich aber auch in Babykost wieder, so sanft bin ich auf der Zunge. Allen großen Leckermäulchen liefere ich eine Menge guter Küchenideen bishin zu einem Obstwasser. Nichts für kleine Kinder, wohl aber für das Kind im Manne!

Idared

Da werden Sie staunen - ich bin in Moscow geboren! Allerdings nicht im Osten sondern im Westen. Bevor es also für Sie noch mysteriöser wird, lüfte ich meine wahre Heimat und gestehe, daß ich ein echter Cowboy aus Moscow/Idaho in den Vereinigten Staaten bin. Als Eltern sind die Sorten Jonathan und Wagenerapfel zu nennen. Letzterer steht auch bei meinem amerikanischen Onkel Ontario im Stammbaum.

1935 geboren und ab 1942 in der Verbreitung, habe ich den großen Schritt über den noch größeren Teich erfolgreich gewagt und bin heute in weiten Teilen Europas heimisch. Das mildere Klima liegt mir besonders. In Deutschland sind das die Gegenden im Südwesten und am Bodensee aber auch Mitteldeutschland mit Schwerpunkten um Dresden und der Saaleregion gefallen mir. Da meine sonstigen Anforderungen an Böden und Bewässerung im durchschnittlichen Bereich liegen, sind meine Sämlinge wirklich in nahezu allen warm-gemäßigten europäischen Breiten aufgegangen. Und ein Ende ist diesbezüglich noch nicht zu verzeichnen.

Außer den günstigen Anbaueigenschaften liegen meine Vorzüge in der Lagerfähigkeit voll im Trend. Ich bin von dauerhaftem Charakter und biete meine Früchte bei entsprechender Lagerung fast das gesamte Jahr an. Das ist nicht geschwindelt, denn mittels des technischen Know How in der Lagertechnik ist ein Durchhaltevermögen von Idared bis in den Juni/Juli durchaus möglich. Meine wachsige harte Schale mögen manche als nachteilig bewerten. Für die Lagerung ist sie jedoch von großem Vorteil.

Meine Früchte stellen etwas dar. Mit Gewichten von bis zu 160 g bin ich ein gestandener Apfel. Zu Anfang gelblichgrün bis weißlichgelb, werde ich zur Reife hin mehr und mehr rötlich. Eine attraktive Frucht, die sich auf dem Obstteller gut von dem gelblichgrünen Golden Delicious abhebt.

Nicht vergessen möchte ich abschließend auch meinen hohen Vitamin-C-Gehalt, auf den man wegen der geringen Säurewerte gar nicht so schnell schließen würde. Saftig frisch bin ich auch ein für Diabetiker geeigneter Apfel, der sich in den Zuckerwerten dezent zurückhält. In der Küche bin ich deshalb aber nicht minder zu gebrauchen.

Lange Zeit schon bin ich präsent in den Obstgärten zwischen Südnorwegen und Südösterreich. Wenn in der Steiermark die Äpfel Anfang August schon geerntet werden, erfreuen sich ihre nordischen Brüder und Schwestern noch bis Mitte Oktober hinein der letzten Sonnenstrahlen, die Skandinavien um diese Zeit noch zu bieten hat. Wechselfeuchte oder wechseltrockene Böden führen zu verstärktem Fruchtfall im Juni. Schade für die vielen Früchte, die sonst relativ groß und rund geworden wären. Haben wir den Juni unbeschadet genommen, heißt das aber noch lange nicht, daß der Apfel bis zur Ernte am Baum hängen bleibt. Dafür sorgt schon der Wind, der meine Früchte leicht von den Ästen nimmt.

James Grieve

Wie liebte ich die meerumbrausten Klippen und die schnellen Wolken, die über das grüne Hochland trieben. Schafherden und Schottenkaros prägten meine Heimat, in der ich schon 1880 herangezogen wurde. Der feine Maltwhiskyduft schwebt mir noch immer in der Nase, obwohl es mich seit meiner Verbreitung ab 1893 hinaus in die Welt gezogen hat. Man munkelt, daß meine Mutter die berühmte Cox´Orange gewesen sein soll. James Grieve war es, der mich als Sämling aufgezogen hat und ihm zu Ehren trage ich seinen Namen.

Habe ich dann endlich die Reifezeit unbeschadet überstanden, dann glänzen meine sonnengewandten Apfelseiten mit leicht roten Backen den eifrigen Pflückerhänden entgegen. Die Schale ist leicht fettig und glatt. Im Innern verstecke ich saftig weißes Fleisch mit einem angenehm würzigen Aroma. Rundum bin ich eben ein sehr geschmackvoller Apfel, der einen allgemein hohen Anbauwert auch für Hausgartenbesitzer hat. Frisch schmecke ich am Besten, denn als Frühsorte bleibe ich nur bis in den Oktober hinein unbeschadet lagerfähig. In der Küche bin ich ebenfalls gut zu verwenden. Nur als Saft erscheine ich nicht zufriedenstellend in aller Munde. Die Saftigkeit schwindet bei James Grieve rasch. Aber was soll es. Wenn ich meinen geschmacklichen Zenit überstiegen habe, dann sind schon wieder frische Äpfel aus der neuen Ernte im Angebot.

Jonagold

In meinem Falle hatte der Zufall keine Chance. Nicht als Zufallsämling wurde ich wie viele andere Apfelsorten entdeckt, sondern als geplante Kreuzung zwischen Jonathan und Golden Delicious bin ich 1943 im Staate New York zur Welt gekommen. 1953 brachte ich erste Früchte, aber es dauerte noch bis in die sechziger Jahre, daß ich für den Handel freigegeben wurde.

Von Amerika aus habe ich mir dann Gebiete in Europa ausgesucht, die mir warmes bis mäßig warmes Klima bieten können. So bin ich relativ sicher vor Spätfrösten, die mir übel zu stehen kommen. Wenn auch noch der Boden eine schöne Frische und Fruchtbarkeit ausstrahlt, sind die Grundvoraussetzungen für einen guten Ertrag gegeben.

Wie kaum eine andere Apfelsorte habe ich meinen Anbauumfang bis zum Anfang der neunziger Jahre vergrößert. Deshalb werden Sie mich sicherlich schon im Angebot an der Obsttheke vorgefunden haben. Ähnlich den verwandten Erwerbssorten bin auch ich durch halb Europa getingelt und habe meine Wurzeln von den Niederlanden bis hinein in den Balkan geschlagen. Stärkster Streiter für mein gestiegenes Marktpotential war Belgien.

Wichtig zu wissen ist für Sie meine Farbgebung, die in günstigen sonnengewandten Astlagen die schönsten Rottöne hervorbringt. Zwischen der roten Deckfarbe und dem Geschmack besteht ein enger Zusammenhang. Meine schattigen und daher blassen Früchte sollten Sie eher meiden. Wer mich im Garten vorfindet, der kann meine Farbe unterstützen, indem er mich zur rechten Zeit richtig ausdünnt, einen Sommerschnitt durchführt und bei Reife, mehrmals durchpflückt. So kommt Sonne an meine Frucht und der Geschmack stellt sich ein.

Der Erntetermin liegt ca. 10 Tage vor dem des Golden Delicious. Ab Ende September sollten Sie öfters nach mir schauen und auch die reifen roten Äpfel herauspflücken. Die Grundfarbe ist es wiederum, die entscheidend ist und nicht die Deckfarbe, die so Rot wie sie auch sein mag, leicht einen überfälligen Erntetermin vortäuschen kann.

Keine Angst, ganz so schlimm ist es mit meiner Reife nun auch nicht. Sie schaffen das schon! Und dann eröffne ich Ihnen ein langanhaltendes Apfelaroma. Höher und breiter als Golden Delicious. Süße und Säure wiegen sich fein ab und Ihr Biß versinkt in lockerem Fruchtfleisch. Ein echter Kinderliebling bin ich aufgrund meiner angenehmen Süße und mit einem Gewicht von rund 200 g haben Sie auch einen ordentlichen großen Apfel in der Hand.

Bis in den Mai hinein harre ich im Kühllager aus, damit Sie mein voller Geschmack noch lange begleitet.

Im literarischen Apfelland des schweizer Wilhelm Tell bin ich aufgewachsen. Ganz genau im Kanton Zürich. Als Jahrgang 1982 gehöre ich hiermit noch zu den recht jungen Apfelsorten. Meine Vorzüge haben mir aber schon recht zügig einen festen Platz in der Gunst des Apfelkäufers eingeräumt. Wie sollte es anders sein, sind meine Standortansprüche zwischen denen von Cox´ Orange und Golden Delicious zu suchen. Ich bin eben ein Kind meiner Eltern. Ein gesundes Mittelmaß an Boden- und Klimaanspruch bedeutet nicht gleichzeitig Mittelmäßigkeit im Geschmack. Ganz im Gegenteil vereinen sich in mir die Vorzüge beider Elternteile. Mein hoher Zucker- und mäßiger Säuregehalt wird durch das Aroma von Cox´ Orange ergänzt. Das feinzellige, dichte und saftige Fruchtfleisch steuert wiederum Golden Delicious bei.

Rubinette

Wäre ich ein Poet, dann würde ich meine teils rötliche Farbgebung als nahendes Abendrot auf grüner Wiese, als warmen Feuerschein über gelben Ährenfeldern oder eben als Rubin im Schatzkästlein des Apfelgartens besingen. So bin ich aber ein Apfel und mir sind andere Vorzüge als Dichterkunst in die Baumwiege gelegt worden. Dabei habe ich bekannte Eltern wie *Cox Orange, Cherry* und *Golden Delicious*, die selbst schon zu Apfellegenden geworden sind.

Mit solchen Vorschußlorbeern ausgestattet, erreiche ich bei Geschmackstests fast immer die ersten Plätze. Gerade Kinder wissen was gut schmeckt und so bin ich ein ausgeprochen beliebter süßfruchtiger Apfel für die kleinen Leckermäuler, in deren kleine Hände meine mittelgroßen Äpfel gerade richtig hinein passen.

Frisch verzehrt, ohne jegliche Verfeinerung, gebe ich eine wahre Fruchtdelikatesse ab. Meine ganze Liebe gehört aber auch der Küche und dem Brennkessel. Da entfalte ich meinen guten Geschmack und zeige deutlich, wer meine berühmten Vorfahren waren. Um mit poetischen Worten Shakespeares zu enden, könnt Ihr mich eben genießen „wie es Euch gefällt“.

Herbstlied

Bunt sind schon die Wälder
Gelb die Stoppelfelder
Und der Herbst beginnt.
Rote Blätter fallen,
Graue Nebel wallen,
Kühler weht der Wind.
Wie die volle Traube
Aus dem Rebenlaube
Purpurfarbig strahlt!
Am Geländer reifen
Pfirsiche mit Streifen
Rot und weiß bemalt.
Sieh! Wie hier die Dirne
Emsig Pflaum und Birne
In Ihr Körbchen legt,
Dort mit leichten Schritten,
Jene goldnen Quitten
In den Landhof trägt!
Flinke Träger springen,
Und die Mädchen singen,
Alles jubelt froh!
Bunte Bänder schweben
Zwischen hohen Reben
Auf dem Hut aus Stroh.
Geige tönt und Flöte
Bei der Abendröte
Und im Mondenglanz;
Junge Winzerinnen
Winken und beginnen
Heiter Ringeltanz.

Johann Gaudenz von Salis-Seewis
(1762-1834)

Vom vielfältigen Äpfelbegleiter

Die Geschichte des Obstbaus begann ca. 800 v.C., als zu Zeiten Homers von der gezielten Heranzucht von Obstgehölzen berichtet wird. Der Apfel als Nahrungsmittel ist aber wahrscheinlich schon 5000 v.C. genutzt worden, wie Funde von Samenkörnern in Ausgrabungen von Siedlungen beweisen.

Zum typischen Bild menschlicher Ansiedlung gehörten Kleingärten und Obstbäume, die wie ein Mantel um die Häuser und Dörfer gelegt waren. Neben einem klimatischen Schutz boten die Wiesen einen idealen Lebensraum für viele Tiere und Pflanzen. Vor allem aber waren sie eine Stätte der Erholung und eine Quelle wohlschmeckender Früchte. Süße, aromatische Kirschen, Zwetschgen und Mirabellen wurden im Sommer geerntet. Saftige Äpfel und herzhafte Birnen bildeten den Abschluß des Erntejahres im Herbst.

Durch Zufall oder durch gezielte Züchtung entstanden eine fast unüberschaubare Vielzahl von Sorten. Viele Apfelsorten gingen im Laufe der Jahre leider unwiederbringlich verloren, da sie den Anforderungen des Marktes anscheinend nicht mehr genügten. Doch glücklicherweise erkannte man in den letzten Jahren, daß Sorten, die sich über Jahrhunderte in der Natur durchgesetzt haben, äußerst wiederstandsfähig gegen Krankheiten und Umwelteinflüsse sind und sich sehr gut für den biologischen Anbau eignen. Auch beim Verbraucher scheint sich die Erkenntnis durchzusetzen, daß die inneren Werte eines Apfels die Qualität bestimmen und nicht allein die Optik.

Die Obsterzeugung hat heute nicht mehr viel mit der Idylle von großkronigen alten Bäumen auf Streuobstwiesen gemein. Dies mag damit zusammenhängen, daß der Kleingarten mehr und mehr zur Erholung dient, als zur Selbstversorgung der Familie mit eigenem Obst und Gemüse. Darüberhinaus hat die Intensivierung der Landwirtschaft und die Bildung von geeigneten Vermarktungsorganisationen dazu geführt, daß sich die (Tafel-) Obsterzeugung in Deutschland auf wenige bedeutende Gebiete wie z.B. am Bodensee, im alten Land oder in der Pfalz konzentriert.

Die heutige Erziehungsform der Obstbäume ist ein armdicker Stamm, der eine Vielzahl kleiner Seitenäste trägt, deren Länge sich zur Spitze des Baumes pyramidenartig verkürzen. Eine Vielzahl

solcher Bäume sind ähnlich eines Weinbergs in Reihen gepflanzt. Diese Baumform hat den Vorteil, daß alle Früchte gleichmäßig von der Sonne belichtet werden und alle Früchte des Baumes zur selben Zeit reif sind. Früher wie heute stellt sich dem Obstgärtner im Herbst die Frage, wie das Erntegut zu verwenden ist. Da die meisten Früchte nur sehr kurz haltbar sind, mußten Möglichkeiten der Lagerung und Haltbarmachung gefunden werden. Eine der ältesten Methoden ist das Trocknen der Früchte in der Sonne oder auf Darren. Durch die Wasserverdunstung steigt die Zuckerkonzentration in den Früchten soweit an, daß ein mikrobiologischer Verderb nicht mehr möglich ist. Auf einem ähnlichen Prinzip beruht auch das Einlegen der Früchte in eine Zuckerlösung, das sog. Kandieren.

Eine weitere, bereits in der Antike bekannte Form der Haltbarmachung, ist wahrscheinlich durch Zufall entstanden. Bei der alkoholischen Gärung wird der Zucker durch Mikroorganismen, i.d.R. Hefen, in Alkohol und Kohlensäure umgewandelt. Diesem Umstand verdanken wir eine Reihe hervorragend haltbarer Obsterzeugnisse, wie z.B. einen herrlich frischen Apfelwein, köstlich aromatische Obstbrände oder prickelnden Fruchtschaumwein. Während also vergorene Obstsäfte bereits bei den Völkern der vorchristlichen Zeitrechnung bekannt waren, ist alkoholfreier Fruchtsaft ein Produkt des 20. Jahrhunderts. Louis Pasteur (1822-1895) machte hierzu die entscheidende Entdeckung. Das Erhitzen von zuckerhaltigem Saft über einen längeren Zeitraum ermöglicht den Gärprozeß zu stoppen oder zu unterbinden. Mit diesem Wissen wurde der Grundstein für ein Verfahren gelegt, welches die Voraussetzungen dafür liefert, daß alkoholfreie Obstsäfte für einen langen Zeitraum haltbar gemacht werden können. Doch wie fast überall, ist auch bei dieser Technologie die Zeit nicht stehengeblieben. Während früher die Herstellung von Obstsaft mit viel Mühe und Handarbeit verbunden war und nicht zuletzt aus Mangel an Erfahung ein Stück weit dem Zufall überlassen werden mußte, ist daraus bis heute ein mittelständischer Industriezweig entstanden.

Die Herstellung von Fruchtsaftkonzentraten, die sterile Lagerung von Fruchtsaft in großen Tanks oder die Entwicklung der Weichpackung als Verkaufsbehältnis sind nur einige Meilensteine der Fruchtsaftgeschichte, die es ermöglichten, daß sich Obstsaft zu einem wohlschmeckenden und vor allem gesunden Volksgetränk entwickelt hat.

Mit Niehoffs Vaihinger Fruchtsäfte Schloss Veldenz bleibt die spannende Geschichte des Apfels untrennbar verbunden.

Erntehilfen

Dankeschön

Unser besonderer Dank gilt folgenden Personen, Firmen und Institutionen, die sich maßgeblich an der Produktion des Buches „Apfelkabinett" beteiligt haben:

Mittelstandsförderung im Landkreis Neuwied GmbH, Neuwied

Niehoff´s Vaihinger Fruchtsäfte, Lauterecken

Selgros Großhandel, Neuwied

Kehrein Bücherwelt, Neuwied

Rhein-Wied-Treuhand GmbH, Neuwied

Fleischwaren- und Feinkost Vertriebs GmbH, Buchholz

Obstgut Schäfer, Dieblich

Sekthaus Delicat, St. Goarshausen

Harschbacher Wanderfreunde, Harschbach

SLVA Montabaur und Ahrweiler

Umweltinstitut Dr. Kübler, Rengsdorf

Dr. Axel Schmidt, Heiligenroth

Heidi Lippert, Neuwied

Ein besonderer Dank gilt meiner Kollegin Karin Bäumner, die mich mit Rat und Tat im Gelingen des Buches sehr unterstützt hat.

NACHFOLGENDE BUCHQUELLEN DIENTEN ALS GRUNDLAGE

Lucas´ Anleitung zum Obstbau
Fritz Winter u.a. Autoren
Verlag Eugen Ulmer
Stuttgart, 1981

Verzeichnis der Apfel- und Birnensorten
Willi Votteler
Obst und Gartenbauverlag
München 1998

Apfel - Eine kleine kulinarische Anthologie
Jörg Zirfas und Caspar Alves
Philipp Reclam jun. GmbH & Co.
Stuttgart, 1998

Der Apfel - ein bewährtes Hausmittel neu entdeckt
Dr. Helga Buchter-Weisbrodt u. Ulrike Schöber
Georg Thieme Verlag
Stuttgart, 1998

Zum Anbeißen. Das hessische Apfelbuch
Michaele Scherenberg und Karl-Heinz Stier
Eichborn Verlag
Frankfurt, 1996

Kleines Apfelbrevier von A bis Z
Oda Tietz
Verlag für die Frau
Leipzig, 1986

Grün ist Leben
Georg W. Kröger
Eigenverlag

Fördergesellschaft „Grün ist Leben"
Baumschulen GmbH
Pinneberg, 1985

Ilse Bilse. Zwölf Dutzend alte Kinderverse
Achim Roscher
Der Kinderbuch-Verlag
Berlin, 1998

Heimatjahrbücher des Landkreises Neuwied

Rhein-Lahn-Freund

Materialien zur Landespflege
Streuobstwiesen
Landesamt für Umweltschutz und
Gewerbeaufsicht Rheinland-Pfalz
Oppenheim, 1997

Bildquellen:

Peggy Lehmann, Neuwied

Archiv Helmut Steeg, Nastätten

Kreisbildstelle, Bad Ems

Aktion Umweltbildung e.V., Treis-Karden

Norbert Schäfer, Dieblich

Jörg Hohenadl, Neuwied

Reinhard Zado, Niederhofen

REGISTER

Apfelkuchenparade

Apfel herzhaft

Apfel sinnlich

Informationsquellen

Bundesarbeitsgruppe Streuobst
Naturschutzbund Deutschland e.V. (NaBu)
Bundesgeschäftsstelle
Herbert-Rabius-Straße 26
53225 Bonn-Beuel, Tel.: 0228-975610

Arbeitskreis Streuobst
Gesellschaft für Naturschutz und Ornithologie Rheinland-Pfalz e.V. (GNOR)
Landesgeschäftsstelle
Bachgasse 4
56377 Nassau/Lahn,Tel.: 02604-8261
(Schutz, Schnittkurse, Streuobstnutzung- und Vermarktung, Initiativen in Rheinland-Pfalz)

Fördergemeinschaft Streuobst Kaiserslautern und Umgebung e.V. (FÖG)
Herr M. Jenet, Lauterstraße 19
67757 Kreimbach-Kaulbach, Tel.: 06308-1270

Streuobstinitiative Hunsrück e.V.
Thomas Lengert
Im Hang 6
55487 Laufersweiler, Tel.: 06543-6823

Streuobstinitiative VG Rengsdorf
c/o Institut für Umweltplanung
Dr. Kübler GmbH
Fritz-Henkel-Straße 22
56579 Rengsdorf, Tel.: 02634-1414

Fördergemeinschaft naturnaher Obstwiesen und Weiden Voreifel/Nordeifel e.V.
Aachener Straße 33
53909 Zülpich

Erzeugergemeinschaft Trierer Viez e.V.
Ölewiger Straße 171, 54295 Trier

Staatliche Lehr- und Versuchsanstalten für Landwirtschaft, Weinbau und Gartenbau

Oppenheim
Tel.: 06133-9300
Ahrweiler
Tel.: 02641-97860
Mayen
Tel.: 02651-98950
Bitburg
Tel.: 06561-96480
Neustadt/Wstr.
Tel.: 06321-671310
Altenkirchen/Montabaur
Tel.: 02602-92280
Bad Kreuznach
Tel.: 0671-8200

Obstgut Norbert u. Getrud Schäfer
Bauhof 1
56332 Dieblich/Mosel, Tel.: 02607-6799
(Bezugsquelle: Apfelbrand „Äppelissimo")

Reinhard Zado

1951 in Much geboren, wohnt und arbeitet in Niederhofen/Westerwald. Nach einer Schriftsetzerlehre Studium an der Fachhochschule Köln (Kunst und Design). Auszeichnungen: Internationale Grafiktriennale Grenchen/Schweiz, Kunstpreis des Rhein-Sieg-Kreises, Teilnahme an den Grafik-Biennalen und Triennalen in Frechen, Krakau, Lubljana, Lüttich und Maastricht. Viele Bücher und Publikationen seit 1978. 1999 Illustration und Gestaltung von APFELKABINETT 1999, Edition „Blattwelt“

Jörg Hohenadl

1967 in Bad Ems geboren. Nach dem Abitur Hotelpraktikum und Ausbildung zum Hotelkaufmann. Nachfolgend Küchenerfahrungen an der Loire/Frankreich und Betriebswirtschaftsstudium mit den Schwerpunkten Marketing und Kommunikation. Nach dem ersten kulinarischen Buch über den Rhein-Westerwald, STADT LAND FLUSS, ist APFELKABINETT die zweite Publikation für die Winzer und Gastronomen der Tafelfreuden Rhein-Westerwald e.V.